■ 刘守刚 著

公共经济与管理·财政学系列

财政经典文献九讲
——基于财政政治学的文本选择

Lectures on Classic in Public Finance

复旦大学出版社

公共经济与管理系列丛书编委会

主　任　刘小兵

副主任　方　芳　何精华

编　委（按姓氏笔画排序）

　　　　　方　芳　王　峰　刘小兵　朱为群

　　　　　李　华　任晓辉　陈　杰　何精华

　　　　　岳　崟　赵永冰　陶　勇

序

　　上海财经大学公共经济与管理学院是一个既富有历史积淀,又充满新生活力的多科性学院。其前身财政系始建于1952年,是新中国成立后高校中第一批以财政学为专业方向的教学科研单位。经过60多年的变迁和发展,财政学科不断发展壮大,已成为教育部和财政部重点学科,为公共经济学的学科发展和人才培养做出了重要贡献。2001年,在财政系基础上,整合投资系,新建公共管理系,组建了公共经济与管理学院,从而形成了以公共财政、公共管理和公共投资三个方向为基本结构,以公共事务为纽带,以培养具有国际化视野的公共管理人才为使命,以公共经济与公共管理学研究为核心的跨学科教学和研究机构。

　　公共经济与管理学院具有海纳百川的悠久文化渊源。半个多世纪以来,创立和推动学科发展的知名教授中既有毕业于美国、日本和法国等著名国际高等学府、具有极高学术声望的海外归国学者,如杨荫溥、冯定璋、曹立瀛、席克正、周伯康、尹文敬教授等;也有长期致力于中国财政经济、投资经济研究、具有重要社会影响的著名教授,如苏挺、李儒训、葛维熹、俞文青教授等。他们曾引领了我国财政学科的发展,奠定了学科人才的培养基础,也为上海财经大学在公共经济领域开拓了一片沃土,培育了一批财政、投资和税收学科的学术带头人。

　　经济体制改革掀开了中国历史新的一页,也给学院的发展注入了勃勃生机。目前学院已经发展成为由财政、投资、税收、公共管理、社会保障与社会政策五个系组成的本科、硕士和博士学位的人才培养体系,拥有10个本科专业、15个硕士专业和7个博士专业授予点,同时建立了以9个研究所中心/所为基础的科研团队。2012年年末,中国公共财政研究院诞生;2013年,作为上海市教委建立的十个智库之一的公共政策与治理研究院成立,从而构成了以学院为主体,以两个研究院为两翼的"一体两翼"教学科研组织结构,成为以公共经济和公共管理理论为基础,以提供政府公共政策咨询为己任的开放型、跨学科协同创新研究平台,开启了学院融教学管理、学术研究、政策咨询为一体,协同发展的新征程。

传承历史,继往开来,学科建设是学院整体建设的重要组成部分,是学院的龙头工作。而课程建设既是学科建设的中心环节,又是承载专业教学重任的关键桥梁。抓好课程建设不仅是深化教学改革的一项重要措施,也是学科自身建设的根本大计。为了深化学院课程体系改革,推动将优质科研资源转化为教学资源,落实教授为本科生上课制度,帮助学生提高自主学习能力,提升学校人才培养质量和水平,学院在课程建设上,明确了名师领衔、团队攻关,"以系列教材建设为品牌,以精品教材建设为目标,以实验性和务实性教材建设为特色"的教改思路。

由复旦大学出版社出版的"公共经济与管理系列丛书"旨在推出上海财经大学公共经济与公共管理课程建设的成果。这套丛书既是学院全体教师劳作的园地,又是学院教学展示的窗口。

在公共经济与管理系列丛书出版之际,谨致以最美好的祝愿。

刘小兵

2014 年 9 月 10 日

目 录

第一讲　导论 1
第二讲　《盐铁论》：为中华帝国奠定基本财政原则 11
　第一节　《盐铁论》的文本 11
　第二节　《盐铁论》奇妙之处与解读框架 14
　第三节　财政支出规模是大好还是小好？ 20
　第四节　工商业是否可成为国家的财政收入来源？ 23
　第五节　如何管理暴利性资源商品？ 24
　第六节　帝国财政的显基因与隐基因 26
　第七节　《盐铁论》中其他重要的财政问题 30

第三讲　《州县官的银两》：帝国财政完善的最后努力与内在紧张 ... 36
　第一节　作者与作品 37
　第二节　从帝国财政史看王朝中期财政改革传统 39
　第三节　雍正帝改革中的传统因素 41
　第四节　雍正帝改革的新意：财政制度的理性化 44
　第五节　雍正帝改革与王安石变法之比较 48
　第六节　雍正帝改革的限度及其原因 52
　第七节　帝国向现代国家转型的财政动因 55

第四讲　《文化、权力与国家》：帝国向现代转型的微观财政考察 ... 60
　第一节　作者与作品简介 61
　第二节　解读视角与术语介绍 62

  第三节 财政问题之一：帝国国家是通过怎样的微观机制向社会征税的？ ……… 66
  第四节 财政问题之二：财税压力是如何推动国家现代化并影响微观机制的？ …… 70
  第五节 财政问题三：从财政微观机制看，晚清和民国的国家建构为什么会失败？ …… 73

第五讲 《欲望与利益》：为国家转型奠基的利益原则合法化运动 78
  第一节 作者与作品简介 79
  第二节 利益原则在西方世界的合法化 80
  第三节 利益原则合法化的西方思想背景 86
  第四节 经由"公利"而结束的中国的"义利之辨" 91
  第五节 对利益原则的反思 93

第六讲 《大转型》：推动现代国家转型的双重运动 96
  第一节 作者与作品 97
  第二节 市场原则的扩张运动：双重运动之一 100
  第三节 反对市场原则扩张的运动：双重运动之二 107
  第四节 "双重运动模型"与现代国家的兴起 113
  第五节 余论："经济学家不能治国" 116

第七讲 《致命的自负》：思考现代国家转型中的社会主义运动 ……… 119
  第一节 《致命的自负》的作者与内容 120
  第二节 哈耶克的理性观 124
  第三节 高度集权的政经体系的错误 128
  第四节 市场不受欢迎的原因 133
  第五节 从扩展秩序看人口增长 138
  第六节 对哈耶克理论的简短评论 141

第八讲 《资本的秘密》：重视资本在现代国家发展中的作用 144
  第一节 作者与作品 145
  第二节 资本为什么重要？ 148
  第三节 发达国家曾经做对了什么？ 154
  第四节 发展中国家未做而应做的是什么？ 161
  第五节 中国该做什么？ 170

第九讲 《公共财政与公共选择》：现代国家中的财政制度选择 ……… 173
  第一节 作者与著作简介 174
  第二节 重视财政学中的欧陆传统 178
  第三节 用财政来控制政府 182
  第四节 财政学中的道德观 189

参考文献 199

后记 202

第一讲 导论

在正式开讲我们这门"财税经典文献选读"课程之前,主讲人先安排一讲导论,目的是交代一下本课程的宗旨、基本概念,并大致交代一下课程的总体安排。

一、为什么要开这样的课程?

这是一门以解读与财税专业相关的经典著作为宗旨的课程。因此,"为什么要开这样的课程"问题,就被转化成另一个问题"为什么要阅读经典"。

为什么要阅读经典?意大利文学家卡尔维诺(Italo Calvino,1923—1985)在回答这个问题时,首先说了很多关于什么是经典的话。① 他说的这些话本身,也已成为人们广泛引用的经典言论。我们可以发现他的如下言论:"经典是那些你经常听人家说'我正在重读……'而不是'我正在读……'的书";"经典作品是一些产生某种特殊影响的书,它们要么本身以难忘的方式给我们的想象力打下印记,要么乔装成个人或集体的无意识隐藏在深层记忆之中";"经典作品是这样一些书,我们越是道听途说,以为我们懂了,当我们实际读它们,我们就越是觉得它们独特、意想不到和新颖";"一部经典作品是这样一本书,它使你不能对它保持不闻不问,它帮助你在与它的关系中甚至在反对它的过程中确立你自己"。总之,经典作品就是那些塑造文化总体并进而塑造每一个人人格的那些东西,阅读经典作品"帮助我们理解我们是谁和我们所到达的位置"。因为经典具有这样的重要性,所以卡尔维诺呼吁人们多读经典著作,"中学和大学都应加强这样一个理念,即任何一本讨论另一本书的书,所说的都永远比不上被讨论的书"。最后,卡尔维诺也许给予了这个问题一个终极性的答案,那就是"读经典总比不读好",因为他不想让人们觉得是因为有什

---

① 卡尔维诺著:《为什么读经典》,译林出版社2006年版,第1—10页。

么功利性用途才去读经典。

美国学者布鲁姆(Harold Bloom,1930—)也曾回答过为什么要阅读经典的问题,他认为经典能带给人的,"是对自身孤独的恰当使用,而孤独的最终形式是与自己的有限生命照面"。[①] 揣摩他的意思,大概是说,之所以要阅读经典著作,是因为它们能给我们提供一个思考的契机,让我们与自己的心灵展开对话,理解我们自己、理解我们所生存的环境,从而为自己接下来的可能行动提供指南。

为什么要给财政学、税收学专业的研究生开设"财税经典文献选读"这门课程?为什么在盛行轻阅读、浅阅读的今天,要提倡阅读经典?为什么在财经类专业研究生热衷于搜索数据库、运行统计软件来快写论文、多写论文的时代,开设这样的课程?除了以上卡尔维诺和布鲁姆的说法外,主讲人至少还有以下两点考虑。

第一点考虑是,稍稍改变一下许多大学生直到硕士阶段仍然让人遗憾的状况:"有知识,没文化";"必须上学,不准读书"。这些说法是别的学者提出来的,主讲人也深有同感。大学四年念完了,很多学生说他们没知识确实不对,但他们却普遍地没什么文化,没有多少人有能力甚至有意识去思考宇宙、社会和人生的那些问题。九年义务制教育,加上家长的督促和自身的努力,到硕士阶段为止,许多人一直在上学,但阅读最多的是教科书;教科书之外的,统统被当作是"闲书",或被禁止或主动放弃去阅读,通常给予的解释是,以后有机会再去读这些闲书。可是,若在大学里不养成读书习惯、不学会读书方法、不掌握读书线索,以后怎么读书?不读书,特别是不读经典,又怎么能真正去思考宇宙、社会和人生,做一个有文化的人?

第二点考虑是,为财政税收专业研究生加点"料"。在我国严格的学科分类体制下,财政学、税收学这样的学科被界定为"应用经济学"之下的二级学科,而经济学多数时候又被等同于数学。于是乎,在财税专业研究生期间,学生大部分学习时间被高级微观经济学、高级宏观经济学、高级计量经济学和数学方法所占据,没有多少时间学习专业知识;而学到的专业课程,又几乎等同于经济学的一个应用,看不到多少财政税收自己的内容。可是,财政税收制度是重要的国家治理工具,它含有极为丰富的内容。正如宋代学者苏辙所言,"财者,为国之命而万事之本。国之所以存亡,事之所以成败,常必由之"。只从经济学视角理解财政税收问题,怎么看都不像能完成设立这一研究生专业的目的,即"为财政、税务部门培养高级专门人才"。

所以,开设"财税经典文献选读"这门课程的目的:一是教给财税专业研究生一点读书方法和读书线索,鼓励学生养成读书习惯,激励学生去思考宇宙、人生和社会等问题;二是帮助学生理解财税制度所包含的政治意义,分享财政税收学科所蕴含的治理国家的智慧,领会迄今为止中国财政转型与政治发展的历史逻辑。

二、从政治视角,选取财政经典著作

在解释了为什么提倡阅读经典之后,有必要再来解释一下本课程为什么要从财政政

[①] 沃森著:《20世纪思想史》(下),上海译文出版社2008年版,第840页。

治学视角来为财税专业学生选取经典著作文本。

(一) 财政研究的政治视角

财政学是研究运用财政工具实现国家治理的学问,或者说它是一门研究安邦济世之术的学问。因此,在学科性质上财政学首先应该是政治学,其次才是经济学。事实上,在今天的中国,越来越多的人认识到,要使当前中国众多的财政活动在学术层面上得以理解,要使财政理论能够指导现实中的财政活动,并由此促进中国的政治发展和社会进步,必须在当前经济学研究的基础上,补充从政治的维度研究财政活动,进而拓宽当前财政研究的范围。

具体说来,倡导研究财政活动的政治属性,具有以下几个方面的积极意义。

第一,寻求当前财政活动与财政研究的理论基础。在我国学科体系中,将财政学归入应用经济学之下,在学术上很自然地就以经济学理论作为财政活动与财政研究的基础。不过,在当前国内很多学者越来越将经济学固化为数学形式的前提下,这样做的结果往往以忽视财政活动的政治属性为代价,使当前大量的财政研究失去了理论基础。已经出现并将更多出现的现象是,探讨财政税收理论、制度与历史的论著,不断被人质疑是否属于经济学,一篇研究预算制度及其现实运行的博士论文,经常被怀疑是否可授予经济学学位。因此,要解释当前的财政现象、推动财政研究,就不能不去寻找其中的政治理论基础。

第二,培养治国者。"财政是国家治理的基础和重要支柱",财政因国家治理需要而不断地变革,国家因财政治理而得以成长。因此,财政专业培养的学生,不仅要学会财政领域中的经济知识,也应该学到相应的政治知识。因为财政活动,是一种极其重要的国务活动,涉及治国方略,掌控财政活动的人大多是重要的政治家,应该得到综合的培养。这一理由,也是当前众多财经类大学财政专业不能被归并到经济学院的原因之所在。

第三,促进中国的政治发展。在 18—19 世纪,在普鲁士国家兴起及德国统一过程中,活跃的财政学派与良好的财政当局,曾经发挥了巨大的历史作用。而当今中国,在大的制度构架稳定的前提下,有很多学者主张,通过财政改革推动政治发展。财税专业的学者,自然应该参与到这样的理论研究和实践活动中。事实上也确实已有不少财税学者参与到诸如提高财政透明、促进财税法制改革等活动中去,并事实上推动了中国政治发展的进程。但一方面这样的参与离现实的需要还有很大差距,另一方面这样的参与无法纳入当前被界定为应用经济学二级学科的财政学的学科体系中去。

从政治的维度来研究财政活动,或者说强调财政学的政治侧面,在财政学中并非新观点,事实上具有深厚的传统基础。西方财政学的几位先驱人物,就持有类似的观点。英国财政学者道尔顿在他 1922 年出版的《财政学原理》一书中就明确提出,财政学是介于经济学与政治学之间的一种科学。① 德国古典财政学大家瓦格纳的看法是,财政是独立于私人经济的活动,与其说是属于一般的经济理论,不如说是属于政治理论和公共管理理论,即财政学应该是属于政治学的。② 意大利财政学家科萨(Luigi Cossa)曾说,"财政科学是

---

① 朱柏铭:"中国财政学的革命",《经济学家》2000 年第 2 期。
② 张馨等著:《当代财政与财政学主流》,东北财经大学出版社 2000 年版,第 17 页。

公共管理学的组成部分,因此也是政治科学的分支。"①

在我国财政学者中,也有很多人支持财政的政治属性或财政学的政治学属性,反对将财政学仅视为纯经济学科。正如张馨所说,"文革"前我国财政理论界曾争论过的"财政是上层建筑还是经济基础"这一问题,已说明财政所兼具的经济属性和政治属性,在当时已得到一定的认识。对这一问题,他自己的看法是,应该正视财政活动中所具有的政治性质与内容,在以经济学为基础理论的同时,有必要从政治学角度来开展我国的财政研究。② 高培勇也持有类似的看法,他说,财政是一个兼具经济和政治两种属性的范畴,所以,"对于财政问题,当然也要从管理学——或政治学——的角度、按照管理学——或政治学——的范式去研究"。③ 尚可文认为,财政学的研究"必须要树立起财政学的经济学观、财政学的政治学观、财政学的社会学观三大观念"。④ 刘明远则看到财政学更多的属性和侧面,在他眼中,"财政学是经济学、政治学、行政学、社会学、理财学相互渗透和融合成的多科性综合性很强的一个独立学科"。⑤ 刘邦驰的看法则更进一步,他反对把财政学的学科属性定位为经济学,在他看来"财政问题首先是一个政治问题,是国家政权活动的一个重要方面"⑥。雷艳红的观点是类似的,其表述是:"财政首先是一种政治的制度,其次才是经济的制度……所谓的财政问题都可以回溯到政治领域"。⑦

总体而言,虽然当前财政学被归入到应用经济学领域,众多财政研究都采用经济学的方法,但承认财政的政治属性、提出要对财政活动进行政治学研究的看法,在财政学界并不少见,更非异端邪说。遗憾的是,虽有种种呼吁和看法,但从政治学路径研究财政活动的专业文献,在财政学界还不多见。

(二) 财政政治学与财政经济学

致力于从政治学路径研究财政,本课程主讲人将其称为"财政政治学"。可以说,"财政政治学"作为学科提出,是为了纠正当前财政学局限于经济学研究路径造成的偏颇。这样包含"财政政治学"在内的财政学,将不仅是一门运用经济学方法理解现实财政活动的学科,而且是一门经邦济世的政策科学,是有助于财政学发展、为财政活动提供指引、推动中国政治进步的重要学科。

这里需要对"财政政治学"作一些界定。所谓财政政治学,就是研究财政活动中的政治问题的学科,或者说用政治的眼光来考察财政活动的学科。所谓政治的眼光,就是权力的眼光。当然,此处需要说明的是,对政治的理解在学术界并不统一(也不可能统一),但将政治活动理解为权力活动、视政治过程为权力的配置与实现过程是一种比较通行的见解,因而本课程从权力入手来理解政治。就是说,从权力的来源(是否具有合法性?)、权力的目标(是否为了实现公共性?)、权力的静态配置(制度规范性如何?)、权力的动态运行

---

① 雷艳红:"公共财政教育的政治学导向:必要性与目标",《中国行政管理》2008年第12期。
② 张馨:"西方财政学理论基础的演变及其借鉴意义",《东南学术》1998年第6期。
③ 高培勇:"'一体两翼':新形势下的财政学科建设方向",《财贸经济》2002年第12期。
④ 尚可文:"财政学科及财政学的创新与发展",《兰州商学院学报》2002年第2期。
⑤ 刘明远:"现代财政学理论体系的思考",《财经问题研究》1998年第12期。
⑥ 刘邦驰:"论中国财政学基础理论之根基",《财经科学》2001年增刊。
⑦ 雷艳红:"公共财政教育的政治学导向:必要性与目标",《中国行政管理》2008年第12期。

(现实有效性如何?)等多方面来理解政治活动。因此,财政政治学的内容,就是考察财政的收入、支出与管理活动中存在的权力来源、权力目标、权力配置与权力运行等多个方面的问题,对其中权力的合法性、公共性、规范性与有效性等进行评价。

需要交代的是,财政政治学是财政学的一部分,也是政治学的一部分,但它并不是现有学科体系中(作为经济学一部分的)财政学和政治学二者间的简单交叉,在很大程度上它应该是当前财政研究向政治领域的拓展。在这一意义上讲,现有的从经济学视角研究财政活动的学科,不妨称之为财政经济学。这样,以现有的学科体系来衡量,财政学至少横跨了政治学和经济学两个学科。当然,财政研究可能还会有其他的维度,此处暂且不提。

财政政治学和财政经济学的大致内容,可用下表1.1来概括。

表1.1　财政政治学与财政经济学的区分

	学科归属	基本对象	基本视角	基本内容
财政政治学	政治学	国家与社会间的财政关系	权力	财政收支权与管理权的来源、目标、静态配置与动态运行
财政经济学	经济学	政府与市场间的财政关系	社会福利	财政活动在效率和公平方面的必要性、可能性及影响性

在学术界,还有一个与财政政治学相关的学科是"财政社会学",本课程后面还会提到这一学科的名称。财政社会学是由熊彼特等人创建的一门学科,曾于20世纪30—40年代在德国、意大利学者中兴盛一时,后来渐归于沉寂,直到20世纪70年代前后又在美国复兴。财政社会学与财政政治学的区分,取决于社会学与政治学的区分,而这在相当程度上又取决于"社会学"这个概念采用广义的定义还是狭义的定义。从广义来看,政治制度(国家)是由社会为保护自己而创建的一种工具,因而政治学包括在社会学中;从狭义看,国家与社会分离,政治学研究的是强制性的权力现象,而社会学研究的是自愿性、自发性的非权力现象。显然,如果采用广义的社会学定义,那么财政政治学的内容可包含在财政社会学中。不过,在学术体系及学术传统中,社会学与政治学处于分离的状态,社会学集中于研究非权力现象,而政治学集中于研究权力现象,因此将财政社会学与财政政治学区分开仍有其必要。这样一来,现在被归为"财政社会学"但涉及政治权力现象的研究内容,应该归在"财政政治学"的名下。

此处要强调的是,一旦从政治视角来理解财政学,财政学就突破了原先经济学(特别是主流经济学)的范围;在文本选择上,"财税经典文献选读"这门课也就有了极为丰富的可能。就是说,凡与财政权力相关的政治学、历史学、社会学、经济学等领域的经典著作,都可纳入本课程选择的文献阅读范围。就目前阶段而言,本课程关注的是那些有助于从财政视角来理解中国国家转型的经典文献,希望通过阅读这些文献,帮助大家一起思考并尝试着回答下面的问题:"如何从财政政治的视角来理解迄今为止的中国国家转型活动?"这恐怕是今天中国学者热切关注的重要问题。

三、基本概念介绍

接下来把本课程可能要用到的几个概念,作一些简单的交代。

(一) 国家类型与国家转型

林尚立先生曾根据国家构成的三要素(人口、土地和主权),将自古及今的国家分为三种类型,即城邦、帝国和现代国家。这三种国家类型,分别以上述三种要素中的一种作为自己的支撑点:城邦以人口为支撑点,帝国以土地为支撑点,现代国家以主权为支撑点(表1.2)。

表1.2 国家的类型

国家类型	支撑要素	表现形式	特点	典型的现实国家
城邦	人口	规模较小的人群团体,大多住在有城墙保护的地方(也包括周边可控制的乡村)	过一种自给自足的农耕或游牧生活,重视公共生活中人的德性;具有简单的政府组织机构,公共权力往往与军事权、宗教权或族权结合在一起	古希腊城邦、苏美尔城邦、商代及春秋时代的诸侯国
帝国	土地	经过征战而形成的规模巨大的共同体,具有延展性的版图结构	过农耕或游牧生活,重视家庭与家族的伦理;以统治权与所有权合一的君权为中心,有中央集权性质的官僚体系,公共权力与君权结合在一起	秦汉至清的中华帝国、罗马帝国、奥斯曼帝国
现代国家	主权	在相对固定的土地基础上,由组织化的主权统摄领土与人口,具有民族认同感	在私人产权与自愿交换基础上追求工商业经济发展,重视实现人对个人权利的追求;一般具有由民众自愿选择形成的公共权力组织形式,公共权力表现为组织化的主权	现代英国、现代法国、美国

当然,上述国家类型,在相当程度上只是一种纯粹形态的说法。现实中的国家,并非如此的纯粹,而可能是上述三种类型的混合。从人类历史来看,城邦、帝国和现代国家大体上有一个先后更替的过程,因而存在着国家类型的转换,即国家转型。从公共权力的视角看,以公共权力为核心的国家共同体,其经历的国家成长与转型,实质上就是公共权力不断自我实现的过程,即统治权不断地公共化,人类最终实现自我的统治(表1.3)。

表1.3 公共权力在不同国家类型中的表现

国家类型	承载体	表现形式	权力运转的推动力
城邦	人格	权威(因血缘、神性或技能等魅力而获得)	神意或传统
帝国	财产(土地)	君权(君主因占有土地财产而获得)	君主的意志
现代国家	组织	主权(基于公意而由定期选举确认)	民众的要求

(二) 财政类型与财政转型

由于收入在财政活动中的重要地位,因而财政学在对财政进行类型划分时,一般都根据主体财政收入的形式来进行。就是说,如果一国财政收入的主要部分来自税收,则将其界定为"税收型财政"。同样地,可以定义其他财政类型。① 本课程将主要财政收入来自国有财产收入的财政类型界定为"家财型财政"。② 虽然存在着其他的财政类型,但税收型财政与家财型财政是最为典型的两种财政类型。

税收是最为常见也最为典型的财政收入形式,以至于有时候学者把所有的财政收入形式都通称为"税收"。这是一种方便的说法,但有时候显得过于广义。财政学教科书一般将税收定义为"政府凭借政治权力强制地、无偿地、固定地获取财政收入的一种形式",以此与其他具有自愿性、交换性或临时性的财政收入形式区分开,但这样的定义不能将税收与政府收费区分开,也不能将国家收取的税收与黑社会收取的"保护费"区分开。从权力的眼光看,税收是对公众私人收入与财产实行的一种普遍性征收,这种对财产权的"侵犯",只有基于公意而形成的立法部门才有权进行。这是因为由立法权来征税,在性质上相当于公众同意拿出自己的一部分财产用于共同事业。因此,财政政治学眼中的税收,应该定义如下:基于社会公意而形成的立法权,对公众的收入或财产进行普遍、平等、直接、规范地征收而形成的财政收入,其使用方向是公共服务,其征收与使用过程应由预算控制并最终决定于民众。严格地说,这样的税收只有在现代国家才是现实;或者说,作为完成的形式,现代税收才是真正的税收。在传统国家,税收只具有雏形,不完全符合税收的定义。因此,税收型财政是现代财政的标志,它的收入具有公共性(来源于大众的收入与财产),支出具有公共性(用于公共利益和公共目的),管理过程具有公共性(预算透明公开且经由代议制机构而最终控制于公众)。由于税收型财政的上述"公共性"特征,许多人干脆将其称为"公共财政"。

国有财产收入,指的是由政府以国家共同体的名义拥有或支配的财产所产生的收益。国有财产收入虽然名称为一个,但在收益来源和性质上却不是单一的。因持有国有财产而获得的财政收入,在性质上可能是经营利润(政府不依靠特权而依靠企业家才能获得的正常利润),可能是使用费或普通租金(政府将其控制的财产使用权出借而获得的收益),也可能是所有权的转让收入,但最有可能的是垄断租金(政府以行政特权创设垄断地位而获得的超额利润)。在帝国时代,君主凭借自己对土地的所有权,依托于政治权力而向土地耕种者收取田租,这是典型的国有财产收入。在曾实行公有制和计划经济的社会主义国家,财政上曾经一度主要依靠国有工商企业上缴的收入,这也是国有财产收入。一般说来,就现代政治发展而言,国有财产收入不是一种有利的财政收入工具。如果一国政府比较多地依靠国有财产来获取财政收入,将会混淆公权力和私权力的区分,干扰公共权力的运行,影响市场经济的运转,造成公共权力的私有化等问题。

财政主体收入形式变换而导致财政类型的转换,就是财政转型。在从城邦到帝国、从帝国到现代国家的转型过程中,财政也依次发生类型的转换。大体上,帝国对应的财政类型为家财型,现代国家对应的财政类型是税收型。因此,国家在类型上从帝国向现代国家

---

① 刘守刚:"财政类型与现代国家建构",《公共行政评论》2008年第1期。
② 刘守刚:"家财型财政的概念及其运用",《经济与管理评论》2012年第1期。

转型,与之相伴随的则是财政从家财型转为税收型。不过,在财政社会学的学者看来,正确的因果关系是,财政转型推动了国家转型,这是由西欧的历史经验总结形成的。可用下表1.4来概括财政社会学者的相关观点,即在中世纪晚期至近代早期,西欧财政从家财型财政向税收型财政转型,促成了西欧向现代国家的转型。

表1.4　西欧家财型财政向税收型财政的转型

	家财型财政	税收型财政
收入	君主自有土地收入	向民众拥有的私人财产或收入征税
支出	主要用于君主家族及其仆人消费	主要服务于公共职能
管理	相当于君主家务管理	表现为议会用预算的手段来管理政府
政治意义	容易形成专制性政府	容易形成代议制民主政府

(三) 中华帝国及其三个阶段

中华帝国,是帝国这一国家类型中发展得最为成熟的代表。在两千年的历史长河中,帝国制度帮助中华民族克服种种生存危机,不断地发展自己的文明。帝国制度也在中国这一地理空间得到了最为充分的展现,由此中华帝国经历了初生、生长与成熟等完整阶段。众所周知,从清末至今,中国经历着从帝国向现代国家的转型。

需要交代的是,中华帝国是一个总的名称,在历史上它以不同的王朝面貌出现,并经历了不同的阶段。黄仁宇先生曾提出三个帝国的划分[①]。他将中华帝国划分为第一帝国(包括秦汉王朝)、第二帝国(包括隋唐宋王朝)、第三帝国(包括元明清王朝),不过未指出划分三个帝国的具体标准。此处参考黄仁宇先生的说法,并根据基本政治制度的内部发展轨迹,将中华帝国比较典型的阶段(统治期较长、较稳固的王朝),划分为第一帝国(两汉)、第二帝国(唐宋)和第三帝国(明清)。这三个帝国,在基本政治制度上的区分还是比较明显的,分别表现在君相关系(上层权力结构的安排)、指导思想(用以解释现有政制的思想)、人才选拔机制(官员的更替方式或者说皇权政府再生产机制)、财政制度(汲取经济资源来维持政府的制度)等四个方面。或者说,在政治、文化、社会和经济等四个方面的差异,足以将三个帝国相互区分。如果用有机体的眼光来考察中华帝国,那么从第一帝国、第二帝国到第三帝国,分别是中华帝国初创、成长和成熟三个时期。具体可参见下表1.5。

表1.5　中华帝国的三个帝国阶段

	第一帝国(帝国初创期)	第二帝国(帝国成长期)	第三帝国(帝国成熟期)
君相关系	皇权、相权相对分开,宰相为政府领袖,皇权不断设法控制相权	相权一分为三(尚书、中书、门下),群相代替独相,政府制度较健全	宰相职位被废,皇帝兼政府首脑,内阁(清中后期为军机处)辅助皇权运行

[①] 黄仁宇著:《放宽历史的视界》,三联书店2001年版,第152页。

(续表)

	第一帝国(帝国初创期)	第二帝国(帝国成长期)	第三帝国(帝国成熟期)
指导思想	引儒家学说柔化法家制度,司法上引经决狱,儒学中的今古文经学黄金期	在立法层次上高度融合礼法,理学经由韩愈到朱熹的努力而发展	程朱理学成为官方标准意识形态
人才选拔机制	中央太学培养,地方郡国察举后由中央考试选拔,官员私人征辟盛行	开创科举举士,制度不断调整,诸科最终合一,内容最后限于经义	科举制度日趋严密,考试内容固定在四书五经,文体格式也定型为八股
财政制度	舍地而税人,正式制度上以田赋为主,实际财政收入以人头税为主,力役繁重	向履亩而税过渡,工商业收入逐渐重要起来,力役处于制度化消灭过程中	确立以履亩而税的田赋为正宗财政收入,力役在制度上逐渐消失

四、围绕中国国家转型问题选择阅读文献

本课程将围绕如何理解中华帝国的成长及现代转型这一问题,选择财政政治领域内的经典著作,并通过解读这些著作,来帮助大家理解包括财政转型在内的中国国家转型的内在逻辑,分享用财政工具治理国家的政治智慧。

我们将以下著作作为本课程将要讲授的文本,接下来的课程安排,就是每讲为大家依次解读其中的一本著作。需要再次强调的是,正如卡尔维诺所言,"任何一本讨论另一本书的书,所说的都永远比不上被讨论的书",本课程的讲授肯定不能代替各位的亲身阅读。课堂讲授的内容,只是各位阅读以下著作以及其他经典著作的起点。

1.《盐铁论译注》

《盐铁论》为西汉时学者桓宽所著,是中国古代财政学经典著作之一。作为中华帝国初兴时期的著作,它包含了那个时代学者对国家治理和财政原则思考的结晶。在这本书中,我们可以考察决定帝国成长与转型的财政基因。考虑到大家的阅读能力,我们选择的文本为《盐铁论译注》(王贞珉注译、王利器审订,吉林文史出版社1996年版),该文本有注释有白话译文,便于大家阅读。

2.《州县官的银两》

该书为美国学者曾小萍所著,其内容主要是描述18世纪雍正帝所主持的一场财政改革。阅读该书,有助于大家从财政上理解成熟时期的中华帝国,其基本运行状态及其内在缺陷。我们选择的文本是《州县官的银两——18世纪中国的合理化财政改革》,董建中译,中国人民大学出版社2005年版。

3.《文化、权力与国家》

该书由美籍印度裔学者杜赞奇所著。作为社会学家的杜赞奇,特别仔细地描述了华北几个村庄在中国从帝国向现代国家转型过程中的变化状况。该书有助于从财政的微观机制来理解中华帝国向现代的转型。我们选择的文本是《文化、权力与国家——1900—1942年的华北农村》,王福明译,江苏人民出版社1995年版。

4.《欲望与利益》

该书由美国经济思想史学者赫希曼所著,其内容在于描述现代国家来临之际,利益原则是如何取得合法化地位的。该书有助于理解财政转型与现代国家诞生时的社会心理基础变化情况。我们选择的文本是《欲望与利益——资本主义走向胜利前的政治争论》,李新华、朱进东译,上海文艺出版社2003年版。

5.《大转型》

该书由英国学者波兰尼所著,其内容是概括和描述现代政治与经济的起源。财政转型和国家转型是世界范围内的普遍潮流,阅读该书有助于我们考察向现代国家转型的逻辑,一种由市场扩张与反对市场扩张而形成的"双重运动"。我们选择的文本是《大转型:我们时代的政治与经济起源》,冯钢、刘阳译,浙江人民出版社2007年版。

6.《致命的自负》

该书由英国学者哈耶克所著,其内容主要是确立市场经济与私有产权在经济发展与国家建构过程中的地位。该书有助于理解现代财政运行的市场经济与私人产权基础,理解社会主义运动对包括财政转型在内的国家转型的意义。我们选择的文本是《致命的自负——社会主义的谬误》,冯克利、胡晋华译,中国社会科学出版社2000年版。

7.《资本的秘密》

该书由秘鲁学者德·索托所著,其内容在于描述资本所蕴含的政治法律含义,以及它在现代国家建构中的意义。该书有助于理解现代财政所依托的产权制度基础,并重新考察资本对于现代国家建设的意义。我们选择的文本是《资本的秘密》,王晓冬译,江苏人民出版社2001年版。

8.《公共财政与公共选择》

该书由财政领域的两位著名学者马斯格雷夫与布坎南的对话录构成,内容涉及财政学的众多领域。阅读该书有助于我们思考,在现代国家中,如何选择合适的财政制度及相应的财政政策。我们选择的文本是《公共财政与公共选择:两种截然不同的国家观》,类成曜译,中国财政经济出版社2000年版。

本讲思考题

1. 你认为阅读经典对我们有何意义可言?
2. 你认为财政活动包含着什么样的政治属性?
3. 在你看来,财政转型与国家转型有什么样的关系?

第二讲 《盐铁论》：为中华帝国奠定基本财政原则

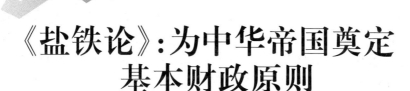

著作可以分为经典著作与非经典著作，而经典著作中有一类，可称为"元典"。这个"元"，是"元始天尊"的"元"，意思是"开始"。就是说，"元典"类著作是后世思想发展的源头，它们往往是一个国家早期文明的智慧荟萃，其思想富于原创性，其主题具有恒久性。这些元典著作，在回答有关宇宙、社会与人生等普遍性问题时，提供了开放式的、哲理性的回答，而非封闭的、僵固式的教条。显然，以《诗》《书》《礼》《易》《春秋》等五经为代表的经典，是中华文明的元典；而以《管子·轻重篇》和《盐铁论》为代表的经典，是中国财政专科领域的元典。

这一讲我们一起分享的，就是《盐铁论》这一财政学元典著作。该书作者是桓宽，字次公，汝南人，汉宣帝时学者，生卒年月不详。对桓宽的历史记载很少，《汉书》中只是简略地提到："汝南桓宽次公治《公羊春秋》，举为郎，至庐江太守丞"，并说他写出了《盐铁论》这本书，"博通善属文，推衍盐铁之议，增广条目，极其论难，著数万言。"

第一节 《盐铁论》的文本

本节对《盐铁论》这一文本做一点简单的介绍。

一、文本来源

《盐铁论》是作者桓宽根据"盐铁会议"上留下来的"议文"整理而成的。盐铁会议于汉昭帝始元六年(公元前81年)在首都长安召开。本次会议由丞相车千秋主持,御史大夫桑弘羊与丞相史、御史等在朝官吏组成官方阵营,六十余位饱读经书的贤良、文学组成民间阵营,双方就盐铁专卖等财政政策乃至治国方略等,展开了一场大辩论。此处需要补充交代的是,"贤良"与"文学",原为选取读书人做官的两种途径。就本次会议而言,贤良,基本上是从京畿三辅与太常之官所职掌的"诸陵园"地区诏举的知识分子,而文学全部来自山东(函谷关以东郡国)的知识分子,"郡国文学高第各一人"。

盐铁会议的出席者甚众。不过,《盐铁论》的作者桓宽却采取典型角色的形式,只列出大夫、御史、丞相、丞相史、文学、贤良等六种角色,而没有列出具体的发言人姓名。为了简便起见,本讲将前四者(大夫、御史、丞相、丞相史)通称为"公卿大夫",将后两者(文学、贤良)合称为"文学贤良"。在本讲中凡是引自《盐铁论》文本中的文字,均在引文后直接注明篇名,不再一一标出书的名称。

作为古代经典著作,《盐铁论》历代以来版本众多。目前国内比较权威的校注本,由王利器先生提供。不过,考虑到当代学生的古文阅读能力,本课程推荐给大家的是王贞珉的注译本(王利器审订,吉林文史出版社1996年版)。

二、《盐铁论》的文本结构

桓宽把这本书分为六十篇。其中第六十篇是以"客曰"引出一大段文字,交代本书写作的前因后果,并对盐铁会议及其出席者进行评价,其性质相当于今天著作中的序言。因此,除该序言外,全书的正文共五十九篇。在五十九篇正文中,又可以自然地分为"会上"和"会下"两大部分。

(一) "会上"部分

从第一篇《本议》至第四十一篇《取下》,为本书的第一大部分即"会上"部分。这一部分的内容,完整描述了"盐铁会议"从会议召集到会议开展,直至会议结束的全过程。如第一篇的开始,就交代本次会议的缘由,"惟始元六年,有诏书使丞相、御史与所举贤良、文学语。问民间所疾苦"(《本议》)。而第四十一篇末交代会议的结束,"于是遂罢议,止词。奏曰:'贤良、文学不明县官事,猥以盐、铁为不便。请且罢郡国榷沽、关内铁官。'奏,可"(《取下》)。

在"会上"部分,文本基本上严格按照会议议程而编排次序。简单地说,这一部分的次序安排,具有如下的内在联系。

(1) 第一至第十篇,记录文学与大夫之间的论辩,约三十回合后,"大夫缪然不言,盖贤良长叹息焉"(第十篇)。

(2) 于是"御史进曰",自告奋勇接过话题,仅四个回合,便"默不对"(第十一篇)。

(3) 大夫再度接过话题,进行论辩,也仅四个回合,出现"大夫默然,视其丞相、御史"(第十三篇)。

(4) 御史再一次"进曰",往返辩难七个回合后,又一次"默不答也"(第十五篇)。

(5) 大夫第三次上场发言,至第二十篇,大夫又被辩驳得"不说,作色,不应也"(第二十篇)。

（6）在无人帮忙的情况下，大夫只好独自再辩，至第二十二篇。

（7）从第二十三篇开始，大夫被驳得无法退守，干脆直接"曰，'御史！'"。可是御史不敢应答，大夫只能"谓丞相史曰"，直接向一直未发言的丞相史求救。丞相史仓促应战，历经十个回合的论战，也终于"默然不对"（第二十六篇）。

（8）经过短暂休息后，大夫只好再次起来论辩，而丞相史的偶尔帮腔，又直接引发了贤良的介入（第二十八篇）。

（9）在大夫默然的情况下，作为主持者的丞相出来说了句话（"愿闻散不足"），从而开启一个新话题。对此贤良们长篇大论，从而掀起本次会议的高潮（第二十九篇）。

（10）丞相进一步地询问（"治聚不足奈何"），于是贤良与大夫对此问题展开辩论；直至公卿大夫一方所有参与辩论的人，全都被驳得"愀然，寂若无人。于是遂罢议，止词"（第三十至四十一篇）。

（二）"会下"部分

从第四十二篇《击之》至第五十九篇《大论》，为本书的第二大部分即"会下"部分。这一部分的内容，描述的是公卿大夫与文学贤良在会后的讨论。正如第四十二篇开头交代的，"贤良、文学既拜，咸取列大夫，辞丞相、御史"（《击之》）。就是说，文学贤良要回家了，先告别丞相，再告别御史大夫桑弘羊。在告别御史大夫时，双方觉得在会上的争论意犹未尽，于是再次展开讨论。由于在这一部分的文本中没有丞相和丞相史的发言，所以有不少学者猜测会后的这场讨论是在御史大夫处举行的。

"会下"部分，在内容上大致分为两大块：① 第四十二至五十二篇讨论的基本上属于对外问题（处理和匈奴的关系）；② 第五十三至五十九基本上讨论的是内政问题（德治与法治的抉择）。

从人物关系看。"会下"部分，从四十二篇至五十四篇都是大夫与文学在对话；第五十五篇，御史在大夫无言应对之际接过话题，直到第五十八篇"默然不对"；大夫不得不接过话题继续应对，但被说得"抚然内惭"，不得不在第五十九篇结束话题。

三、"臆造"问题与写作目的

在针对《盐铁论》的研究中，有一个常见的问题，那就是，该文本多大程度上反映了"盐铁会议"讨论时的真实情况？又有多大程度出自桓宽的"臆造"？清人姚鼐在《惜抱轩文后集》就评论《盐铁论》说，"此必宽臆造也"。

首先可以肯定的是，夹杂在文本中（于论辩双方反复辩难的对话间出现的）近20处简短的叙述或描述性文字，毫无疑问属于作者的文学加工。然后可以合理地猜测，"会上"部分的文本，应该有当时会议"议文"的支持。这是因为，像这种正式会议应该有可供查阅的官方记录，而且这部分文字参差不齐，风格也更接近于会议发言。至于"会下"部分，看起来在文字上更整齐、内容上更具理论色彩，似乎更接近于书面文字。因此，另一个合理的猜测是，"会下"部分，可能更多的是作者根据当事人的回忆（如《杂论》说"汝南朱子伯为予言"）和自己的写作目的，加工而成的结果；该部分创作的成分要多一些，但肯定谈不上是完全地"臆造"。

《盐铁论》文本结构中，还有一个现象引起研究者的兴趣，因为它涉及桓宽写作《盐铁论》的目的。这个现象就是，59篇文章几乎全部都以文学或贤良做最后发言，或者以之作结（除《论诽》篇以丞相史作结，《利议》篇以大夫作结，《散不足》篇以丞相的问句作结）。对此现象，有学者认为，桓宽是"把桑弘羊置于被告席上，有意给以贬低"[1]，因为最后的发言，常有总结全篇、盖棺定论的意味。这样的解读当然有一定道理，但可能过度了。一个相对合理的猜测是，这种编排方式，符合本次会议的目的，即"问民间所疾苦"。就是说以公卿问，文学贤良答的文本编排方式，能够更好地体现本次会议问对的目的。

还应该交代的是，在最后一篇《杂论》篇中，作者给出了自己对本次会议的评价和写作此书的目的。在《杂论》中，桓宽既肯定了朝廷官员（如称赞桑弘羊"博物通士"）和民间人士（"不畏强御"）两方，但又表达了自己的失望之情。对本次会议的参加者，桓宽认为丞相"当轴处中，括囊不言"，大夫等人"不能正议，以辅宰相"，只知道"务畜利长威"，而文学、贤良"未能详备"。尤其是对本次会议结果，感到十分失望，认为"蔽于云雾，终废而不行"。因此，《汉书》对桓宽写作《盐铁论》的目的，给出了中肯的评价，说桓宽"亦欲以究治乱，成一家之法焉"。换言之，这本书的目的就通过探讨财政问题而尝试"究治乱"。

第二节 《盐铁论》奇妙之处与解读框架

《盐铁论》是一本奇书，甚至有人称之为"一本空前绝后的奇书"[2]。为什么说这本只有六万二千多字的小书是一本奇书呢？今天我们该如何解读其中的奇妙之处呢？

一、《盐铁论》"奇"在何处？

说这本书是奇书，主要出于以下几个方面的原因。

它涉及的事件奇。《盐铁论》是根据"盐铁会议"留下来的材料整理而成的，而"盐铁会议"是由朝廷下诏，丞相、御史大夫亲自参加，采用朝廷官员与六十多位民间知识分子论辩的方式讨论国家治理的大会，这不仅在汉代而且在整个中国历史上都不多见。有学者高度评价本次"盐铁会议"说："盐铁会议说明最晚到昭帝时代，先秦时代自由论辩的民主意识或学术风气多少还得以保留，这是学术定于一尊之后的时代所不可能实现的。"[3] 桓宽也对本次会议做出了高度评价："当此之时，豪俊并进，四方辐凑。贤良茂陵唐生、文学鲁万生之伦六十余人，咸聚阙庭，舒六艺之风，论太平之原。"（《杂论》）召集民间知识分子来朝廷议政，点评政治得失，无论如何都能算得上具有"民主"的色彩。这一事件，也可用来反驳一种观点，那就是把中国古代政治视为从头至尾都黑暗无比，甚至认为中国政治具有专制的内在基因。由盐铁会议可以看到，持有这种观点的人，是多么缺乏中国历史常识。

---

[1] 吴慧著：《桑弘羊研究》，齐鲁书社1981年版，第482页。
[2] 乔清举：《盐铁论注释》，华夏出版社2000年版，前言。
[3] 王永著：《盐铁论研究》，宁夏人民出版社2009年版，第80页。

事实上，古代中国对言论并没有严格的钳制，也不存在针对出版的事前审查制度。钳制言论是从清王朝直至近现代才出现的，因此从一定意义上说，专制是近现代现象。

它涉及的人物奇。民间知识分子即文学贤良不畏强权，直言批评公卿大夫，体现了孟子所称赞的"大丈夫"风貌。比如他们批评，"今之在位者，见利不虞害，贪得不顾耻，以利易身，以财易死。无仁义之德，而有富贵之禄，若蹈坎阱，食于悬门之下"（《毁学》）。明代学者张之象在《盐铁论注》自序中就曾对汉代知识分子的风貌向往不已，"汉兴百有余哉，敦尚儒术。文学、贤良皆诵法孔、孟，知所自好，其议罢盐铁、酒榷、均输，愤切时政，贯综国体，至能以韦布直诋公卿，辩难侃侃，无少假借，不降其志，不馁其气，虽古称国士，何以加焉。"直诋公卿、侃侃而谈的文学贤良，在今天看来确实是奇人。不过，坚持以理服人、不仗势欺人（以大夫为首）的官员，也是本次会议上的亮点，他们也是奇人。以御史大夫桑弘羊为例，为了加强论辩的力量，他引用了《论语》18次、《孟子》5次、《诗经》8次、《春秋公羊传》7次、《周易》3次、《管子》6次，充分展现了博学与理性。官员论辩失败后，其表现也非常理性、有风度，而不是恼羞成怒，直接下令暴力机关抓人："御史默不对"（《论儒》）；"大夫默然"（《园池》）；"御史默不答也"（《未通》）；"丞相史默然不对"（《谏议》）；"大夫不说，作色不应也"（《相刺》）；"抚然内惭，四据而不言"（《大论》）。当然，需要交代的是，由于这本书是作者桓宽根据会议材料整理而成的，因此对会议出席者行为的描述虽事出有因，但未必完全属实。

这本书的形式也奇。这是一本对话体的著作，通篇描述的是由辩论推动的会议进程，并展现出思想的交锋。以对话方式来展开全书，这种文本样式在古希腊学者特别是柏拉图那里是一种常态，但在中国古代书籍中却并不多见。中国古典典籍中可以见到的对话体，更多的是师生问答性质的（如《论语》《孟子》等），这与平等性的辩论或对话是不太一样的。在对话者处于平等地位的前提下，在辩论过程中，对话者为自己的观点提供论证，同时批驳对方的观点，这样的方式在柏拉图看来是发现真理的进程。对于辩论所具有的意义，该书也有深刻的认识，即通过辩论发现道（或义）而不是谋求口头的胜利："论者相扶以义，相喻以道，从善不求胜，服义不耻穷。若相迷以伪，相乱以辞，相矜于后息，期于苟胜，非其贵者也"（《论诽》）。用对话体形式展开全书，王充在《论衡·案书篇》中就夸赞过，"两刃相割，利钝乃知；二论相订，是非乃见。是故韩非之《四难》，桓宽之《盐铁》，君山《新论》之类也"。由于用对话展开全书，又不举出人物具体姓名而使用典型人物（如文学、贤良、丞相史、御史等），这种形式被后人认为是戏剧形式，并指出它在文学史上极具意义。郭沫若对此评价说，"书中有六种人物，而问答也相当生动，并不那么呆板。这可以说是走向戏剧文学的发展，但可惜这一发展在汉代没有得到继承"①。在文体形式上，这本书也有其历史地位，充分显示了汉代赋体文学的美文特征，如"丽词雅义"、堆砌诡异文字或古文奇字、语言对仗工整、散对相错、多用韵语等。学者王永所著的《盐铁论研究》，主要就是从文学形式方面来研究《盐铁论》这本书的。

再有，这本书的内容也奇。盐铁会议的初衷，是议论盐铁专卖政策是否该废除。由对

---

① 王永著：《盐铁论研究》，宁夏人民出版社 2009 年版，序。

该项政策的讨论,延伸到对国家内外政策的全面检讨,进而上升到治国方略与意识形态问题。从比例上看,真正讨论盐铁专卖政策及经济问题的篇数,只有7篇(全书正文内容59篇),而与治国方略和意识形态有关的篇数至少有19篇。因此,《盐铁论》这本书包含的内容极为丰富。明代学者金螭在辑注《盐铁论》时,撰写的自序是这样来概括该书内容的:"上自礼乐刑法,下逮农耕商贾,内则少府颁赉,外及蛮夷战守,金筹石画,驳辩稽参,靡不恺至而精核。"王永评价这本书,说它"蕴涵着丰富的哲学、政治、经济、历史、民族、文学等多方面的思想文化资源与价值,是一部研究西汉社会思想学术变迁与政治经济发展乃至民族、历史观演进与文学创作嬗变的重要典籍"。①

最为奇特的莫过于这本书的命运。自汉代成书后,该书虽然历代流传,但直到明代才真正为人所重视,而其人气高潮竟然发生于学术荒芜的"文革"时期。从《汉书·艺文志》开始,《隋书·经籍志》《旧唐书·经籍志》《新唐书·艺文志》《宋史·艺文志》《文献通考》等,对《盐铁论》都有著录。从现有资料看,该书真正引起古人的研究兴趣,始于明代而盛于清代。张之象所著《盐铁论注》(被收入《四库全书》),是现在能见到的关于《盐铁论》的最早注本。明清两代对《盐铁论》研究多属校勘注释之作,而近代研究则开始于1938年唐庆增《盐铁论选注》(节选四十二篇文本,加新式标点,在每段末加按语,多以西方现代经济学说来解说)。1949年后《盐铁论》的研究,则以郭沫若所著《盐铁论读本》(1956)、杨树达所著《盐铁论要释》(1957)为代表。到20世纪60、70年代,由于受"文革"的影响,国内许多人都从儒法思想斗争的角度关注《盐铁论》。为配合这一需要,各种《盐铁论》注本、选注本大量涌现,从而掀起了《盐铁论》学习与使用的一个人气高潮。上海图书馆馆藏52种有关《盐铁论》的著作,其中27种为"文革"时期或"文革"刚刚结束(1976—1978)时出版。"文革"后期有不少人,甚至能将该书全文背诵。20世纪80年代后,《盐铁论》失去了"文革"时的人气,研究开始理性化,出版的校注和注释版本不算多。不过,在20世纪80年代以来的中国思想史著作中,对《盐铁论》所包含的思想及其地位与影响,一般都安排专门的章节进行探讨。不过,不得不遗憾地说,总体而言,《盐铁论》这本书仍未得到应有的充分研究。

二、《盐铁论》解读框架

有一千个人就有一千个哈姆雷特,每个读者都可以用自己的视角来解读《盐铁论》,但并非每一个视角都具有同样的洞察力。纵观多年来解读《盐铁论》的文本,大致上可以发现,以下解读视角比较具有洞察能力或者至少曾经产生过影响。

第一个视角是儒家思想作为意识形态独尊的成长史。秦王朝依靠强悍的武力与理性化的官僚机器来统治国家,但缺乏必要的意识形态基础。对此,汉初统治集团深刻地总结为"马上得天下,不能马上治天下",于是不得不去思考如何为庞大的帝国治理建构意识形态的基础。汉初流行的黄老之学,虽然对当时的国家休养生息有益,但并不适应一个新兴帝国的内在要求。由于汉初统治集团将自己的合法性建立在周代提倡的"德"之基础上(将刘邦得天下比拟为周武王得天下),以区别于秦王朝"力"的基础,这就为核心内容乃周

---

① 王永著:《盐铁论研究》,宁夏人民出版社2009年版,序。

代德治思想的儒家学说成为主导意识形态开启了大门。在这一进程中，具有标志性意义的是汉武帝接受董仲舒（其代表作为《春秋繁露》）等人的建议，"罢黜百家"，只从儒家知识分子中选择后备官员。此时的儒家思想，在董仲舒等人的改造下，也已具有百家杂糅的特色。就是说，武帝时开始的儒学独尊，是以其吸收其他诸子思想（如黄老学说、阴阳五行学说、数术方技等）为前提的。本次盐铁会议及《盐铁论》文本，反映了儒学在思想领袖地位方面的成长进程。之后召开的石渠阁会议（公元前51年，"招诸儒讲《五经》同异"），在相当程度上标志着儒学已成长为支配性意识形态。对此，葛兆光的评价是："在儒家成为汉代国家意识形态地位的过程中，西汉昭帝始元六年'诏有司问郡国所举贤良文学民所疾苦，议罢盐铁榷酤'的所谓盐铁会议和宣帝甘露三年'诏诸儒讲五经异同'的所谓石渠阁议是两次重要的插曲。"①因此，《盐铁论》是儒家思想开始独尊的一个标志，是从《春秋繁露》到《石渠阁议奏》之间的过渡，在汉代意识形态的建设过程中，发挥了一种承上启下的作用，我们可以从这个角度来解读该书。

  第二个视角是理想主义与现实主义的冲突。在《盐铁论》文本中，对比鲜明的是文学贤良高调的理想主义与公卿大夫理性的现实主义，因而有很多人从这个视角来解读该书。从文本中，我们能看到公卿大夫对文学贤良不通现实表示了强烈的批评。如大夫批评文学："心卑卿相，志小万乘。及授之政，昏乱不治"（《利议》）。御史认为文学贤良提出的主张，明显属于"迂而不径，阙而无务"（《申韩》）的空谈，是"不知治世而善訾议"（《诏圣》）的高谈阔论，不具备现实的可操作性。这一视角与分析框架，当然具有一定的洞察能力。但需要注意的是，文学贤良与公卿大夫的争论，主要源于双方地位的不同。文学贤良作为在野人士，其承担的职责主要是批评，批评依据的自然是某种理想状态，因此他们对政治以及辅政大臣的要求也就具有较多理想化的色彩。文学贤良自身来自民间，对现实状况是清楚的，他们的言论也并非纯粹的空谈。如他们说道，"田虽三十，而以顷亩出税，乐岁粒米狼戾而寡取之，凶年饥馑而必求足。加之以口赋更繇之役，率一人之作，中分其功。农夫悉其所得，或假贷而益之。是以百姓疾耕力作，而饥寒遂及己也"（《未通》）。而公卿大夫等作为执政者，很自然地用所谓的"现实"来维护既定的政策与施政行为。不过为了给自己辩护，他们同样援引了典籍以作论据，而并非全部用现实材料。当然执政集团所援用的典籍，多是出于便宜性；而文学贤良所引用的则多近于原则性，由此造成表面上的现实主义与理想主义的差别。正因如此，徐复观认为盐铁会议上的思想冲突只是附带的，对问题的侧重点不同（一重视民间困苦生活问题，一重视国家内外安全问题）才是辩论的真正起因："此次的争论，完全是以现实问题为对象；他们立论的根据，是他们所掌握的现实，不是他们由典籍而来的思想文化……把争论转到思想文化上去，一是出于桑弘羊在现实问题上的词穷理屈之后，乃转而攻击到贤良文学这一资格所由来的孔子。一是出于贤良文学追溯当时刑罚残酷来源的商鞅、韩非。这只能算是此次大争论中的副产品。"②

---

① 葛剑雄著：《中国思想史》，复旦大学出版社2001年版，第270页。
② 徐复观著：《两汉思想史》，华东师范大学出版社2001年版，第115页。

第三个是经济政策学的视角。这一视角尤为当今经济学者所喜爱,他们可以用经济自由主义、重农主义来概括文学贤良的观点,也可以用经济统制主义、重商主义来概括公卿大夫的说法,并通过二者的言辞冲突来展示两种思想的对立。以今天的眼光看,文学贤良的思想显然更接近于一种经济自由主义。在他们看来,政府不该垄断盐铁等自然资源,而应交由民间使用,让民间自由开发资源,特别是自由地铸造货币。与此同时,文学贤良也是典型的重农主义者,他们认为农业才是国富的根源,若政府提倡、重视发展工商业,必然会导致天下人趋末而弃本的不良后果。需要交代的是,在先秦诸子百家争鸣时期,重农思想其实更多地属于法家(而不是儒家)的思想,在商鞅变法中重农思想得到有效的实践。由文学贤良如此"重农"可以看出,儒家思想此时已吸收了法家的部分思想,或者说不能完全将文学贤良的思想视为原始儒家思想,并将其与法家思想绝对对立。大夫等人在经济政策上,显然更多地属于经济统制主义与重商主义,宣扬国家应该垄断自然资源("天财"),与此同时发展国营工商业。如御史称赞桑弘羊道:"今大夫君修太公、桓、管之术,总一盐、铁,通山川之利而万物殖。是以县官用饶足,民不困乏,本末并利,上下俱足。此筹计之所致,非独耕桑农业也"(《轻重》)。公卿大夫对国家职能的表述,则是经典的经济统制主义的宣言,"王者塞天财,禁关市,执准守时,以轻重御民。丰年岁登,则储积以备乏绝;凶年恶岁,则行币物;流有余而调不足也"(《力耕》)。

第四个是德治与法治之争的视角。解读《盐铁论》这个文本,一个很好的视角就是从治国方略的差别来考察,即到底是以德治国还是依法治国,或者说依靠德治还是依靠法治。此处需要提醒注意是,古今在德治与法治这两个术语上的含义是有差别的。中国古代说的德治,不是或者主要不是今天字面上"以道德治国"的含义,其核心内容实际是"礼"治,即通过自上而下遵循"礼"的要求(此时公共权力更多表现为非暴力的权威)来达到治理的目的。用今天的语言来说,指的更多是运用社会空间中的外部规则(即"礼")来约束个人的行为,而不是或者说主要不是依靠个人内心的道德自觉(当然与个人特别是上位者的自我道德要求有一定的关系)。中国古代的法治,也不是今天在良法基础上依法而治的含义,而主要是指的是"刑"治,即通过刑罚手段(肉刑、徒刑甚至死刑等)来处理今天刑事甚至民事等诸多领域的问题,实现国家的治理。显然,在帝国时代的国家治理中,德治与法治这两种手段缺一不可;但以何者为先、以何者为重,文学贤良和公卿大夫的主张显然有着激烈的冲突。在文学贤良看来,刑罚只是手段而不是目的,治理天下理应以德教化民众,缓刑省罚为第一义。所以他们批评当时的执政者,"能刑人而不能使人廉,能杀人而不能使人仁"(《申韩》)。他们对法治的残酷性给予了严厉地批评,其人本主义色彩至今仍能打动我们的心灵:"今之所谓良吏者,文察则以祸其民,强力则以厉其下,不本法之所由生,而专己之残心,文诛假法,以陷不辜,累无罪,以子及父,以弟及兄,一人有罪,州里惊骇,十家奔亡,若痈疽之相汘,色淫之相连,一节动而百枝摇"(《申韩》)。而公卿大夫在论辩中始终表现出对法家思想、法家人物的全面崇尚,同时强调法律(主要为刑法)在社会政治中的积极作用。他们说,"令者所以教民也,法者所以督奸也。令严而民慎,法设而奸禁。网疏则兽失,法疏则罪漏。罪漏则民放佚而轻犯禁。故禁不必,怯夫侥幸;诛诚,跖、蹻不犯。是以古者作五刑,刻肌肤而民不逾矩"(《刑德》)。

第五个是民族主义与世界主义的解读视角。汉代是中华帝国真正诞生之时,因为此时才出现了较为成熟的意识形态为帝国政治辩护。在这其中,从理论上对国家共同体自身进行定位,并依此而解释汉与周边民族的关系,是意识形态的重要任务,也是当时急需解决的时代问题。如何对待"他者"(异己的民族)?在《盐铁论》中,公卿大夫与文学贤良进行了激烈的争论。从文本看,全书共59篇,对匈奴问题进行争论就有14篇。这种争论可以套用今天的民族主义/世界主义的框架来加以概括。公卿大夫属于典型的民族主义者,强调自己的民族特性及与"他者"的区分,"往者,四夷俱强,并为寇虐:朝鲜逾徼,劫燕之东地;东越越东海,略浙江之南;南越内侵,滑服令;氐、僰、冉、駹、嶲唐、昆明之属,扰陇西、巴、蜀"(《备胡》)。在公卿大夫看来,推行尊王攘夷的民族政策,不仅是传统儒家民族理论的精髓,也是汉代国家处理民族问题唯一实际可行的政策;而尊王攘夷又是以武力征伐为出发点的,"汉兴以来,修好结和亲,所聘遗单于者甚厚;然不纪重质厚赂之故改节,而暴害滋甚。先帝睹其可以武折,而不可以德怀,故广将帅,招奋击,以诛厥罪;功勋粲然,著于海内,藏于记府"(《结和》)。公卿大夫以秦为例,赞扬秦代用武力征伐异民族的正确政策,因为这些异民族"非服其德,畏其威也。力多则人朝,力寡则朝于人矣"(《诛秦》)。与公卿大夫相比,文学贤良始终坚持某种世界主义的理想("四海之内皆兄弟也"),主张尚德怀柔、和亲徕远的政策。"方今为县官计者,莫若偃兵休士,厚币结和亲,修文德而已"(《击之》)。"诚以仁义为阻,道德为塞,贤人为兵,圣人为守,则莫能入。如此则中国无狗吠之警,而边境无鹿骇狼顾之忧矣"(《陷固》)。事实上,文学贤良所代表的是中华文明中所固有的那种人本主义情怀,它并不将周边民族视为异类,而且对其不幸处境深表同情,"匈奴处沙漠之中,生不食之地,天所贱而弃之。无坛宇之居,男女之别,以广野为闾里,以穹庐为家室。衣皮蒙毛,食肉饮血,会市行,牧竖居,如中国之麋鹿耳"(《备胡》)。对人性的基本同情和天下一家的世界主义情怀,这是中华文明历经数千年仍能立于世界的部分原因;而徒然凭借武功立国的蒙古帝国,早已化为历史的尘埃。

第六种视角是曾经甚嚣尘上但在学术上却难以立足的儒法斗争视角。这个曾经影响颇大的视角,是由郭沫若奠定其阐释基础的。他在1956年出版的《盐铁论读本》"序"中说:"贤良与文学以儒家思想为武器,讲道德,说仁义,在我们今天看来,讲说得有时候非常迂腐可笑。桑弘羊和他的下属们基本上是站在法家的立场,议论都从现实出发,有时也很尖锐地批评儒家和孔子。因此这一次的会议事实上是一场思想上的大斗争。"①此后,许多人都把御史大夫桑弘羊的思想归于法家,将其论辩对手文学贤良算作儒家,于是乎二者的争论就被视为儒法斗争的表现。在"文革"那个特殊的历史时代,儒法斗争视角迎合了政治的需要。从今天的眼光看,文学、贤良的思想毫无疑问地属于儒家。不过,此时的儒家,已经杂糅了一些其他学派的思想,如前所述,重农思想来自公认的法家人物商鞅。但是,公卿大夫是否可归入法家,则是有疑问的。大夫在辩论之中确实多处称赞法家人物、法家思想、强调法治的一面,如称颂商鞅"昔商君相秦也,内立法度,严刑罚,饬政教,奸伪无所容。外设百倍之利,收山泽之税,国富民强,器械完饰,蓄积有余。是以征敌伐国,攘

---

① 王永著:《盐铁论研究》,宁夏人民出版社2009年版,第126页。

地斥境,不赋百姓而师以赡。故利用不竭而民不知,地尽西河而民不苦"(《非鞅》)。在辩论过程中,确实又有许多直接攻击儒家思想以及儒家先贤先圣之处。《大论》中说,"文学所称圣知者,孔子也,治鲁不遂,见逐于齐,不用于卫,遇围于匡,困于陈、蔡。夫知时不用犹说,强也;知困而不能已,贪也;不知见欺而往,愚也;困辱不能死,耻也。若此四者,庸民之所不为也,而况君子乎!"但是,已有许多学者强调过,不能因大夫高度赞扬法家人物与猛烈抨击儒家先贤先圣,就认定其是法家人物。因为大夫在论辩中称引儒家经典、运用儒家先圣言论的能力并不比文学贤良逊色。从公卿大夫的发言来看,也同样有对法家人物(如晁错)的攻击与指责。大体上,公卿大夫的发言内容,更多是从实用性与政治需要出发而言的。他们并非坚定的法家思想信仰者,只是法家思想比起儒家来更适合于论证他们的实务工作。因此,可以肯定地说,本次盐铁会议并不是一次儒法思想的斗争会。

  本讲的主要内容,是从财政视角来解读《盐铁论》。在从秦到清这两千多年中国史上,帝国不断地崩溃与重生,相对于崩溃后再也无法复兴的罗马帝国来说,这是引人注目的现象。从晚清开始直至今日的帝国整体转型,更令世人瞩目。如果将主导帝国重生及转型的因素比喻为基因的话,那么为帝国提供资源支持的财政制度,也自有支持其不断重生及转型的基因,本讲将其称为财政基因。就是说,在帝国财政中,存在着少数主导财政基本制度建设及变化的根本原则。这些根本原则,不但主导了财政基本制度自身的重建与变异,也深刻影响了帝国整体制度的再生与转型。

  财政领域的重大问题至少有如下几个,其中每一个都与帝国政治制度的基本方面联系在一起:① 财政支出规模是大好还是小好?这一问题涉及国家职能的积极与消极问题;② 工商业是否可成为财政收入的来源?这涉及国家的经济基础问题;③ 如何管理暴利性资源商品?这涉及财政对社会的管理问题。对于这些问题,《盐铁论》均进行了深入的探讨。这些探讨及其提供的答案形成了支配帝国财政的基本原则:一部分答案成为决定帝国财政不断重建与常态运行的显性基因,另一部分与之相对的答案则成为决定帝国财政变异乃至近现代转型的隐性基因。当然,帝国转型后,原来的隐性基因就变成主导现代财政的显性基因。

  接下来本讲就从这三个问题入手来解读《盐铁论》,然后提出主导帝国财政的基本原则(即财政基因),最后再探讨一点与财政相关的其他问题。

第三节 财政支出规模是大好还是小好?

  帝国制度是中华先民们面对生存需要所进行的伟大创造,这一基本制度萌芽于春秋战国时期诸子百家的制度构想中,形成于秦皇汉武雄才大略的制度实践下。到了汉武帝去世时,中华帝国对外对内的基本格局已大体奠定。对外,向南和向西的版图扩张已大致达到极限,向北则处于战略优势中,由此确立了中华民族基本的生存空间;对内,通过官僚制度的深化和诸侯国问题的解决,确立了基本的政治秩序。

在基本生存空间与政治秩序奠定后，中华帝国的国家职能应该采取积极主义还是消极主义？国家职能的积极与消极，决定了财政支出额的多与少。这一问题，被盐铁会议的参与者们提了出来，并在两千年帝国史中被反复地提起。

□ 一、公卿大夫对扩大财政支出的支持

公卿大夫显然持有积极的国家职能观，提倡运用暴力与法治的工具，来实现对外的安全和对内的秩序，并要求积极地干预经济与社会。因此，他们强烈主张大规模的财政支出方案，要求从多渠道去筹集财政收入以满足支出的需要。

在他们看来，对外安全的取得，显然来自国家显示的武力，外部威胁者"非服其德，畏其威也。力多则人朝，力寡则朝于人矣"（《诛秦》）。因此他们主张积极的征伐与充足的防备，"自古明王不能无征伐而服不义，不能无城垒而御强暴也"（《繇役》）。要实现对外的安全，要满足支出的需要，就必须大力地筹集财政收入，其基本方式显然是继续实行盐铁专卖等政策，"用度不足，故兴盐、铁，设酒榷，置均输，蓄货长财，以佐助边费"（《本议》）。在他们看来，运用所谓的德性感化手段，对匈奴这样的异类无效；从长远看，武力征伐的成本并不高，"当世之务，后世之利也。今四夷内侵，不攘，万世必有长患"（《结和》）。在他们的理性计算中，对外军事行动，不仅是防范侵略的需要，而且在经济上也是有收益的，"孝武皇帝平百越以为园圃，却羌、胡以为苑囿，是以珍怪异物，充于后宫，駼騄駃騠，实于外厩，匹夫莫不乘坚良，而民间厌橘柚。由此观之：边郡之利亦饶矣！"（《未通》）。

对内秩序的取得，在公卿大夫看来，主要是利用刑罚的力量惩罚作恶者，这样才能维护基本的社会秩序。"鉏一害而众苗成，刑一恶而万民悦"（《后刑》）。只有大力提倡法治，严厉地惩罚犯罪，使民众畏惧，才能保证基本秩序，"令者所以教民也，法者所以督奸也。令严而民慎，法设而奸禁。……是以古者作五刑，刻肌肤而民不逾矩"（《刑德》）。为了维护基本秩序而扩大运用刑罚的力量，也可能会出现问题。但在公卿大夫看来，这些问题都是可以通过进一步理性化就能解决的。比如他们承认吏治有问题，但认为整顿吏治仍应运用惩罚的手段："为吏既多不良矣，又侵渔百姓。长吏厉诸小吏，小吏厉诸百姓。故不患择之不熟，而患求之与得异也；不患其不足也，患其贪而无厌也"（《疾贪》）。在这种前提下，公卿大夫显然赞成在司法和行政管理方面的支出进一步地增长，并因此增加财政收入。

除了安全与秩序外，公卿大夫还特别地对财政支出所能发挥的经济和社会职能充满自信，"故人主积其食，守其用，制其有余，调其不足，禁溢羡，厄利涂，然后百姓可家给人足也"（《错币》）。为了应对这一类支出的需要，增加财政收入是有益的，"是以县官开园池，总山海，致利以助贡赋，修沟渠，立诸农，广田牧，盛苑囿"（《园池》）。他们将积极发挥国家职能所能达成的理想状况，设想为"使百姓咸足于衣食，无乏困之忧；风雨时，五谷熟，螟螣不生；天下安乐，盗贼不起；流人还归，各反其田里；吏皆廉正，敬以奉职，元元各得其理也"（《执务》）。对于这一理想状况的实现，他们认为重点在于增加财政支出，而对文学贤良提出减少财政支出进而降低财政收入的要求非常不满，认为这将使国家职能无法实现，他们讽刺性地反问道："诸生若有能安集国中，怀来远方，使边境无寇虏之灾，租税尽为诸生除

之,何况盐、铁、均输乎!"(《国疾》)

二、文学贤良对降低财政支出的要求

作为民间知识分子,文学贤良并非不通世务者,对时代的发展和帝国制度的来临,他们有非常清醒的认识,同意"明者因时而变,知者随世而制"(《忧边》)。不过,他们依然认为,治国仍应遵循过去时代的德治要求,用以身作则的教化手段,来实现对外的和平和同化,对内的秩序与和谐。他们认为,这样做就可以减少财政支出。

对外方面,文学贤良承认,安全与秩序的需要在财政上确实有其地位。不过,他们更多地强调,对外扩张不应是力的征服,而应是德的感化,要像周王朝那样用和平的手段来处理问题,"周累世积德,天下莫不愿以为君,故不劳而王,恩施由近而远,而蛮、貊自至"(《诛秦》)。事实上,文学贤良并不反对国家的扩张,只是认为应该用文化渗透而非武力征服的手段,"既以义取之,以德守之。秦以力取之,以法守之,本末不得,故亡。夫文犹可长用,而武难久行也"(《繇役》)。显然,他们觉得文化渗透成本更低,对财政支出的要求更少,不会过分干扰民众的生活,"往者,匈奴结和亲,诸夷纳贡,即君臣外内相信,无胡、越之患。当此之时,上求寡而易赡,民安乐而无事"(《结和》)。特别地,他们提出了帝国扩张的自然边界问题,即国家扩张到一定程度,为扩张而付出的(边际)成本已远高于(边际)收益,继续扩张并不合算,"今去而侵边,多斥不毛寒苦之地,是犹弃江皋河滨,而田于岭阪菹泽也。转仓廪之委,飞府库之财,以给边民。中国困于繇赋,边民苦于戍御"(《轻重》)。也就是说,文学贤良在考虑对外扩张问题时,并非纯从理想主义高调出发,事实上也有冷冰冰的功利计算在内。

在对内治理方面,他们认为国家职能最为重要的是要使人民有品德(仁义),而不是追逐利益与效率,"治人之道,防淫佚之原,广道德之端,抑末利而开仁义,毋示以利,然后教化可兴,而风俗可移也"(《本议》)。他们批评公卿大夫,"能刑人而不能使人廉,能杀人而不能使人仁"(《申韩》)。在他们看来,治国的关键在德治,即在上位者的模范带领下,民众遵循各种"礼"的要求,从而达到天下大治,"圣人假法以成教,教成而刑不施。故威厉而不杀,刑设而不犯"(《后刑》)。采用德治手段,自然对财政支出的要求就很小,特别地治国者就不需要用种种与民争利的手段来增加财政收入,"是以王者不畜聚,下藏于民,远浮利,务民之义;义礼立,则民化上"(《禁耕》)。他们一再强调,在当时情况下,国家的职能已过度扩张,以至于财政负担过重,伤害到民众,"(今)郡国繇役,远至三辅,粟米贵,不足相赡。常居则匮于衣食,有故则卖畜粥业"(《疾贪》)。因此,必须减少国家职能,降低财政支出对收入的要求,尤其是要废除盐铁等专卖政策,"方今之务,在除饥寒之患,罢盐、铁,退权利,分土地,趣本业,养桑麻,尽地力也。寡功节用,则民自富"(《水旱》)。

特别重要的是,文学贤良一再强调,政府和皇室消费扩大会对社会生产造成伤害,这也是后世中国财政史一再重复的话题:"方今公卿大夫子孙,诚能节车舆,适衣服,躬亲节俭,率以敦朴,罢园池,损田宅,内无事乎市列,外无事乎山泽,农夫有所施其功,女工有所粥其业;如是,则气脉和平,无聚不足之病矣"(《救匮》)。这是因为,帝国制度是以君权来表现国家的公共权力的,由于君主和官僚的行动打着国家和公共的旗号,皇室与官僚的消费支出就会因此缺乏可靠的制约机制。所以文学贤良一再坚持，财政支出规模小，才可以节约财富，财政征收减少，百姓才能富裕，"异时，县官修轻赋，公用饶，人富给"（《击之》）。

第四节 工商业是否可成为国家的财政收入来源？

经过秦皇汉武时期的大规模征战，中华帝国的主体疆域已大体确立，这就是长城一线以内的农耕区。在这一区域内，以家庭为单位的小农经济，成为帝国的主要经济基础。按照杨宽先生的说法，从战国到清中期，占帝国经济主导地位的一直是五到八口之家的小农家庭，耕种相当于今天 32 亩左右的土地（自有土地或租佃而来的土地）①。因此，中华帝国的经济基础，一直是以家庭为单位的、有极强生命力的小农经济，帝国财政也因此主要依靠以农户为基础的田赋，这也是帝国财政的正统形式。

问题是，如何处理工商业？一方面，工商业可以动员和集中大量资源，可以实行劳动分工而提高效率，从而创造出极大的财富，并可能成为国家财政收入的来源；另一方面，工商业从业者及其财富，在相当程度上属于自由资源，易于流动与集散，容易破坏社会的稳定与各阶层势力的平衡。对于工商业的处理，公卿大夫和文学贤良分别做出了不同的回答。

一、公卿大夫肯定工商业作为财政收入来源的意义，要求实行国家垄断

以今天的眼光看，公卿大夫显然更为正确地认识到工商业对社会财富的作用，认为社会财富的实现，"待商而通，待工而成"（《本议》），强调"故工不出，则农用乏；商不出，则宝货绝。农用乏，则谷不殖；宝货绝，则财用匮"（《本议》）。他们明确提出，"富国非一道，……富国何必用本农，足民何必井田也？"（《力耕》）。在辩论中，公卿大夫列举了大量的事例，来说明富裕的城市与个人，是如何通过工商业致富的，"诸殷富大都，无非街衢五通，商贾之所凑，万物之所殖者"（《力耕》）。现代经济学认识到，自愿交易对于经济有巨大的作用，如改善交易双方的效用，将资源投入到更有效率的使用中，并因此实现总效用的提高和财富的增值等。对此，公卿大夫也有深刻的认识，并做出了很好的阐述，"财物流通，有以均之。是以多者不独衍，少者不独馑。若各居其处，食其食，则是橘柚不鬻，胸卤之盐不出，旃罽不市，而吴、唐之材不用也"（《通有》）。

面对工商业带来的巨大财富，公卿大夫认为应该将其作为财政收入的源泉，以应对财政支出的需要。不过他们并未像现代财政所主张的那样对其征税，而是建议实行国家垄断。这种国家垄断，既对盐铁这样的特殊商品（消费的需求价格弹性比较低，财政可能获得暴利）进行，又对一般商品进行。对盐铁等特殊商品实行国家垄断，公卿大夫们认为可以在增加财政收入的同时不增加民众的负担，"今大夫君修太公、桓、管之术，总一盐、铁，

---

① 杨宽著：《战国史》，上海人民出版社 2003 年版，第 4—5 页。

通山川之利而万物殖。是以县官用饶足,民不困乏,本末并利,上下俱足,此筹计之所致,非独耕桑农也"(《轻重》)。对于一般商品的买卖实行国营("均输"),他们认为也能以商业利润的形式增加财政收入,"往者财用不足,战士或不得禄,而山东被灾,齐、赵大饥,赖均输之畜,仓廪之积,战士以奉,饥民以赈。故均输之物,府库之财,非所以贾万民而专奉兵师之用,亦所以赈困乏而备水旱之灾也"(《力耕》)。

二、文学贤良对工商业作为财政收入来源的反对

文学贤良则对此时帝国的农耕基础,有着更为清醒的认识,"草莱不辟,田畴不治,虽擅山海之财,通百末之利,犹不能赡也。是以古者尚力务本而种树繁,躬耕趣时而衣食足,虽累凶年而人不病也。故衣食者民之本,稼穑者民之务也。二者修,则国富而民安也"(《力耕》)。文学贤良虽然也认识到工业对农业的重要性以及财富增值效应,"山海者,财用之宝路也。铁器者,农夫之死士也"(《禁耕》),但仍坚持反对工商特别是商业的发展,反对将其作为财政的收入来源。

为什么文学贤良如此反对将工商业作为财政的收入来源?原因至少有两个方面:一个方面,工商业的发展会败坏社会风气,破坏社会的道德基础,"散敦厚之朴,成贪鄙之化"(《本议》),这与工商业资源所具有的自由流动特性相关;另一个方面,在成为政府及大小官吏盘剥百姓的工具方面,工商业显得更为便利,"于是兴利害,算车舡,以訾助边,赎罪告缗,与人以患矣。甲士死于军旅,中士罢于转漕,仍之以科适,吏征发极矣"(《击之》)。

第五节　如何管理暴利性资源商品?

有一些商品(主要为资源性商品),要么因为是生活必需品,要么因为有致瘾性,因而需求的价格弹性(即消费弹性)比较低。就是说即使这些商品的价格上升,消费者的消费量并不会减少或者减少不多。这样,政府可通过垄断方式(如实行专卖),制定垄断高价来牟取超额收益。这种做法,由于有商品自愿买卖的形式作掩护,因此被认为是一种良好的财政管理方式,政府可因此获得暴利。此处将这样的资源性商品,称为"暴利性资源商品"。在帝国早期,能够获得暴利的资源性商品主要是盐和铁两项,前者因为消费弹性低(人人都需要定量食盐),管理成本低(控制住盐场即可)而得到推崇,后者是因为此时正处于铁器大推广时代,消费弹性显得比较低。从后世的经验来看,铁器因矿石分布分散和冶炼制作容易,管理成本又较高,国家很难真正实现垄断,因而不在暴利性资源商品名单中。在暴利性资源商品名单上的,除了盐以外,后来又陆续增添了茶、烟草、香料,以及近代的石油、煤炭等。

怎样管理这些暴利性资源商品?公卿大夫和文学贤良展开了广泛的争论,事实上本次会议就是为此召开的。以今天的眼光看,对暴利性资源商品,财政上的管理手段无非三种:要么在生产销售的所有环节,实行全面垄断以获取垄断利润(也称直接专卖);要么在

部分环节实行许可以获取许可费（也称间接专卖）；要么放开让民间经营，但征收特别税收（从量或从价征收特别商品税，或者征收暴利税等特殊收益税）。就盐铁会议的双方而言，争论的焦点主要为：是实行全面垄断还是放开经营？

一、公卿大夫赞成全面垄断

对于盐铁这样的暴利性资源商品，公卿大夫坚决主张继续实行公元前110年开始的全面垄断政策。他们提出的理由有两个方面，一个是财政收入方面的，另一个则涉及运用财政手段管理社会。显然，后一个理由更为他们所强调。

在财政收入方面，公卿大夫继承了管子以来利用盐铁等低弹性商品获取财政收入的观点，认为从这样的商品中获取财政收入，民众不会察觉，在提高政府财政收入的同时不会影响百姓的生活。他们认为，"盐、铁之利，所以佐百姓之急，足军旅之费，务蓄积以备乏绝，所给甚众，有益于国，无害于人"（《非鞅》）。

在运用财政手段管理社会方面，首先，公卿大夫认为盐铁若由国家全面垄断，就可实施统一的标准化管理。用今天的经济学语言来描述就是，可以消除或减少信息不对称状况。这样做，可给社会带来很多好处，如价格稳定、规格一致、杜绝欺诈行为等。他们说，"故有司请总盐、铁，一其用，平其贾，以便百姓公私。虽虞、夏之治，不易于此。吏明其教，工致其事，则刚柔和，器用便"（《水旱》）。同时，"县官设衡立准，人从所欲，虽使五尺童子适市，莫之能欺"（《禁耕》）。

在运用财政手段管理社会方面，其次，也是最能为盐铁全面垄断提供辩护理由的，是其对于平衡社会势力的作用。就是说，如果这些暴利性资源商品落入私人手中，会使得部分豪强势力过于庞大，他们可能会压迫小民、危害国家稳定，"令意总一盐、铁，非独为利入也，将以建本抑末，离朋党，禁淫侈，绝并兼之路也。……往者，豪强大家，得管山海之利，采铁石鼓铸、煮盐。一家聚众，或至千余人，大抵尽收放流人民也。远去乡里，弃坟墓，依倚大家，聚深山穷泽之中，成奸伪之业，遂朋党之权，其轻为非亦大矣"（《复古篇》）。因此，盐铁若由国家垄断，暴利由国家获得，就可以避免社会势力的失衡。应该说防范社会势力的失衡，在今天都是公共管理的目标。不过，私人势力会不会发展成为压迫小民、造成社会不平衡的豪强，关键不在于私人的经济状况，而在于用来制约私人势力的政治与法律状况。只要政治权力能真正为民所用，法律公平公正，私人经济势力再强，也会受到公共权力的有效约束，而不至于沦为破坏社会平衡的恶势力。这一点身为政治人物的公卿大夫，未能充分认识到，而被文学贤良尖锐地指出来（下面将论及）。就今天的眼光看，权力为民所用、法律公正实施，有赖于整个国家制度的民主化和法治化，这是帝国政治所无法实现的。

二、文学贤良要求实行盐铁的民间经营

对于公卿大夫为盐铁的全面垄断所作的辩护，文学贤良给予了猛烈的抨击，强烈要求放弃这一政策，实行盐铁资源的民间经营。他们的批评是相当有力的，其列举的事例与揭示的道理，可视为现代经济自由主义的同路人。

文学贤良的批评,可分为以下几个层次。

第一个层次,与前面批评工商业相似,他们批评盐铁由国家垄断,破坏了国家的真正基础(即道德基础与农耕基础),要求直接予以废除,"今郡国有盐、铁、酒榷、均输,与民争利。散敦厚之朴,成贪鄙之化。是以百姓就本者寡,趋末者众。……愿罢盐、铁、酒榷、均输,所以进本退末,广利农业,便也"(《本议》)。他们指出,国家基础的破坏,最终也会影响到当政者的利益,"筑城者先厚其基而后求其高,畜民者先厚其业而后求其赡。《论语》曰:'百姓足,君孰与不足乎?'"(《未通》)

第二个层次,他们鲜明地指出,对盐铁这样的低弹性商品实行国家垄断,只是增加了财政收入,虽然以自愿交易为形式掩盖了财政征收的实质,但却并不像公卿大夫所说的那样不影响百姓生活,事实上严重伤害了百姓。一方面,这种伤害体现为剥夺了民众的财富,毁坏了国家的财源基础,"且利不从天来,不从地出,一取之间,谓之百倍,此计之失者也。无异于愚人反裘而负薪,爱其毛,不知其皮尽也"(《非鞅》)。另一方面,强制性地统一标准化管理盐铁,不能做到因地制宜,严重影响了百姓的生产和生活,"夫秦、楚、燕、齐,土力不同,刚柔异势,巨小之用,居句之宜,党殊俗异,各有所便。县官笼而一之,则铁器失其宜,而农夫失其便"(《禁耕》)。

第三个层次,他们认为,盐铁由国家全面垄断,超出了国家的管理能力。这体现为以下两个方面:一方面,大小官吏并无能力真正经营盐铁业,而只是简单地将其转化为财政负担,加在百姓身上,"故盐冶之处,大傲皆依山川,近铁炭,其势咸远而作剧。郡中卒践更者多不勘,责取庸代。县邑或以户口赋铁,而贱其平准。良家以道次发僦运盐铁,烦费,百姓病苦之"(《禁耕》);另一方面,各级官吏没有能力从盐铁经营中获利,而只是简单地抬高盐铁价格,用垄断的力量获取暴利,导致百姓无力消费,"盐、铁贾贵,百姓不便。贫民或木耕手耨,土櫌淡食"(《水旱》)。

第四个层次,他们驳斥盐铁国家垄断可抑制私人势力、维护社会平衡的说法。在文学贤良看来,将暴利性资源从民间转到国家手中,并未使这些暴利转为国家的财富,而只是将其转移到权力拥有者之手,最终使权贵阶层获得了巨额财富,"自利官之设,三业之起,贵人之家云行于涂,毂击于道,攘公法,申私利,跨山泽,擅官市,非特巨海鱼盐也;执国家之柄,以行海内,非特田常之势,陪臣之权也"(《刺权》)。因此,破坏社会势力均衡、影响国家稳定的,不是盐铁的民间经营者,而是因政府垄断盐铁而得到垄断权的官僚们,他们才是破坏国家稳定的力量,"工商之事,欧冶之任,何奸之能成?三桓专鲁,六卿分晋,不以盐铁。故权利深者,不在山海,在朝廷;一家害百家,在萧墙,而不在胡邸也"(《禁耕》)。文学贤良的这一批评,在今天都能得到同情与反响。

第六节　帝国财政的显基因与隐基因

在上述财政基本问题上,公卿大夫的主张主要为三条:① 财政支出规模应大,以支持国家履行积极的职能；② 工商业应该予以重视，并使之成为财政收入的主要来源；③ 暴利性资源应该掌握在政府手中，实行国家全面垄断。而文学贤良的主张则与此相反，主要是：① 财政支出规模要小，国家在履行职能方面应该持消极主义；② 应该重农轻商，不应以工商业作为财政收入的来源；③ 暴利性资源应该分散给民间，不应掌握在国家手中。

在帝国后来的发展中，上述观点反复交锋，并不断体现在实践中。有意思的是，支配后世帝国财政讨论话语权并体现在帝国财政制度与实践中的，是文学贤良的第一个观点（即财政支出规模要小，国家在履行职能方面应该持消极主义）和第二个观点（即应该重农轻商，不应以工商业作为财政收入的来源），以及公卿大夫的第三个观点（即暴利性资源应该掌握在政府手中），这些观点分别构成了帝国财政在支出、收入和管理诸方面的显基因。而公卿大夫的第一个观点（财政支出规模应大，以支持国家履行积极的职能）和第二个观点（工商业应该予以重视，并使之成为财政收入的主要来源），以及文学贤良的第三个观点（暴利性资源应该分散给民间经营，不应掌握在国家手中），在帝国财政讨论与制度实践中也始终未绝，而分别成为帝国财政支出、收入和管理诸方面的隐基因。显基因，决定了帝国重建及常态运行时的主要样态；隐基因，在帝国危机、变异时更多地体现出来，并在帝国现代转型中发挥着作用。

□ 一、显基因决定了帝国财政制度的重建与常态运行

在中华国家史上，帝国不断地崩溃也不断地重建。在帝国重建过程中，财政基本制度也不断地重建，以便为国家提供资源支持。以下几个方面，既是帝国财政制度重建时的基本原则，也是其常态运行时始终贯彻的原则，它们构成了帝国财政的显基因。

第一，以有限的财政支出来应对相对固定的国家职能。由此，轻徭薄赋成为财政的理想准则，量入为出则为财政的基本要求。中华帝国很早就达到了职能相对固定的地步，这使得扩大财政支出的必要性不足。在对外方面，正如文学贤良所指出的，中华帝国在汉武帝时期就已达到扩张的自然界限。因此，以相对固定的军事支出维持对外的防守态势，利用和平手段进行渗透，在财政上是最为合算的事情。对内治理比起对外扩张来，当然更为重要，但这些也都是常规化任务，在基本的经济和社会结构没有重大变化的情况下，财政支出同样无须扩大。此时，财政的对内任务主要是进行再分配，即在穷人与富人的阶层间、青黄不接与丰收时节的时间上、物资资源分布不均的空间里，进行财政的调拨。财政支出相对有限，自然对财政收入的要求也不高，因此轻徭薄赋是帝国财政征收的最高理想。同时，为了实现财政支出的有限性，财政管理始终将"量入为出"作为最高原则。这一原则，既是农业社会中家庭财务原则（以控制消费支出不超出农业生产能力）在国家财政上的反映，又有基本的政治考虑，即以财政收入的相对有限性来约束君主的权力。在后世的财政实践中，君主们虽然经常突破量入为出原则，但在理念上对这一原则仍高度认同。

第二，以出产于土地的农业收入为主要财政收入来源。为此，财政上需确保"履亩而税"，政治上实行"重农抑商"。帝国的经济基础是农耕，因而依托农业收益来获取财政收入就成为标准做法。由于小农经济的有效性与强大的恢复能力，帝国毁灭后，只要能给小

农家庭配置适当的土地,就能以此为基础恢复经济和社会结构,并重建帝国。为了实现小农对适当土地的占有,财政上可以做的事情主要有两个方面:一是国家直接给小农分配土地,二是实行履亩而税。给小农直接分配土地,通行于一个王朝的初期,因为此时国家掌握着大量可分配的荒地。但是,到该王朝中期以后,就不再具备这样的条件,此时贯彻实行履亩而税至关重要。所谓履亩而税,就是说占有土地的人根据田亩数上缴田赋,这样做可以将财政负担落实到有能力的人身上。小农只是根据自己占有的田亩数上缴田赋,若无土地则不缴田赋,此时小农可通过租种地主耕地实现正常的生产和生活。拥有大量土地而有负担能力的地主,根据自己的土地数量上缴田赋。如果能够这样成功地实现履亩而税,就能以农业收入为基础维持帝国。但在现实中,地主往往能够凭借其拥有或分享到的政治权力,不缴或少缴田赋,或将负担转嫁给小农,从而破坏履亩而税,损害帝国的财政基础,并进而造成财政的危机和小农的破产。工商业是帝国中的异类:一方面它是小农经济的有益补充和连接纽带,正如公卿大夫在和文学贤良的辩论中屡次提及的;另一方面由于工商业资源的自由流动特性,它成为威胁帝国稳定和破坏农耕文明的力量。因此,在后世发展过程中,帝国不断地试图用国家权力限制工商业在资源上的自由流动特性,这是帝国时期重农抑商政策的内在动因。但这种做法却使得工商业往往落入权力拥有者手中,成为君主和官僚个人财富的来源而非国家的财政收入来源。不重视工商业在国家中的地位,没有正式规则的保护与约束,而任由工商业落入权力拥有者的私人庇护下,这是传统中国工商业始终无法发达的原因所在。

第三,暴利性资源由政府统一掌管。帝国的财政以农业经济为基础,按照履亩而税的原则获取财政收入。这一做法的最大问题是,财政收入缺乏弹性,难以在紧急时获得大量的、可增长的货币收入。因此,在后世财政实践中,虽然文学贤良在财政支出规模和财政收入方式这两方面的主张都占了上风,但在暴利性资源管理方面却遵循了公卿大夫的主张。就是说,帝国财政的普遍做法是,由政府控制暴利性资源,在获取弹性财政收入的同时,使其不至于落入民间豪强手中。但是,文学贤良所指出的这一做法的缺点,仍是无法回避的。所以,对于暴利性资源的政府管理,后世有一个变化与探索过程,以便纠正或至少减缓其中存在的问题。以盐业为例,其总体趋势是政府逐渐放弃全面垄断,不断增加民间力量在该行业中的参与。变化的发生,首先是放弃全面垄断政策,只在收购与批发环节实行垄断,放开生产和零售环节,而代之以行政许可的方式,并由此获得财政收入,即只许可特定盐商从事零售,向他们收取许可费。唐代刘晏的盐政改革,其核心正在于此。后来,许可的对象、方式及收取许可费的形式,在宋、明、清等王朝又有一些变化,不过总体趋势是不断地引进民间力量参与生产和经营。从现代财政眼光看,国家对暴利性资源进行某种形式的垄断,并借此获取财政收入,其做法本身并无不妥。但如何监管和限制垄断权?正像文学贤良所批评的,这种垄断权可能会落入大小官吏的私人之手,成为他们获利的渠道,而伤害民众的利益。在帝国时期,这一问题始终难以解决。事实上,这一问题直到现代国家才得以解决,其答案是以民主来制约垄断。

二、隐基因决定了帝国财政制度的变异与转型

虽然根据上述显基因的三个方面,帝国财政制度不断地得以重建并常态运行,但隐基

因始终隐伏在政治实践中。在帝国遭遇重大危机时,隐基因就会浮现出来,成为主导财政变异的力量,直至近代成为主导帝国财政转型的动因。

第一,财政支出大幅增长以应对现实的职能需要。由于传统中国疆域的自然限度以及农耕经济的简单性,一般说来财政支出确实是相对有限的,上述财政支出的显基因就占据了主导地位。破坏支出有限性的力量,主要来自皇室与官僚对支出的要求。就是说,随着某个王朝的兴起与长期延续,依附于皇室的宗室人员以及官僚队伍就会越来越庞大,由此导致皇室支出与官俸支出大幅增加,并带来财政支出的大规模增长,最终突破小农经济所能提供的财政收入数量。此时,历史上常见的现象是,在王朝中期实行以"节流"为主的财政改革,在一定程度上恢复财政平衡;或者在王朝末期发生"革命",以相对小规模的新皇室与新官僚队伍,来代替已无法控制的旧皇室与旧官僚队伍,从而强制性地缩小皇室支出与官俸支出,恢复财政的平衡。从这个角度看,财政改革和王朝兴衰是帝国国家自我维持的一种财政手段。但是,在特定时期,帝国可能会面临巨大的危机(外部威胁)而急需财政支出的增长,仅靠财政改革和王朝更替已无济于事。此时,财政的隐基因就会占据上风,财政支出不得不大幅增长以应对现实需要。在帝国史上,至少有过两次这样的危机:一次是宋代中后期,面临着游牧帝国大规模入侵的威胁,一次是清代末期,面临着西方列强带来的"亡国灭种"的威胁。此时,为了军事支出的需要,就必须大幅度增加财政收入,原先的显基因主导的财政原则不得不突破,财政上需要为不断增长的支出需要(主要是军事支出)寻找财政收入,而这种财政收入只能依赖于下文将述及的工商业。宋代中后期寻找财政收入的努力是失败的,由此促成了帝国的毁灭;而清代后期开始直至今日寻求财政收入的努力是比较成功的,由此带来帝国财政乃至帝国国家向现代的转型。

第二,为应对支出的需要,财政收入不得不以工商业为基础,从而实质性地改变"重农轻商"的政策。在帝国的常态运行中,"履亩而税"带来的农业收益可以为国家的财政支出提供支持,因而财政收入的显基因占据着主导地位。但在上述国家危急时刻,财政支出呈现爆发性增长趋势,由此引发财政收入的隐基因占据上风,带来帝国财政的变异或者转型。就是说,此时除了以附加形式临时性地增加来源于农业的财政收入外,只能转向工商业寻求收入支持。而转向工商业获取财政收入,主要有两种方式:一种是进一步加强国家对工商业的垄断直至实行全面垄断以增加收入;另一种是放开工商业让民间来经营但对其征税。第一种方式实际上就是依托于国营工商业来获取财政收入,这往往会因国营企业的低效而失败。因此,除了暴利性资源商品外,一般商品实行国营并不能给国家提供净财政收入。在宋代中后期,财政收入的一半以上来自工商业,这与常态的帝国财政具有鲜明的不同。但是应该看到,宋代财政来自工商业的收入,绝大部分来自暴利性资源商品。因此,宋代中后期的财政是帝国财政的变异而非转型。第二种方式实际上是现代财政的方式,即由民间经营工商业,政府根据其销售额或所得额征税,这种方式与帝国财政属于两种不同的类型。在理论上,要使这一方式奏效,至少需要两个前提:一个是政府必须保护私人产权、提供基础设施、健全市场规则,以使工商业能够得到发展,从而奠定税收的经济基础;另一个是财政管理能力的增强和税收征管机构的发展,特别地需要纳税人服从度提高以减少征纳成本。满足这两个条件,就意味着国家要转向积极地履行司法、经济与社会职能,要发展理性化、民主化的国家制度。也就是说,财政收入要能成功地以工商业为基础,不但意味着财政的转型,而且意味着国家的全面转型。清代后期直至今日,财政的变化方式正是如此,因而这是帝国财政向现代的真正转型。

第三,暴利性资源商品管理方式转向。帝国常态运行时,显基因主导了对暴利性资源的垄断管理方式。但在国家危急时刻,隐基因就会主导暴利性资源管理按文学贤良所建议的方式进行变革。从理论上说,暴利性资源管理方式的变革方向可能有二:一个方向是进一步加强国家的垄断,另一个方向则是像文学贤良建议的那样放弃国家垄断。不过,进一步加强国家垄断的结果往往事与愿违,只会使文学贤良揭示的问题以更严重的形式出现,如宋代中后期蔡京主导的盐法、茶法改革所显示的。因此,暴利性资源商品管理方式的改革,只能像文学贤良建议的那样放开让民间自由经营。这也是现代财政的方式,即在民间自由经营的基础上,由政府对暴利性资源商品征收特别税(特别商品税或特别收益税)以获取额外的财政收入。晚清至民国期间,财政对暴利性资源商品的管理,就是遵循了这样的路径。这一路径,也构成了晚清以来财政与国家向现代转型的一部分。就是说,文学贤良在暴利性资源商品管理方面的主张,作为隐基因始终隐伏在帝国财政的运行中,直至此时方才显化为显基因。当然,在暴利性资源管理方面,如何防范公卿大夫所说的社会势力失衡问题,在今天仍是公共管理的目标,其根本的解决方案是以民主制度下的公共权力来加以节制。不过,今天中国政府对石油、电信等行业所实行的管理方式,事实上遵从的仍是公卿大夫的主张。当今学界对此所作的批评,也与文学贤良的批评惊人地相似。

第七节 《盐铁论》中其他重要的财政问题

上面用财政基因的框架来解读《盐铁论》,可以部分地揭示这一文本所包含的丰富的财政内容。《盐铁论》中还有许多问题也属于财政范畴,但并不适合放到财政基因的框架中。限于篇幅,此处只讨论两个比较重要的财政问题。

一、国富的源泉问题

国富或者说国家富强,是古今中外财政学的重要目标。说到"国富"这个名词,至少有两个方面的含义:一个指国民通过财富创造而普遍地富裕;另一个方面指以政府(或君主为代表的统治集团)掌握的财富(大多为货币化的形式)大幅增长。在《盐铁论》中,对于国富,文学贤良和公卿大夫分别表达了自己的主张。事实上,对于这两方的主张,几乎可以全部套用17—18世纪西欧重农主义与重商主义这一术语框架来概括。当然,要提醒注意的是,文学贤良与公卿大夫的主张,在时间上可比重农主义和重商主义早了一千七百多年。

(一)文学贤良的看法

文学贤良对国富的主张,与法国重农学派的思想高度相同。事实上,谈敏先生在他的著作《法国重农学派的中国渊源》中,就追溯过法国重农学派的思想有来自古代中国的成分。在文学贤良看来,只有土地(或者说农业)才能创造财富,政府要尽可能少地干预财富创造过程。他们引用孟子的话说,"不违农时,谷不可胜食。蚕麻以时,布帛不可胜衣也。斧斤以时,材木不可胜用。田渔以时,鱼肉不可胜食"(《通有》)。也就是说,耕地、森林、池塘、桑蚕等,才是真正地创造财富的基础。人类要做的是,通过自己的劳动去收获土地上增长出来的财富;政府要做的,是尽量不去干扰上述生产过程。在财富增长的基础上,政府若能薄赋节支,就能掌握足够多的财富,"方今之务,在除饥寒之患,罢盐、铁,退权利,分土地,趣本业,养桑麻,尽地力也。寡功节用,则民自富。如是,则水旱不能忧,凶年不能累也"(《水旱》)。

在文学贤良看来,政府(君主)所掌握的财富,全然来自民间,因此君主富裕对民众来说一定意味着伤害,不存在公卿大夫所说的"县官用饶足,民不困乏"这样的情况。他们说,"昔文帝之时,无盐、铁之利而民富;今有之而百姓困乏,未见利之所利也,而见其害也。且利不从天来,不从地出,一取之民间,谓之百倍,此计之失者也。无异于愚人反裘而负薪,爱其毛,不知其皮尽也"(《非鞅》)。在这其中,"利不从天来,不从地出"所表达的思想,在后世财政讨论中反复出现,并被用来反驳诸如"民不加赋而国用饶"的观点。

(二)公卿大夫的看法

在公卿大夫看来,农业当然会带来一定的财富,但这需要工业的配合,"故工不出,则农用乏"(《本议》),并引用管子的话说:"国有沃野之饶而民不足于食者,器械不备也"(《本议》)。对于工业在财富创造中的作用,公卿大夫持肯定的态度。在前面我们也已看到,文学贤良对工业(在文学贤良那个时代指的是手工业)有作用,也不反对。

但是,对于商业在财富创造方面的作用,双方的意见出现了巨大的分歧。与欧洲的重商主义者一样,公卿大夫正确地认识到了商业在财富创造中的作用,比起文学贤良来这一点更接近于现代人的观念。在他们看来,"商不出,则宝货绝……宝货绝,则财用匮"(《本议》)。为什么商业能创造财富?公卿大夫的解释主要是互通有无,"农商交易,以利本末。山居泽处,蓬蒿墝埆,财物流通,有以均之。是以多者不独衍,少者不独馑。若各居其处,食其食,则是橘柚不鬻,朐卤之盐不出,旃罽不市,而吴、唐之材不用也"(《通有》)。可是为什么仅仅交换(互通有无)就能增加财富,物资的数量似乎并没有增加啊?

(三)从主观效用论角度看商业的财富创造作用

事实上,这个问题在客观价值论思想体系中是无解的,只有在主观价值论(效用理论)体系中才能予以回答。从经济思想史的发展过程来看,虽然主观价值论早已有萌芽,1854年德国学者戈森也在《人类交换规律与人类行为准则的发展》一书中对主观价值论进行了阐释,但直到19世纪70年代边际革命发生以后,主观价值论(即效用论)才占了上风。此时,理论界才能真正回答商业是否创造财富的问题。商品交换可以创造财富,用主观效用论来简单地解释就是:商品的效用来自个人主观的评价,在自愿交换过程中,每个交易者用自己主观上低效用的商品换来自己主观上高效用的商品,由此主观效用总量得以增加;若用货币来计量这一交易过程,就会发现货币化效用在增加,换言之就是财富在增长。这个道理,中国人直到改革开放后,才在逐步摆脱客观价值论束缚的基础上,再次明白过来,并勉强达到"盐铁会议"上公卿大夫的水平。

从主观效用论出发，也可以理解文学贤良所反对的"民不加赋而国用饶"这一看法是否正确。公卿大夫与欧洲当年的重商主义者一样，把君主财富的增加当成了国富，这当然是错误的。但他们为了增加君主财富而主张国家运用商业手段，认为这样做"县官用饶足，民不困乏"（《轻重》），从主观效用论的角度看并不全错。国家运用商业手段与民众打交道，在自愿交换的过程中，是有可能不但提高参与交换活动的民众效用，而且同时增加国家（君主）的财富的。这样看，"民不加赋而国用饶"是有实现的可能的，而"利不从天来，不从地出"的说法显然太绝对了。以王安石变法中"免役法"为例，该法律规定，不愿服役者可以花钱免役，由政府用免役钱来雇役。这样做，是可能在民众效用提高（不愿亲身服役者不用再去）的前提下，增加国家收入的（前提是雇役所花钱款少于免役钱的收入）。可这种可能性要变为现实性，关键是要保证交易过程的自愿性。问题是，国家一旦能够垄断商业活动，往往就会破坏自愿交易，就是说，国家不愿仅作为民事主体来获取商业利润，而试图凭借特权、借助于强制力来获取收入。这样做，就会带来前述文学贤良批评盐铁专卖时指出的种种弊病。"免役法"实施的结果就是如此：原来不需要承担差役的人也被迫缴纳免役钱，缴纳了免役钱的人仍可能被官府以各种名义强制要求再次提供劳役。这样，以"免役法"为代表，王安石变法创造的种种财政工具，因政府强权得不到有效约束，而逐渐成为盘剥民众的手段。

（四）经济增长的方式

当然，除了自愿交换活动可以改善交易者双方效用而带来财富增长外，对于财富的增长到底源于何处，现代经济学还提出了其他的说法。一种说法是劳动分工深化带来了财富增长，即斯密第二定理（与斯密第一定理即"看不见的手"定理同时提出）所揭示的，劳动分工受市场范围（即市场规模和市场深化）的限制，在市场范围扩大的基础上，劳动分工可以精细化，由此造成的专业化能够提高劳动生产率，从而增进国民财富。这种财富增长，也因此被人称为"斯密型增长"。第二种说法为"熊彼特型增长"，指的是通常所说的创新带来的增长，即作为技术和制度创新造就的总产量与人均产出的同时增长。第三种则通常称为"粗放式增长"，是因投入（原材料、设备与人工）的增加而带来的产出总量的增加，在经济资源大量闲置的状态下，粗放型增长带来的财富增值也是非常可观的。总体而言，上述三种增长提供了财富创造的三个来源：劳动分工、技术组织进步和资本投入。当然，这三个因素本身也彼此地影响。在这其中，劳动分工可能最为重要，它能极大地提高劳动生产率，并相应地为资本积累、技术与制度进步提供可能。

二、奢侈消费问题

在《盐铁论》中还讨论了一个很重要的问题，那就是，奢侈消费是好事还是坏事？这个问题在道德上、在财政上迄今都有意义。事实上，当前对奢侈品征收高税率消费税，暗含的前提就是认为奢侈消费在道德上不是好事，因此用高消费税来抑制奢侈品的消费。这种看法是否正确呢？

（一）文学贤良与公卿大夫对汉代奢侈消费的不同评价

汉代初期，由于长年战乱、社会普遍贫困，消费风气也因此比较简朴。但承平日久后，随着社会总体财富的增长,上位者也不断积累着巨额财富:皇室官僚通过财政渠道(特别是盐铁专卖)获取大量财富,而富商大贾通过商业渠道获得财富,大地主则通过田租取得财富。积累的财富,在当时的条件下无法顺利地转化为生产资本,加上其他种种原因,最后大多用于奢侈消费。对此,徐复观的说法是,"西汉由俭入奢,始于景帝,而大盛于武帝。"①

对于当时社会上的奢侈消费风气,文学贤良从以下几个方面给了猛烈的抨击。

第一,他们认为,奢侈风气败坏了社会风气,勾起人们尤其上位者的无穷贪欲。在这种贪欲作用下,权势阶层会进一步地运用手中掌握的公权力,更为凶狠地盘剥民众,并造成贫富分化的累积。"故一杯棬用百人之力,一屏风就万人之功,其为害亦多矣!"(《散不足》)"今狗马之养,虫兽之食,岂特腐肉肥马之费哉!无用之官,不急之作,服淫侈之变,无功而衣食县官者众,是以上不足而下困乏也"(《园池》)。"今欲损有余,补不足,富者愈富,贫者愈贫矣"(《轻重》)。

第二,他们认为奢侈消费会严重浪费资源,并造成社会发展的不可持续。"若则饰宫室,增台榭,梓匠斫巨为小,以圆为方,上成云气,下成山林,则材木不足用也。男子去本为末,雕文刻镂,以象禽兽,穷物究变,则谷不足食也。妇女饰微治细,以成文章,极伎尽巧,则丝布不足衣也。庖宰烹煎胎卵,煎炙齐和,穷极五味,则鱼肉不足食也。当今世,非患禽兽不损,材木不胜,患僭侈之无穷也;非患无旔蓏橘柚,患无狭庐糠糟也"(《通有》)。

第三,他们尤其大力批评当时奢侈风气中的厚葬与迷信,认为这是关系到国家治乱的大事。在《散不足》篇中,通过古今的对比,他们强烈批评在衣食住行、祭祀、风俗等诸多方面的奢侈行为,尤其是猛烈地抨击全社会的迷信、厚葬风气。

与文学贤良相反,公卿大夫则为财富积累与奢侈消费进行了积极的辩护。辩护主要集中在以下几个方面。

第一,公卿大夫强调,财富在相当程度上是上位者自己努力的结果(获得时是正当的),而消费奢侈是符合其身份地位的正当要求。"官尊者禄厚,本美者枝茂。故文王德而子孙封,周公相而伯禽富。水广者鱼大,父尊者子贵"(《刺权》)。"君子节奢刺俭,俭则固。昔孙叔敖相楚,妻不衣帛,马不秣粟。孔子曰:'不可,大俭极下。'"(《通有》)

第二,公卿大夫强调,奢侈造就的华美象征着文明的程度与国家的尊严,对国家治理有积极的作用,"饰几杖,修樽俎,为宾,非为主也。炫耀奇怪,所以陈四夷,非为民也。夫家人有客,尚有倡优奇变之乐,而况县官乎?故列羽旄,陈戎马,所以示威武,奇虫珍怪,所以示怀广远、明盛德,远国莫不至也"(《崇礼》)。

第三,公卿大夫认为,奢侈消费有促进生产的积极作用。他们引用《管子》的语言说,"不饰宫室,则材木不可胜用,不充庖厨,则禽兽不损其寿。无末利,则本业无所出,无黼黻,则女工不施"(《通有》)。

(二) 近现代学者对奢侈问题的看法

奢侈问题,在西方国家发展过程中也是一个长期讨论的话题。18 世纪法国重农学派

---

① 徐复观著:《两汉思想史》,华东师范大学出版社 2001 年版,第 265 页。

的晚期代表杜尔阁,像文学贤良一样批评奢侈消费,认为资本积累来源于勤俭和节约。他的看法,成了支持节约、反对奢侈的理论渊源。亚当·斯密同样地支持这一观点。在他看来,资本是提高国民财富的重要途径之一,而资本的增加则出于节俭。与这些看法相反,重商主义学者像公卿大夫一样,认为奢侈对社会及经济增长有利。孟德斯鸠的下述名言,最为明确地表达了重商主义的观点:"富人不挥霍,穷人将饿死。"孟德维尔则公开反对政府强行节俭,认为这将抑制人们的消费欲望和消费范围,会使产品供给过剩,并减少财富的积累。

19世纪末20世纪初的德国学者桑巴特坚持认为,资本主义是奢侈的产物,资本主义迅速发展的国家都是在17世纪废除禁止奢侈法律的国家。在《奢侈与资本主义》一书中,他从以下几个方面强调奢侈与资本主义的关系:奢侈品生产具有特殊的生产工序,需要更多的知识、更广的见识和更卓越的管理才能,从而促进了专业分工和联合作业;奢侈品需求波动大(富人口味多变),促进了更加灵活的销售组织形式和产品创新的发展;欧洲历史上奢侈品工业大多由外国人在行会之外潜心建立,这种理性工业为新兴的、经济层次更高的工业体制发展提供了基础;只有奢侈品市场才能提供投资机会,这种合适的市场是维持这种工业体制的先决条件。①

到了20世纪,凯恩斯也论证过节俭的是非问题。在他看来,节俭虽然增加储蓄,但使消费减少,减少的消费需求必然压低消费品的价格,影响投资者的收入;如果每一个人都减少消费(节俭),势必会使总收入减少。萨缪尔森用"合成谬误"一词来概括这种节俭是非问题,声称对个人有益的事不一定就对全体有益,或者说个人节俭、增加储蓄的良好企图,可能造成所有人都因收入不足而不能有更多的储蓄。

(三)财税政策对奢侈消费的应有立场

今天我们如何来看待文学贤良和公卿大夫所争论的奢侈问题,并用之于财税政策中呢?

首先,应该承认每个人都有权使用自己通过正当途径获取的财富,哪怕用于奢侈消费。不过,同样应该赞同文学贤良抨击当权者利用强制权力掠夺财富而进行的奢侈消费。这里的关键已不是奢侈问题,而是赤裸裸的暴力掠夺;这样带来的奢侈消费,不可能(或基本不能)通过市场交换来达到下面的目的:动员资源投入生产,因市场深化而将财富机会渗透到贫穷阶层中去。就是说,孟德斯鸠所谓"富人不奢侈、穷人将饿死"的说法,有一个重要的前提,那就是存在着一个大体遵循自愿交换的市场结构。

其次,从经济学眼光看,资源总是有限的,不同领域的活动总会竞争着有限的资源。如果在那些不能为社会积累未来生产性资本的领域消耗过多的资源(如文学贤良批评的"厚葬"),那肯定会减少未来财富生产的机会。这样的奢侈消费,可能在短期内会形成一定的生产拉动作用(比如说高档餐饮业的发达);但从长期来说,效果肯定不好,因为它减少了未来社会的生产性资本。

最后,从经济周期理论来看,需要根据经济的不同周期状况来判断奢侈的是与非。如

---

① 桑巴特著:《奢侈与资本主义》,上海人民出版社2000年版,第212—215页。

果一国经济处在充分就业的状态,国民收入中用于当前消费的份额越多,那么可用于资本形成的份额就越少,未来国民收入的增加也就越少。而如果一国经济正处于萧条之中,社会上存在着大量的闲置资源和剩余产品,此时增加消费哪怕是奢侈消费都可以刺激投资,增加总需求,从而增加收入。

回到财政问题。今天若仍要对奢侈品消费征收高税率消费税的话,那主要理由恐怕不能是出于抑制奢侈消费这样的道德目的,而应从税收的量能原则出发来寻找辩护的理由。就是说,消费奢侈品越多的人,负担税收的能力就越强,因此可以将较高的税收份额分摊给这样的人。

本讲思考题

1. 你认为《盐铁论》是否当得起"元典"这一称呼?
2. 帝国的国家职能,与今天现代国家的国家职能有何异同之处?
3. 你认为用基因这一术语来描述中国传统财政变化的趋势,是否合适?
4. 你认为中华帝国在早期有没有可能建立在重商主义的政策基础上?
5. 你赞同"财政改革和王朝兴衰是帝国国家自我维持的一种财政手段"这一判断吗?
6. 你认为"富人不挥霍,穷人将饿死"正确吗?

第三讲

《州县官的银两》：帝国财政完善的最后努力与内在紧张

如果把第一帝国两汉时期看作是中华帝国生机勃勃的少年时代的话，那么第二帝国唐宋时期则是中华帝国求新求变的青年时代，而到了第三帝国明清时期中华帝国进入了稳健丰美的成熟时期。到了成熟期，原来蕴含在中华帝国制度中的种种原则，已发展为成熟而稳定的制度体系，中华帝国也因此成为当时世界上最为兴旺发达的国家。财政上也是如此，到明清时期帝国财政真正地成熟起来，从而为帝国国家治理提供比较有效的财力基础与操作工具。不过，财政制度也因成熟而显露出内在的紧张，并暴露出帝国这一国家类型进一步变化的可能与方向。

有关对中华帝国的历史评价问题，在这里需要做一点补充说明。市面上有一些书，对于帝国政制的描写过于黑暗。事实上，帝国政制是古代中国人在政治领域的伟大创造，它为这片土地上的人群繁衍与文明发展做出了巨大的贡献。西方历史学中有一个名词叫"罗马的和平"，意思是说地中海世界在罗马帝国统治下保持了三百多年的和平，因而是一个伟大的成就。罗马帝国崩溃后，欧洲从未赢得过一百年以上的和平时间。但是看看中华帝国，绝大多数王朝都能创造三百年左右的和平时间。除了魏晋南北朝比较特殊外，中华帝国绝大多数时候都是统一与和平的，国家内部得到有效的治理，文明不断向四边辐射。因此，像"罗马的和平"这种现象，对中华帝国而言是一种常态。只不过，由于欧洲常年处于战争状态中，在竞争关系下，各个国家持续地寻求制度变革以赢得生存机会，加上其他一些因素的作用，从而在世界范围内率先进入了现代。中国恰恰由于帝国制度建构得比较成功，反而在现代转型道路上显得步履蹒跚。但不能因此而否定帝国时期的治理成就。即使清代，这个被很多人视为中华帝国的衰落或至少是停滞的时期（法国学者阿兰·佩雷菲特在《停滞的帝国》中、亚当·斯密在《国富论》中，都是这样的说法），美国历史学者曾小萍对其经济成就也表示出高度肯定。她说,"最近关于人口增长、商业化、手工业发展以及农业专门化的研究,将帝制晚期静态经济的说法彻底打破"(《州县官的银两》前言第3页)。所以,考察历史不能没有良心,对中国在近代史上的落后与现代转型的困难有再多的不满意,也不能怪罪不该归罪的人,不能把板子打在古人的身上。

我们这一讲选取曾小萍的著作《州县官的银两》,用这本研究雍正帝财政改革的文本为材料,来学习和体会处于成熟时期帝国财政的状况,以及雍正帝财政改革在帝国财政制度完成方面的最后努力。本讲凡引用《州县官的银两》的地方,将直接在引文后注出页码,不再一一注出书名。接下来的几讲,在引用文本时,也照此办法处理。

本讲将结合《州县官的银两》这一文本,从帝国财政整体历史的视角来考察雍正帝财政改革,并着力探讨以下几个问题:① 王朝中期财政改革传统;② 雍正帝改革中的传统因素;③ 雍正帝改革的新意;④ 雍正帝改革与王安石变法之比较;⑤ 雍正帝改革的限度及其原因;⑥ 帝国向现代国家转型的财政动因。

需要说明的是,我们的探讨是政治学性质的,其出发点是考察财政权力在理性化与公开化方面的实现程度。国家是以公共权力为核心的共同体,在现代国家诞生之前,公共权力虽在不断地理性化,但有其内在的限度,表现为帝国制度自身存在着无法消除的内在紧张。这就决定了只有向下一阶段的国家类型转,才可能突破原有的内在限度,消除其内在的紧张。这种对帝国时期权力特征的认知,是我们阅读《州县官的银两》一书的起点。

第一节 作者与作品

在解读《州县官的银两》这本书之前,我们先来看一看作者和作品。

一、作者与书中人物简介

《州县官的银两》一书,作者为 Madeleine Zelin,中文名字叫"曾小萍",现任教于美国哥伦比亚大学。哥伦比亚大学在该校的网页是这样介绍曾小萍的,说她1970年毕业于康奈尔大学获学士学位,1979年从加利福尼亚大学伯克利分校获得博士学位,并于同年进入哥伦比亚大学任教。在哥伦比亚大学,她教授中国法律与经济史,以及中国社会运动史。目前,曾小萍任哥伦比亚大学丁龙讲座教授(Dean Lung Professor),这一教授席位与中国人也有点关系。这是卡朋蒂埃(Horace Walpole Carpentier)先生,为了纪念一位华裔老工人丁龙(Dean Lung),而于1901年在哥伦比亚大学设立的,目的是专门研究中国文化与汉学。

除了《州县官的银两》一书,曾小萍主编的《早期近代中国的契约与产权》也于2011年在中国翻译出版。而出版于2005年的《自贡商人:近代中国早期的企业家》一书(中文版出版于2014年),为曾小萍赢得了多项荣誉。该书从传统法律、财务习俗、宗族和族产制度等多方面,探究近代早期中国企业发展的本土制度基础。除此而外,值得一提的有,曾小萍还将茅盾先生的小说《虹》,翻译成英文出版(1992)。

《州县官的银两》这本书涉及的一个主要人物就是雍正帝(1678—1735),名字是爱新觉罗·胤禛,雍正是他的年号(1722—1735年在位)。关于雍正帝,民间故事非常多,尤其是他的继位方式,催生了后世无数的小说与影视作品。此处不是讲故事的地方,对于雍正帝需要提请注意的有以下几点。

(1) 雍正时期是中国政治逐渐走向专制的关键。上一讲说过,中国政治并没有天生的专制基因,但任何帝国都有专制的趋势。这是因为,在民主时代来临前,专制一定程度上是理性化集权的一种表现形式。随着中华帝国的稳固与统治技术的成熟,政治中专制程度确实在不断地加深。雍正时期,皇帝大兴文字狱(士人言论出版自由从此受到钳制,但在法律上这仍属于事后追责制,出版的事前审查制度则是非常现代的事情),绕开帝国正常政务程序而创立密折制度,设立军机处以架空明代政治中可制衡皇权的大学士制度等,这几个方面都是专制深化的表现。不过,从另一个角度说,雍正帝在这几方面的制度变化,对他进行财政改革还是有一定帮助的。如曾小萍所言,"到18世纪初,皇帝这一作用通过新制度的创立,比如奏折制度而得到强化。奏折制度既使皇帝得到信息,也增强了他对行政事务的控制"(前言第5页)。

(2) 作为君主,雍正帝的个人素质应该说还是不错的。雍正帝个性比较强硬,能力也比较强,在位期间勤于政事,自诩"以勤先天下"。在去世前,他还改善了秘密立储制度(皇帝在位时不公开宣布太子,而将写有继承人名单的一式两份诏书分别置于乾清宫"正大光明"匾额后和皇帝身边,待皇帝去世后,宣诏大臣共同拆开传位诏书,确立新君)。在一定程度上,这实现了既稳定帝位传承又鼓励诸皇子良性竞争的设想,对帝国皇位继承方式进行了有益的探索。当然,这个制度到底有多好并不能非常肯定。因为从后来的历史看,真正经由秘密立储而选拔继位的皇帝极少。

(3) 雍正时期是帝国财政走向成熟的标志性时代。本讲将涉及的"摊丁入亩""火耗归公"等制度改革,都是在这一时期展开或完成的。尤其是"火耗归公"改革,曾小萍给予了高度的评价,并据此写出了我们要讲的这本书。在她看来,"尽管火耗归公的概念简单,但它对中国财政管理结构的冲击是巨大的。在官僚体制内部,它为地方官员提供了足够的费用,消除了已经制度化的政府腐败。有一个可靠的公共支出经费来源,官员能够对地方开支进行预算并致力于地方建设工程的长期规划。此外,有了收入的保障,地方政府能够把许多服务及公共事务作为自己的职责,而这些在帝国统治前数十年或被忽视或被委任于私人。"(前言第4页)

二、作品简介

本讲运用的《州县官的银两——18世纪中国的合理化财政改革》一书,英文书名为 *The Magistrate's Tael: Rationalizing Fiscal Reform in Eighteenth Century Ch'ing China*。英文原版由加利福尼亚大学出版社于1984年出版,中国人民大学的学者董建中将其翻译成中文,作为"国家清史编纂委员会"编译的丛刊之一,由中国人民大学出版社于2005年出版。这本书的副标题表明,本书的研究对象就是18世纪由雍正帝主导的财政改革,核心内容就是已提到的"火耗归公"(或者称"耗羡归公")改革。副标题中的"合理化"即"rationalizing",也可译为"理性化"。作为现代国家制度的一项基本特征,在汉语中译为"理性化"似乎更常见一些,当然译为"合理化"的情况也不少。

1986年,美国学者柯文在其著作《在中国发现历史》的中文版前言中,提到当时美国最新的四部"中国中心观"方法的代表性著作,其中一本就是曾小萍的《州县官的银两》(其他三本分别为罗威廉的《汉口:一个中国城市的商业和社会(1786—1889)》、艾尔曼的《从理学到朴学》、黄宗智的《华北的小农经济与社会变迁》,皆已有中译本)。

《州县官的银两》这本书共分七章,大致可分为三个部分。第一部分为背景介绍,包括第一章和第二章,内容是交代这场财政改革的历史背景(主要是明朝财政改革)与改革针对的对象(非正式经费体系)。第二部分为描述改革过程,包括第三至第六章,内容主要是探讨火耗归公改革的起因、地方政府的努力及现实表现,以及雍正帝对改革障碍的消除等。第三部分为后果,即第七章,主要交代这场改革在雍正帝之后(乾隆、嘉庆时期)是如何失败的。

在中文版前言中,曾小萍阐明了她个人研究的旨趣,即"探究现实的人如何解决现实问题,什么样的文化引导人们进行选择,其他地方的人们面临相同的问题又会如何进行不同的选择"。现实制度与人的行为之间的关系,是社会科学研究的永恒话题。制度肯定对人的行为构成某种约束或激励,但人的行动也肯定不是完全由制度决定的,人行动的结果又在一定程度上改变着或者说再生产着制度。对研究18世纪20年代雍正帝主导的这场改革来说,曾小萍提出了以下的学术问题:如何处理中央和地方的收入分配?应当赋予地方政府多大的自治程度?税收的合理水平是多少?哪些属于政府职责,哪些又应当留给社会去解决?可以说,这些问题一直以来都属于财政理论的核心问题。在上一讲解读《盐铁论》的过程中,我们已经涉及这些问题的一部分,也获得了部分的答案或至少是思考的路径。这一讲,我们将会继续探究下去。不过在研究这些问题的过程中,我们将把目光投到整个帝国财政史,在帝国财政史的整体框架下审视雍正帝这场财政改革,以便探询成熟帝国的财政存在着怎样的内在紧张,并尝试着寻求帝国转型的内在财政动因。

第二节　从帝国财政史看王朝中期财政改革传统

关于雍正帝发起的财政改革,曾小萍在书中第一章交代了远景(明代财政改革),在第二章分析了近因(非正式经费体系在财政收入中的地位与问题)。不过,曾小萍没有述及的是,王朝中期进行财政改革是中华帝国的传统,而不是明清时期的独有现象。看看历代王朝,几乎都有中期财政改革的现象,如汉代中期的汉武帝改革、唐代中期杨炎主导的两税法改革、宋代中期的王安石变法与蔡京"新法"、明代中期的张居正改革等。在相当程度上,只有王朝中期财政改革取得一定成功,实现财政"中兴",该王朝才能延续下去。因此,只有了解王朝中期财政改革在中华帝国是一项传统,才能更加明了雍正帝的财政改革。

一、王朝中期财政改革的基础：帝国财政基本原则

历代王朝中期财政改革，都是由于帝国制度及帝国财政在建构时所确立的基本原则遭到了破坏，不得不设法加以修复。在上一讲解读《盐铁论》文本时，我们已经阐述过，中华帝国在早期就以土地为支撑点建构起财政制度，并确立了如下的基本原则。

（1）在财政收入方面，以君主对天下所有土地拥有支配权为基础，建立起保障农户家庭对土地的占有制度，以田赋为主要收入形式，实行"重农抑商"和"履亩而税"。

（2）财政支出以履行帝国相对消极的国家职能为目标，贯彻"量入为出"的支出原则。

（3）财政管理在不断以正规的行政机构实行财政管理集权化的同时，利用暴利性资源商品（盐、酒、茶等）来获得财政收入的弹性。

这些由帝国农耕基础与产权特征决定的财政原则，成为上一讲所说的帝国财政的显基因。在帝国时代，虽然理论上对此仍有并不激烈的争论，但在财政实践中这些原则被反复地强调并加以现实的运用。在一定程度上，这种反复强调与运用，在实质上构成了帝国财政改革时首先要恢复的对象，或者成为改革行为难以突破的边界（即帝国的财政边界）。

二、王朝中期的财政危机与改革惯例

王朝中期为什么要发起财政改革？这是因为，到了一个王朝的中期，上述原则在以下几个方面遭遇到现实的威胁，其直接表现就是发生了财政危机。此时王朝必须对现实制度与实际行为进行改革或调整，以图实现财政上的"中兴"，并进而巩固帝国制度。

通常，王朝中期财政危机与改革表现在以下几个方面。

第一，在财政收入上，一家一户小农经济的土地占有基础被破坏，正式财政收入大量地减少。在王朝初期，君主将手中掌握的大量荒地分配给小农（授卖官地、鼓励垦荒或者承认对无主地的占有等），建立起一家一户的小农经济基础。中国历代王朝的财政理想"为民制产"或者"均田"，在相当程度上只有在王朝初期才能做到。随着帝国制度的稳定，经济随之恢复，此时土地的流转与集中往往无可避免。这种土地流转，有些是出于经济效率的原因，有些是因为将土地作为财产来应对突发灾难，还有些可能受到地主豪强甚至官府权力的逼迫。总之，无论出于何种原因，土地都出现了集中的趋势（传统的术语叫作"兼并"），一批农民因此失去了土地。在中国传统史学中，对于土地兼并行为及其后果看得非常严重。不过从财政制度本身看，若财政征收真的能实现制度理想上要求的"履亩而税"，那财政负担就会根据田亩数而分配，土地兼并的后果不会很严重。这是因为，在小农经济的生产条件下，被集中起来的土地也是分租给一家一户的小农耕种的。此时在制度上，小农家庭的田地是租种的，只需向地主缴纳租金而不必承担田赋；而地主需要为自己占有的土地、按照亩数缴纳田赋，即所谓"农夫输于巨室，巨室输于州县"。不过在现实中，土地兼并者大多为权势阶层，拥有免税特权或法外特权。这样，就会有大量的土地落在田赋征收范围之外，造成许多正式财政收入应收而未收，而形成所谓的"民欠"。因此，到王朝中期"民

欠"问题越发突出,影响到财政收入的总量。此时就需要进行财政收入方面的改革,即通过整顿土地和人口账册,进行土地清丈与人口统计,将田赋落实到田亩上,让拥有土地者真正承担田赋负担,转移无田户的负担,就是说通过实现"履亩而税"而增加正式财政收入。

第二,在财政支出上,遭遇到大规模的支出增长,加上前述的财政收入减少问题而出现大额的财政赤字。在上一讲提到过,这种财政支出的增长,在帝国时期主要源于皇室支出与官俸支出的大规模增长。就是说,随着王朝的兴起与长期延续,依附于皇室的宗室人员以及官僚队伍会越发庞大而缺乏约束,由此导致皇室支出与官俸支出大幅增加。正如《盐铁论》中文学贤良反复告诫的,皇室与官僚奢侈消费,将会带来支出不可控制地增长。面对这种支出增长所遭遇到的财政危机,王朝中期财政改革的办法就是,在帝国财政框架内压缩皇室和官僚开支("节流"),加强收支管理,减少中间漏损等。

第三,在财政管理制度上,也有变革的需要。这样的需要,可能来自三个方面。第一,由于帝国权力源于君主,约束与激励权力运行的体制到王朝中期往往出现病变,表现为官僚阶层普遍的怠惰无为与贪污腐败,此时需要君主重新输入新的动力,整顿基本的约束与激励机制,恢复管理制度的活力。哈佛大学孔飞力教授所著《叫魂》一书,利用乾隆年间的巫术案件,来详细描述君主与官僚二者在这方面的互动关系,值得大家去阅读。第二,有更好的管理方法出现,可以在改善制度运行效率的前提下,确保甚至扩大财政收入,同时不增加民众的负担。如唐代刘晏在财政改革中用纲运(集装化和组织化运输)代替散运,明代中期用专业运输队伍"运军"来代替原来由普通民众承担的分散运输,都属于这样的改革方式。本讲涉及的雍正帝财政改革,在一定程度上也属于这一方面。第三,通过改革暴利性资源商品的管理制度,来获取更多的财政收入。在这方面,有的是试图通过进一步加深国家垄断来获取更多利润(如宋代蔡京的"新法"),有的是通过引入更多的民间商人力量来降低成本并扩大政府收入(如唐代刘晏对盐法的改革就是这样的,即取消官运和官销两个环节,采用民制、官收、商运、商销等,让政府只垄断收购与批发环节,就像今天地方政府实行的"土地批租"制度)。当然,在现实财政改革中,上述三个方面变革的需要,无法截然地分开,往往混在一起,共同推动了王朝中期对财政管理制度的改革。

第三节 雍正帝改革中的传统因素

从财政史的角度看,雍正帝在财政上的改革主要有三个方面:① 制度化消灭力役,即完成"摊丁入地"改革;② 改善正式财政收入的管理,即清理民欠、追究亏空;③ 尝试消灭非正式收入体系,即"火耗归公"改革。曾小萍在书中探讨的主要是第三项即"火耗归公"改革,而没有多关注前两项改革的内容,只是将其中部分内容作为火耗归公改革的背景来叙述。这在一定程度上也是合理的,因为前两项改革在相当程度上属于帝国财政改革的传统内容,只有第三项才颇有曾小萍所说的"现代"特征。

一、制度化消灭力役

帝国财政以土地为支撑点,在原则上应以"税地"而不应以"税人"为主要收入来源。但是,要求民众亲身服役(即"税人")这一财政形式,却在帝国时期一再地出现。

一般来说,在王朝初期,军事和工程需要量大,商品经济化程度低,民众为国家亲身服役成为重要的财政收入形式;而到了王朝中期,军事和工程需求降低,经济市场化程度提高,容易雇募到必要的劳动力,此时对政府来说,以征收货币的形式代替民众亲身服役更为合算。因此,绝大多数王朝都存在一个趋势,那就是在王朝中期改革中用货币征收代替劳动者亲身服役,以增加货币化财政收入,如汉代的更赋、唐代的庸、宋代的免役钱、明代的银差等。

以上是就某个王朝而言的,若从整个帝国的财政史来看,国家对劳动者亲身服役的要求,总体上也呈现出不断降低的趋势,民众的力役负担因而不断地减轻。在帝国早期的秦汉时期,人民有普遍性的徭役(军役和力役)负担的要求。后来,经汉代的"更赋"、唐代的"庸"特别是"两税法"等制度变革,人民对国家普遍性的徭役义务已渐渐消失。但自宋代起,非普遍性的、只针对部分有资产的人户而要求的差役,渐渐发展起来。派发差役的原则是根据民户的资产状况(以土地为主,也考虑其他资产),分别上、中、下等户以承担差役,即上户承担的差役最多,中户次之,下等户少承担或不承担差役。等外之户,无须承担差役。在实践中,宋代差役负担逐渐地转化为货币负担(即差役户出钱、官府雇役)。而到王安石变法时,原本由部分民户承担的差役负担,被转化为普遍的货币负担。与此同时,在现实中除了制度规定的正役外,地方政府官吏也常常要求普通民众承担某些杂役。到了明代初期,差役制度得以重建,民众依旧按上中下三等户分任重役、中役和轻役。到明代中期,正式的差役日益显得负担沉重,同时杂役征派也渐趋频繁,于是现实中再次要求对役法进行变革。变革的一个方向是,将亲自服役逐渐转为交钱代役,政府获得货币化的财政收入,即力差改银差;变革的另一个方向是,将货币化的差役负担更多地与田土面积相联系,以均平负担。在"一条鞭法"改革中,明王朝民众承担的差役负担,基本上变为给政府缴纳"丁银",并与田土面积有一定的联系。清初继承了这一做法。曾小萍在该书第一章讨论了上述改革及其影响,以此作为自己研究对象的远景介绍。

帝国时代消灭民众力役负担的趋势,最后完成于雍正帝的"摊丁入地"(亦称"摊丁入亩")改革。这一场摊丁入地改革,起源于康熙五十二年(1713)的"永不加赋"政策,即以康熙五十年(1711)全国人丁数为准(该年所征丁银为335万两),此后新增的人丁不再承担丁役,丁银总额固定为每年335万两。当然,此时在政策上只是将丁银总额加以固定,而没有涉及丁银负担怎么分配的问题。于是,一些地方政府官员纷纷在本地尝试,怎么基于田亩数而均平丁银负担。

雍正帝即位后,不断批准地方政府发起的"按亩均派"丁银负担的做法。雍正二年(1724),在皇帝的亲自主持下,在直隶正式推行摊丁入地。此后,各省纷纷仿效这一做法。到雍正十三年(1735),全国大部分地方都实行了摊丁入地改革。只有部分地方如山西、贵州迟至乾隆年间才开始推行,盛京、吉林等个别地区至光绪年间才试行。

摊丁入地改革,是中华帝国史上制度化消灭徭役的最后努力,也是以田亩为基础获取财政收入的帝国制度的最后完成。这样,原来分别征收的田赋和丁银,现在统一转化为依田亩而征收的正式财政收入(统称为"地丁钱粮")。从此,在制度理想上,财政获取收入依靠"履亩而税",财政负担主要落在有田地的富户身上,这不仅有利于平衡各社会集团的经济实力,而且由于丁银负担落在能力强的富户身上,收入基础也显得更为可靠。

□ 二、改善正式财政收入的管理

帝国财政将正式收入最终建立在田亩基础上,如果土地丈量清楚、地籍账册登记及时,那么财政将有可靠的收入基础,土地流转不会影响田赋的征收。不过,由于法内特权和法外特权的存在,缙绅地主缴纳的田赋往往少于其应缴的数量,甚至根本不缴。与此同时,没有特权的普通人家,要缴纳的田赋往往被迫超出法定的标准,以负担缙绅人家不缴或少缴田赋而转嫁来的负担。这样做,往往造成普通人家的破产,或者促使他们将土地投献于缙绅人家,以求得赋役优免。这就会进一步壮大缙绅人家的实力,加剧土地账册的混乱,从而破坏国家正式收入的基础。

上述做法,在财政征收上带来一个突出的现象,那就是大规模的应收田赋不能尽收(即"民欠")。为此在财政收入管理方面,一个重要的任务就是进行土地清丈,重新建造土地账册,以便纠正这一不良现象。王安石变法时的"方田"、南宋时的"经界"、明代张居正主持的土地清丈,做的都是此类事情。到了清代中期,雍正皇帝再次面对这一问题。以江苏为例,自康熙五十一年起至雍正四年,民欠规模达到 1 111.63 万两,而清政府一年财政收入不过 3 000 多万两白银。曾小萍在书中第六章重点叙述了雍正帝消除民欠的努力,以此作为她研究财政合理化的一部分。不过,应该说清欠行为本身仍属于帝国财政改革的传统,即在财政收入方面确保"履亩而税"。

这一过程大体如下。雍正二年(1724)二月,皇帝在制度上下令革除儒户、宦户名目,不许监生包揽同姓钱粮,不准他们拖欠钱粮,从而在制度上剥夺部分缙绅地主的特权并消除其法外特权的基础。两年后,雍正帝再次重申严禁缙绅地主规避丁粮负担,要求各级官吏严查。为此,雍正帝还采取了种种具体措施,如士民一体当差政策、严禁缙绅包纳钱粮和抗粮政策、严惩缙绅地主拖欠粮赋政策等。同时,为了进一步清理民欠,均平负担,雍正帝还在一些地区采用自首与清丈的办法,以期查出隐匿的垦田,并特别在江南地区重点实施清欠。

追究官员的亏空与清理民欠是联系在一起的,因为各级官吏经常将钱粮亏空归咎为"民欠",而推卸自己贪贿的责任。雍正帝即位后,就通过严查钱粮亏空来整顿吏治,如建立专门机构"会考府"、派遣钦差、严格考成,以便强制官员赔补财政亏空,甚至对贪赃官员采取抄家办法追还赃银等。曾小萍在书中对清欠和赔补亏空的情况讲得比较多,她肯定雍正帝的做法,即"将亏空归罪于官员和他们吏胥的腐败而不是百姓"(第73页),并设立独立的会考府来打击亏空和官员腐败。曾小萍认为,官员之所以腐败,又与财政制度特别是非正式收入体系有关,由此引出她对"非正式经费体系"及"火耗归公"改革的讨论(下面将说到)。

清理民欠、清丈田亩、追究亏空，雍正帝在财政上的这些努力，在相当程度上改善了正式财政收入的管理，减少了应收未收的数量，从而巩固了正式收入在帝国财政中的地位。

第四节　雍正帝改革的新意：财政制度的理性化

雍正帝的"火耗归公改革"，既是帝国财政改革传统中加强行政管理的一部分，又有其特有的新意，正如曾小萍所强调的，"雍正皇帝的改革是加强官僚统治的制度建设的第一次和最重要的一次尝试"（第284页）。为什么说这一改革在帝国财政中显得如此特别？这是因为到明清时期，帝国财政发展出极为复杂和庞大的非正式财政收入体系。

一、非正式收入体系在成熟帝国财政中的地位

帝国是一种以土地为支撑点的国家类型，其基本财政收入安排也是以土地为中心来进行的，即在确立君主对天下所有土地产权的基础上，以"履亩而税"（即"税地"）为形式来获取正式财政收入。曾小萍在书中第二章着重探讨的"非正式经费体系"，虽自早期就是帝国财政的一部分，但直至帝国成熟时期才发展为有高度影响力的财政现象。

（一）非正式收入体系的演变

在帝国早期（即第一帝国时期），财政上虽确立了税地的制度原则，但由于征管能力的欠缺，不得不采取"舍地而税人"的做法，即只有一部分财政收入与土地面积有关联，主要的收入份额事实来自人头税。这一做法使得财政义务与负担能力不一致，占有大量土地却税负极轻的豪强势力得以成长，承担主要税负但能力极低的民众大量成为流民，第一帝国也因此毁灭。[①] 就是说，第一帝国的财政制度安排最终是失败的。

从唐代中期两税法改革之后，帝国财政开始真正地落实"税地"原则，征收时不再以人口或者丁口为基础，而以实际田亩为标准，这使得财政义务与负担能力一致，从而契合了帝国以土地为支撑点的内在要求，为帝国找到巩固的财政基础。不过，到了宋代，由于长期面临着大规模的外来威胁，财政上就有必要为不断扩大的支出压力寻找具有弹性的收入来源。在现实中，财政是从工商业来谋取收入的增加。王安石变法、蔡京新法和南宋时期的实践表明，在帝国框架下从工商业寻求收入的种种财政措施，大多衍化成盘剥民众的工具。民生凋敝，财政丧失财源，帝国财政因损害了自身的基础而崩溃。也就是说，第二帝国时期的财政制度安排最终也失败了。

明王朝在制度上重建了中华帝国，体现在财政上就是延续唐宋时期在"税地"方面的努力，"履亩而税"的田赋作为国家正式财政收入的地位得到完全的确认。明代初期重建的以获得实物性财政收入为目标的差役体系，也在现实中不断转化为田亩的负担。不过，以田赋为基础的明清王朝的财政收入在数量是很低的，曾小萍的说法是，"清朝强盛的国

[①] 刘守刚："家财中国的兴起及其曲折"，《上海财经大学学报》2011年第1期。

力和繁荣表面的背后是根基极为薄弱的财政制度"(第5页)。以如此低的财政收入水平维系一个庞大的帝国,其途径一方面是采取措施弱化国家职能、压缩财政支出水平,另一方面则是以曾小萍着重强调的非正式收入来补充正式财政收入,"非正式经费体系,与正式的财政管理相辅相成"(第44页)。

(二) 第三帝国时期的非正式收入体系

由此可见,非正式收入体系的起因,在于以田赋为主的正式收入远远不足以支持中华帝国对广土众民的治理之需,这大体上表现为以下两个方面:一方面,政府要完成它的基本职能(维持治安、修筑城池、治理水利等),并履行部分福利职能(赈灾、救济等),就必须拥有远超过正式制度给予的经费;另一方面,明清两代政府都需要为非正式工作人员提供报酬,并补充正式工作人员的薪酬不足,以使薪水相对合理。因此,为公务所需,必须创造非正式收入。此外,各级官吏还要从中捞取额外的好处,这就进一步促成了非正式收入体系的发展。曾小萍举例说,雍正时期全部地丁钱粮的21%拨给了地方,但这些经费的绝大部分根本不用于地方,而主要用于军费和驿传体系(第29页)。因此地方政府不得不经常地、大规模地依靠非正式收入体系的支持。曾小萍在书中第二章对此进行了详细的描述。

非正式收入是通过在正式收入基础上进行附加获得的,主要是田赋附加,也有一部分是商税附加。在形式上,这种附加既有尚属合法的火耗形式,也有种种非法的方式。

火耗,也称耗羡,其征收一开始是一种技术的或管理的要求。由于民众缴纳的散碎银两需要熔化后再重新铸造成整银,这期间总是有损耗(一般为2%)。这种损耗,需要向民众额外收取来加以弥补。后来,地方政府官员以火耗为名义征收的额外费用,早已超出了技术的要求,而成为一种收入来源。在雍正即位时期,火耗加征率占正额钱粮的比例,江苏为5%—10%,湖南为10%—30%,山西为30%—40%,陕西为20%—50%,山东为80%,河南为80%。

非法方式获得的非正式收入,虽然不合法但在现实中却广泛存在,有五花八门的表现(第45至51页)。基层的州县政府运用的形式有:通过书吏、衙役向民户收取"草鞋钱"之类的额外费用;使用超重砝码和超标准的容器向民众多收,或用特别设计的钩子将钱袋从民众纳税时所用银柜中取出;或者向百姓发放未盖官印的收据或虽加盖官印但数字少于衙门保存收据上的数字等。曾小萍对相关情形进行了描述。事实上,如果读过瞿同祖先生的《清代地方政府》一书,也能清楚这方面的情形。上级政府,如省府甚至中央政府,主要是以"摊捐"(指令性捐献)或礼物馈赠等形式,从下级政府官员身上获得额外收入。曾小萍总结说,省内高层官员为了保证衙门运转、赡养家眷,以及完成份内众多公共事务,不得不依赖下级管理机构通过非正式收入体系转送经费,主要的形式有:① 下级官员以礼物和金钱的形式直接向上级官员呈递的收入,如节礼、饭食银、规礼等;② 来自重要的专门税收机构,也就是关差和盐政的"赢余"、盐商的"乐捐"等;③ 对于正式税收体系中赋税和物品依一定比率进行的扣除(如江苏布政使接受的"随征饭食"或以弥补解送开支为名的"坐平银")等;④ 在采买和分配过程中腋削的经费,如实物和货币折色过程中提供的机会,或操纵衡量器具获得的收入等(第51页)。不过,需要交代的是,非正式收入的获取,大多也有或明或暗的规则。这些根据一定之规而收取的费用,也因此常被称为"陋规"。

(三) 非正式财政收入的性质

非正式财政收入,当然来源于对普通百姓的加派或者构成实质性的加派负担,但却不能简单地视为腐败。正如曾小萍所说,"非正式经费体系显著的特点是它起到了正式财政制度的作用。输送途径与各种费用的种类、数量都已标准化,不论官场人事如何变更,它们已沿袭了数十年"(第65页)。毋宁说,这是在中央政府默许下的一种财政安排,以一种相对分散的、成本可视性低的方式,供给有关方面资金,来完成各级政府部门的需要(贴补官吏俸禄、补充办公经费、举办公共事业等)。

这样,帝国可以在贯彻"轻徭薄赋"仁政理想(体现为正式财政收入水平低)的前提下,依靠非正式收入来有弹性地维系庞大帝国的运转。或者说,正式财政收入体系,是依靠非正式财政收入体系才得以维系的。

二、雍正帝"火耗归公改革"的新意:理性特征

非正式收入体系的存在,满足了合理的财政支出需要,因此它是正式收入体系能够维持、帝国得以运转的关键。但非正式收入的收取,又确实败坏了政府官员的风气、加重了纳税能力低的民众的负担,从而削弱了帝国的基础。正如曾小萍所言,"不论这种制度能起到多少积极作用,它注定要对清初政府产生负面影响"(第66页)。

(一) 对非正式收入体系的改革

针对非正式收入体系存在的问题,雍正帝通过将部分非正式收入合法化,以正式收入的扩大来满足合理的支出需要,即"以公完公"(通过公开、正式的手段取得收入,来完成符合公共目的和公务要求的职能)。与此同时,他还尝试消灭非正式收入体系,如取缔陋规、禁止加派,以达到纯洁政治风气、减轻民众负担、巩固帝国基础的目的。

简单点说,雍正帝改革是这样进行的。在操作上,首先对各地方官员授权,允许他们在解送给中央政府的地丁钱粮基础上,附加一定比例的额外费用(即"火耗")。然后,这些以火耗名义获得的收入,被统一集中于省级财政。再接下来,由省级财政根据一定的标准将集中的"火耗"银分配给下辖的各级政府,并要求按以下顺序使用所分配的经费:补足亏空,补充各级官员的收入(即"养廉银"),从事公务活动(即"公费")。

火耗的征收,仍然由州县级亲民官员进行。但由于该收入全部上缴,州县官员的截留与贪污也因此被杜绝。在这方面,雍正帝是有相当大的创新勇气的,正如曾小萍引用的康熙年间的一件旧事所说明的。康熙皇帝曾告诫提倡火耗合法化的年羹尧说:"州县用度不敷,略加些微,原是私事。朕曾谕陈瑸云:加一火耗,似尚可宽容。陈瑸奏称:此是圣恩宽大,但不可说出许其如此。其言深为有理。此举彼虽密奏,朕若批发,竟视为奏准之事。加派之名,朕岂受乎?"(第69页)康熙帝的得过且过和雍正帝的改革勇气,由此可见一斑。

(二) 改革的理性特征

曾小萍从第三章至第五章,详细描述了雍正帝"火耗归公"改革的过程与具体措施。这里当然无须重复曾小萍的具体论述,只将曾小萍总结的此场改革所包含的理性特征,做

一些简单的概括。

应该肯定的是,雍正帝在这场改革中的理念是正确的,或者说是极具现代色彩的,即通过将地方财政基础理性化以消除腐败问题。在他看来,地方财政不稳定的根源在于省内官员非正式地筹措经费的做法,而不在于人民无力或不情愿缴税。"更为重要的是,他承认问题在于地方上正式财政不敷用度。尽管他承认火耗从源头上讲是一种非法加派,但征收火耗对于向官员提供养廉以及省内的行政开支来说必不可少"(第105页)。曾小萍还特别肯定雍正帝将亏空视为制度而不是道德的问题所包含的理性,认为"这一认识是近代中国政府发展的重要一环"(第106页)。因为雍正帝明白,提供善政的先决条件是各省经费有一个正式的和充裕的来源,它通过藩库来进行管理,与此同时地方也有足够的自主权以应对不断变化的地方需求。

曾小萍称赞说,利用火耗形式来提供官员养廉费和公费,是一项给国家和人民带来长远利益的政策,这一"以公完公"思路"在财政思想方面包含着许多非常重要的进步"(第109页)。大体上,曾小萍揭示,雍正帝改革包含了以下几个方面的理性化特征(第109—110页)。

(1) 区分了中央与省级地方的财政收入与管理权限。"在国家和各省的税收收入间做了区分……在改革中,创造出了一种新的、来源于各省并由各省使用的赋税种类。这种赋税主要来源于火耗,但也包括了其他类型的征收,统称为'公项'。这一术语将它们与向国家缴纳并用于中央政府职责内开支的'正项'区别开来。"

(2) 肯定了国家职能所蕴含的公务需要并强调应以合法收入来加以保障。"'以公完公'是对各省各级行政机构以他们自己的合法收入来源执行自己公务需求的肯定","在经费的分配方式上,它第一次在官员的私人开支和用于其辖区的行政开支间做了区别","在火耗归公改革中引入的两个主要的结构性革新是养廉银和公费银。将省内资源划分为这两种类别,在巡抚和布政使的监督之下,既为各级政府提供了一个固定额度的拨款,同时也提供了一笔更有弹性、以工程为出发点的经费"。

(3) 要求地方政府官员,对自己所治理的区域及合理的公务需求,有基本的了解。"官员的开销将建立在对地方需求的理性考虑之上,而不在于一个人对他辖区内特别的榨取伎俩。经费不是针对个人,而是随着官缺和地方的不同而有所增减。"

(4) 国家职能扩大,尤其是提供基础条件的公共工程增加,为国家进一步发展创造了条件。"'以公完公'的必然结果是扩大了政府对于公共工程的责任。随着火耗归公的改革,大量先前进入官员私囊的经费现今用于公共目的。"

从今天的眼光看,值得强调的是,在"火耗归公"改革措施中,最能体现理性特征的就是将非正式收入中承担公共职能的部分明确地区分出来,并对其征收行为加以制度性地保障,以便能根绝纯属私人性质的贪污行为。将"公"与"私"加以区分,将纯属官员个人的自由裁量行为变成一种拘束性行为,这种用"法"治代替"人"治的做法当然具有强烈的理性特征。与此同时,用制度为官员的道德水平提供可能的条件,而不是寄希望于空洞的说教,就是说,明确提出政府对公共服务具有责任,并认为应为此而征税以便提供资金支持,这样的观念和做法也具有高度的理性特征。

当然,雍正帝财政改革不仅在理念与做法上值得肯定,在现实中也取得了较好的结果。到了雍正末年,各省都已实施了自己的地方财政改革方案。火耗归公的成功,最令人激动的成果是,在它实施的数年内,"各省都出现了巨大的收入赢余"(第121页)。

第五节 雍正帝改革与王安石变法之比较

仅就财政内容而言,雍正帝改革与王安石变法,都属于王朝中期财政改革传统的一部分。下面我们简单介绍一下王安石变法及其中的新意,以便能更好地认识雍正帝改革在历史上的地位。

一、王安石变法内容的现代解读

在中华帝国成长史上,宋王朝与其他王朝相比有一个鲜明的特点,那就是在丧失马匹产地和战略要地等先天不足的前提下,始终面临着游牧帝国的威胁,因而它所面临的生存危机只有晚清可与之相比。为了应对生死存亡性质的威胁,宋王朝不得不依靠其强大的制度能力,调动了广泛的经济资源,培养着自觉的文化意识,装备出组织化程度极高的军队,最终才力抗辽、夏、金乃至蒙古等游牧帝国而不失。为了应对这种生存危机,宋代财政,一方面继承了中华帝国财政制度的原则,另一方面又有自身的特色与创造性,这种特色和创造性在王安石变法中达到了顶峰。

(一)王安石"理财"观念提出的背景

由于宋王朝面临着国家生存的危机,支出压力极大,政府在国家正式财政收入(来自土地的夏税秋粮,即两税)之外,不得不更多地依靠来自工商业的财政收入。两税财政收入,在宋太宗至道年间就达到了两宋时期的最好水平,不再具备增长的弹性。宋代来源于工商业的收入经常超过来自田亩的两税,从而成为支持宋帝国参与国家竞争的重要资源。与汉武帝改革时实行官商垄断的政策不同,宋王朝的商业活动主要由私商来进行。在私人商业活动的基础上,政府从工商业获得的财政收入,既有源于向一般商品征收的商税,也有来自暴利性资源商品的收入。来自一般商品的商税,自英宗皇帝之后,收入额就未见增加,因而也不是获取弹性收入的可靠方式。禁榷是宋政府对暴利性资源商品管理的方法,主要表现为在暴利性资源商品(盐、酒、茶、矾、香等)的管理中,广泛引进私商的力量。在内容上,禁榷既包括官府对某些种类商品实行专卖,又包括由这种专卖而派生出来的官商合营分利形式,以及对某些商品在严峻法律和严密措施保证下征收高额产销税的制度形式。① 在宋代,禁榷收入很高,大致上与两税收入相当。

在两税收入无法增加,商税增长停滞,对暴利性资源实行禁榷制度有可能盘剥民众等前提下,为了应对因国内外危机而来的支出压力,王安石提出了"理财"的理念,即通过一

---

① 汪圣铎著:《两宋财政史》,中华书局1995年版,第243页。

种经济学上所谓帕累托改进的方法（即在不伤害任何人的前提下至少改进其中一方的效用），在不伤害民众的前提下，创造出更多的财政收入。这一理念极具新意，并在一定程度上挑战了帝国财政的边界。

钱穆先生曾经转述过王安石与司马光就传统财政观念与"理财"观念的交锋①。在司马光看来，"天地所生，财货百物，不在民则在官。设法夺民，害甚于加赋。"换言之，司马光认为，政府财政收入增加，就意味着民众利益的损失；用市场交易方式来获取财政收入，危害比单纯加赋更为严重。王安石则反对这种看法，他认为："国用不足，只缘无善理财之人。善理财则不加赋而国用足。"他更进一步提出，"欲富天下则资之天地"，"因天下之力以生天下之财，取天下之财以供天下之费，自古治世未尝以不足为天下之公患也。患在治财无其道耳。"就是说，只要运用适当的方式进行理财，完全可以增加财政收入而不扰民。这种所谓的适当方式，来自动态地生财而非静态地取财。

（二）从现代眼光看"理财"观念和王安石变法

如何能够动态地生财？从现代眼光看，主要途径有以下几个方面：① 通过发展生产，创造经济增值，这样政府可以增加财政收入，民众增加财富；② 通过市场交易行为，使政府与民众之间因自愿交易而增加双方的效用；③ 通过市场深化，将政府手中原来未投入市场的资源转化为商品或资本，以便从中获得收益；④ 通过财政管理的加强，将财政负担落实在有负担能力者（富户）身上，在不增加普通民众负担且富人牺牲不大的同时，增加财政收入。

在神宗皇帝的支持下，王安石在财政方面实施的变法，就是试图从上述途径来动态地生财。具体来说，主要表现为以下几个方面。

第一，"农田水利法"体现了发展生产、创造经济增值的途径。在帝国时代，农耕经济是财政最重要的基础。因此，王安石试图通过大力兴修农田水利（由官府和大户出钱，普通民众出力）、鼓励提高农业技术等方法，来发展农业生产。

第二，"免役法"和"保马法"体现了通过市场交易行为来增加官民双方效用的途径。前已提及，"免役法"，是允许那些苦于担任差役的人出钱免役，官府则花钱雇役，这样在不耽误正事的前提下，原来担任差役的人因花钱免役而改进了效用，政府也因收支差额的存在而获得一定的财政收入，同时还能避免原先伴随着差役摊派而来的各种敲诈勒索行为。"保马法"，是官府资助民间养马，以代替原来官府自己雇人养马，这样可以节约政府的开支，同时增加养马户的收入。

第三，"青苗法""市易法"和"均输法"，体现了通过市场深化而获取财政收入的途径。在宋代经济发展中，出现了对资本借贷的要求，私人提供的资本要么不足要么成本过高，不能满足社会的要求。在当时，政府通过财政工具征收了大量的钱粮，这些钱粮集中在官府的库房中，没有成为可交易的资本性商品。于是，一方面，王安石颁布"青苗法"，将官府手中的钱粮，按低于民间高利贷的利率，每年分春秋两次，贷给民众，帮助民众度过青黄不接时期，在抑制高利贷商人发展的同时，还能让官府获得利息收入；另一方面，王安石颁布

---

① 钱穆著：《国史大纲》（下），商务印书馆1996年版，第573页。

"市易法",向商人提供低息贷款(以金银、地契为抵押),或者贷款给官营商号去收购商旅卖不出去的货物,待机转卖。也就是说,青苗法和市易法,主要是将政府库房中尚未商品化的钱粮资源转化为资本性商品。另外,在当时条件下,相对于民间,政府手中掌握的信息与人才资源最为丰富,有可能通过官营经济的方式,将这样的资源加以市场化。王安石颁布的均输法和市易法,大体符合这一目的。均输法是汉代旧法,王安石加以扩大,并将权限下放给六路发运使,让他们利用信息优势,就上供之物"徙贵就贱、用近易远",在不增加税负的前提下增加向朝廷输送的财赋。市易法的内容,除了上述官方借贷外,还有就是在京师及各地设立市易务,从事商业买卖。与汉代相比,王安石的国营商业至少在立法意图上,并未像汉武帝时那样试图全面垄断商业。

第四,"方田均税法"体现了通过加强财政管理来扩大财政收入的途径。如果让财政负担落在真正有负担能力的人身上,一般民众的负担不会增加,有负担能力的人感受到的主观牺牲不大(即现代财政所说的富人的收入边际效用较小)。与此同时,由于欠税可能性降低,实征率提高,财政收入总量就会增加。方田均税法的目的正在于此,即通过"方田"来整理土地账册、清丈田亩,检查漏赋,落实"履亩而税"。这样,田多者多缴田赋,无地者不缴,既能增加财政收入,又能均衡财政负担。

二、王安石变法对帝国财政边界的挑战

王安石变法,当然是在帝国财政基础上进行的。变法中的许多内容,仍在传统帝国财政的范围内。例如,方田均税法、农田水利法的目的,是落实履亩而税、以农为本的传统措施,市易法、均输法则在相当程度上是汉代旧法的运用。但是,该变法仍在相当程度上具有不同于其他财政改革的新意。

在财政收入方面,王安石更为重视平等交易的商业行为对财政收入的增加。如果说农田水利法和方田均税法,仍是通过扩大农业生产和落实"履亩而税"等传统方式来增加财政收入的话,那么其他变法行为几乎都运用了商业手段,试图在民众自愿的前提下,通过市场交易,来寻求财政收入的增加。这些商业手段,要么是官民两便的合作,要么是将未商品化的资源投入市场。与其他朝代的财政改革相比,王安石变法显然更加重视运用市场交易。这种做法是相当独特的,既不同于汉代试图全面垄断商业,又不像其他朝代那样或多或少地排斥官民之间平等交易的商业行为。因此,在一定程度上这已开始突破帝国财政的边界。

在财政支出方面,王安石在一定程度上突破了"量入为出"的原则。这种突破,一是源于宋代严峻的国防形势所带来的压力,二是源于王安石不相信压缩官俸支出对于财政有意义。帝国在正常时候,军事开支比重虽大但相对稳定,在收入相对固定的情况下,财政最为重视的工作是压缩皇室支出与官俸支出。但在王安石看来,财政支出不需要压缩,只要理财得当,"开源"得法,就能大幅度增加财政收入,以满足支出的需要。因此,王安石变法已在某种意义上开始实行"量出为入"原则,以不压缩支出为前提,寻求财政收入的增加。

在财政管理方面,王安石变法没有继续依靠传统途径,即扩大暴利性资源商品方面的

收入。帝国财政史上,王朝中期财政改革除了落实"履亩而税"(如唐、明、清中期改革)外,大多是通过调整暴利性资源商品管理体制来增加财政收入。但王安石并未采取这样的途径,而是通过上述理财新法,以实现"民不加赋而国用饶"的目的,这在帝国财政史上颇有新意。到了号称继承王安石变法的蔡京,他所搞的理财新法,只知道在盐、茶等暴利性资源商品方面做文章。这种暴利性资源商品管理体制的变动,成了单纯的敛财手段,不再具有王安石变法的新意。

三、王安石变法的失败与帝国财政边界的确认

如前所述,以今天的眼光来考察,王安石变法的内容是颇有新意的。但众所周知的是,该变法的结果只是增加了财政收入(变法后的元丰年间,比变法前的嘉祐年间,岁入增加63%以上),却未能实现不扰民甚或官民两利的目的。

比如,本应对生产影响最为直接的农田水利法,因各级官吏弄虚作假,多以费官财、劳民力而告终。在免役法实施过程中,原本没有差役负担的下等户、女户、单丁等,都要纳钱助役;征收免役钱后,官府又命保甲组织担负某些差役事务,却不支发雇募钱。这样,实行免役法的结果,人民不但需要缴纳免役钱,而且许多时候差役负担仍没有减少。保马法,因官府支付的养马费用严重不足,而成为增加民众负担的工具。以借贷生息为指向的青苗法与市易法,也成为单纯敛财的工具。如在青苗法实施过程中,官吏们不管实际需要如何,只是简单地将青苗钱分发给辖区内的富户,要求他们到期还本付息;而富户们往往复转贷给贫下百姓,这笔贷款可能对百姓毫无益处,但官吏和富户却可从中作弊勒索。均输法和市易法,若在不实行官商垄断的情况下要求其盈利,则对官商的素质提出了过高的要求;若赋予官商垄断权,虽然短期内能够盈利,但却会造成长期的经济效率问题。

千百年来,人们都在追问王安石变法为什么会失败,他们所提出的种种解释,也自有其道理。不过,该变法失败最重要的原因在于,它已开始突破帝国财政的边界,其所要求的成功条件在帝国框架内无法提供。具体表现为以下几个方面。

首先,财政收入方面试图以商业行为来增加财政收入,这在帝国框架内是无法成功的。要通过商业行为,以自愿交换为手段来增加交易双方的效用,前提至少有两个:一个是比较坚实的个人产权基础(如此才有交换的对象);另一个是比较健全的市场中间组织(如此才有交换的渠道)。帝国是在君主以大家长身份支配一切资源的基础上,由一家一户的小农来耕种田地的;在这样的经济组织方式下,不存在严格的个人产权制度。虽然有商业交换,但并没有严格的法治基础保障个人产权。大规模的中间组织(银行、商业公司等)也缺乏,这样交易渠道极其狭窄、交易成本过高。如在上述青苗法实施过程中,官府库房中的钱财,需要现代银行将其转化为资本,以实现借贷、回收及取息。但在当时,这些条件都缺乏,在操作上只能简单地由官吏派发给富户、由富户转贷给百姓,期间没有任何产权观念和法治保障,只有赤裸裸的权力压榨行为。而要建立坚实的个人产权基础以及健全的市场中间组织,则非帝国框架能够提供。

其次,财政支出方面尝试突破"量入为出"原则,这种尝试难以在帝国框架中成功。王安石变法,试图通过开发财富源泉来增加收入,以应对支出的增加。而要开发财富源泉,

就意味着帝国政府必须担负起更多的经济和社会职能,为经济和社会发展提供服务。这样,原先以相对固定职能为前提、以再分配为特征的财政职能,就需要大规模转向,变为以促进资源开发和工商业发展为财政的主要职能。财政职能的这一转向,需要国家制度与运行原则的整体转型,即从帝国转向现代国家,而这一转向显然是此时的宋帝国所无法完成的。

最后,财政管理上王安石变法对当时的官僚制度与官僚能力提出了无法完成的要求。要能实现王安石变法的目的,既需要各级官吏拥有以民众为导向并为民众服务的愿望,又需要他们有为民众服务的能力。要使官吏能以民众为导向提供服务,不仅需要在道德伦理上进行教育和要求,更重要的是应由民众决定官吏的去留,这实际上是对民主制度提出了要求。要使官吏具备为民众服务的能力,就需要改变官吏的教育和选拔方式,这实际上对教育内容与科举方式的变革提出了要求(在现实中王安石也确实进行了改革)。所有这一切,显然不是在帝国框架内能够完成的。

综上所述,王安石变法已不是一般性的王朝中期的财政改革。若要使其成功,需要对整个帝国制度进行改革并实现转型。换言之,王安石变法实际上挑战了帝国财政的边界乃至整体帝国制度的框架。当然,这一挑战并不成功,其结果只是再次确认了帝国财政边界的存在。

四、两场改革的简单比较

比较雍正帝财政改革与王安石变法,可以发现这两场改革在帝国财政改革中都颇有新意:前者因其理性化特征而具有新意,后者因广泛运用商业原则而具有新意。除此之外,还可以看到两者都由个性强硬的领袖在主导,都在一定程度上挽救了帝国的财政危机,在后世也都有人叹息改革的最终失败。

不过两场改革也有不同之处,浅层次的比较可以看到,这两场改革的主导者,一为君主一为宰相,因此两者拥有的权力资源有相当大的不同。更为重要的不同是,王安石变法反映了仍处于成长期的帝国在面对生存危机时所迸发出的勃勃生机,体现为运用商业原则来创造性增加收入,看上去这是在突破帝国财政的边界;而雍正帝财政改革则反映了已达到成熟期的帝国,只能在既有财政边界内做文章而无法突破财政收入的范围限制,或者说帝国对于财政制度的完善虽然做出了最后的努力,但已不可能去尝试突破既有的制度边界。

第六节 雍正帝改革的限度及其原因

在帝国财政史上,与王安石变法及其他财政改革相比,雍正帝财政改革具有最好的条件,如掌握最高权力且个性强硬的君主亲自发动改革,能君能臣相互配合,少数部族政权对社会特殊利益集团相对独立等。曾小萍也注意到在雍正帝改革中国家相对于利益集团的中立性,"早期的满族统治者对士绅极不信任。正是这种不信任促使清统治者减少了士绅的赋税优免,而同时雍正也扩大了非正途出身人士的仕宦之路"(第107页)。

这场改革也确实取得了一定的成效,如进一步促进了帝国财政的成熟,使地方公务活动有了资金支持并改善了官场风气,同时也使以往的财政亏欠得以弥补等。雍正时期的财政,也因此取得了帝国时代的最高成就。不过,在曾小萍看来,这场改革最终是失败的(第284至286页),因为它未能用理性化的改革造就理性化的国家,"尽管火耗归公对近代中国早期近代化的发展做出了贡献,但最终它还是失败了。19世纪的中国的确是一个充斥腐败、被离心力量所破坏的国家,政府已日益衰落、无力抵御内忧外患"(前言第6页)。事实上,在曾小萍看来,这场改革"到了18世纪末就已经无法实行"(第247页)。

一、雍正帝财政改革的有限性

从全部帝国财政史来看,雍正帝改革只不过是王朝中期财政改革中的一场而已,相比之下还算不上什么失败。更准确地说,雍正帝改革是在帝国框架内进行的,能够取得的成果是有限度的,因而出现曾小萍所谓的"失败"。

首先,就两场延续传统的改革而言。"摊丁入地"改革,只是延续了帝国制度化消灭民众亲身服役的传统,似乎并不合适对这一成就评价过高,如梁启超那样称其为"消灭了奴隶制度"。这是因为,在这一改革实施后,现实中大大小小的官吏向民众征求力役的做法并未消失,帝国也无力约束各级官吏在制度外向普通民众强求力役的行为。清理民欠、追究亏空的效果也只是一时的。以严刑峻法整顿吏治、减少特权,以便完善正式财政收入的基础,这样的行为帝国时期各王朝也都在反复地进行,雍正帝改革的效果虽然炫目却难以持久。在雍正之后,民欠和亏空等问题再次严重起来,并成为侵蚀正式财政收入、削弱财政职能的毒瘤。

其次,就曾小萍着力研究的"火耗归公"改革而言。这一改革在消除非正式收入体系、促进财政收入体系理性化方面的成就也是有限的。事实上,正如曾小萍所言,到乾隆年间火耗归公就已失去了改革的原意(第七章)。曾小萍将这一改革失败的原因归为"中国农业经济结构的结果"(第284页),或者说"农业部门在中国经济中占优势地位"(第286页)的结果。从经济结构来寻找"失败"的原因,固然有一定的解释力。不过,也许更可取的是从政治视角即从帝国制度本身来解释"火耗归公"及雍正帝其他改革的结果,甚至可用来解释所有的王朝中期财政改革的结果。

二、改革成果有限性的政治原因

为什么会出现改革成果有限这样的后果?从帝国政治制度本身来考察这个问题,可能会更有说服力。帝国国家的公共权力表现为君权形式(即统治权与所有权合一的权力形式),君主运用集权化的科层制,在各级官僚帮助下完成治理的目标。从财政上看,帝国国家权力安排就是以君主的个人所有制(或者说君主家庭所有制)形式,来实现国家共同体对土地及其附着人口的支配权,并以土地的私人占有制度来实现土地有效地使用。应该承认,在当时的历史条件下,这种以君主个人所有及个人负责的产权制度和政治制度,在效率上优于过去的共有共用制和等级领主制。不过,在这样的帝国制度下,君权是一种特权,本质上它是源于拥有土地的特权(即"打天下者坐天下"),而非真正的公共权力。因而以君权为中心建构起来的帝国,自然无法在制度上摒弃特权。为了管理帝国、获取财政收入,皇帝必须依赖于各级官吏。行使特权的皇帝,自然难以要求各级官吏在行使权力时做到真正的公共性。这是帝国制度的根本缺陷。

因此,不能真正地消除力役,是因为君主特权无力也不愿约束各级官僚在法外征用民力;清缴民欠、打击亏空成果有限,是因为君权难以彻底消除官僚利用法外特权逃避田赋的行为。至于"火耗归公"改革的成果有限,也源于改革在相当程度上受到了帝国制度的约束。

具体说来,从帝国制度来看,火耗归公改革成果有限的原因,可以从以下几个方面来分别加以考察。

(1) 这种做法所要求的前提条件不具备。火耗归公改革要能成功实施,所必备的前提是,各地基于田亩的地丁钱粮数额较大并且能够应收尽收,且在比率与形式上做到整齐划一(这样既公平又不给地方官员留下腐败的空间)。但在现实中,各地田赋情况差异很大,不可能以统一比率提取田赋附加,否则各省之间的办公经费将差异太大。特别是在有些地方,田赋数量极低,必须寻找其他替代性收入来源,以实现"以公完公"的目的。例如,在"火耗归公"改革过程中,部分地区不得不以商税附加的形式来实现这一点。而在有些地区(如江南),由于土地租佃关系复杂、乡绅势力庞大,正式的田赋尚且收不上来,试图用田赋附加来"以公完公"就更加难以实现。后来户部承认地方条件有差异,允许各省之间火耗加征率不一致(不过要求各省内部火耗率相同)。也就是说,因经济和社会类型的差别,而造成了各省在实施火耗归公时拥有不同的田赋附加比率。这种不同的田赋附加征收状况,实际上破坏了帝国财政制度的统一性。因此,对差异性的考虑与强调,最终削弱了该项改革对财政制度统一性、平等性的理性化要求。

(2) 这种做法超出了帝国的能力与理念。事实上,在《盐铁论》中文学贤良就提出过这个问题,而在王安石变法中也遇到过这个问题。在雍正帝财政改革中,同样的问题再次出现:改革要求必须确定养廉银数目与合理公务活动所需的经费数量,可是哪些费用可以构成合法的行政经费?它实际上需要多少?多少养廉银能让官吏们过上体面且廉洁的生活而不至于加重民众负担?这些问题,在帝国时代事实上没有能力去解决。不解决这些问题,也就无法去制定火耗收取的合理比率(田赋附加率)。官员及衙门职员总是会用各种手段,发出呼声要求增加火耗比率以满足需要。这一呼声可能是真实的,也可能是虚假的,但中央政府无从得知。事实上,曾小萍曾引用许王猷反对火耗归公改革的一段话("天地生财止有此数,不在官则在民"),来说明中央政府的一部分京官对现实的无知,她评价说,"作为京官,这些人对于公共服务的真正需求没有什么了解,认识不到这些可能给百姓带来的好处"(第250页)。但不能不看到,有些京官对火耗归公改革的反对还是有道理的,"在他们看来,火耗归公这种加派形式合法化的结果就是使所有加派合法化"(第250页)。就是说,如果满足地方官吏的呼声,就可能会为所有的加派合法化打开大门。特别地,火耗归公这种理性化改革,在相当程度上已突破了帝国财政量入为出的理念,因为在制度上它允许政府以支定收（为满足合理的支出需要而去寻求新的收入来源）。根据支出需求提供资金支持，意味着各级官员必须切实地去了解民众的公共服务需求；而这不仅是一个认识能力的问题，更重要的是要改变帝国制度的理念。就是说，要将帝国官员"眼睛向上"听取指令的政治制度结构，扭转向下，建立一个基于民意的财政制度。这在帝国理念中是做不到的。另外，火耗加征部分，由布政使在省内统一调配，这使帝国内部出现了不能由皇帝统一支配的财力，这不符合所有财富归天子的帝国理念。在现实中，曾小萍举例说，乾隆五年，皇帝要求户部对各省每一项公费开支设定合理的数额，允许将火耗收入在省与省之间进行协拨，并将火耗的开支情况与正项钱粮一样进行核销。这在事实上又将火耗变为由皇帝支配的中央政府的收入，从而极大限制了地方政府官员运用省里的款项来适应变化的财政需求的能力，"影响了地方财政的平稳运行"（第254页）。于是，地方官员又开始用不合法的加派、强制性的捐献等方法，来筹措各种经费。

（3）这一改革得以进行的长期动力也不具备。在这场改革中，"以公完公"，杜绝其他非正式收入来源，依靠的是自上而下的监督，最终来自君主的推动。如前所述，皇权本身就是特权而非公共权力，它很难长期有效地约束各级官吏的特权。一旦失去强势君主的压制，各级政府官吏都有可能运用特权，寻求制度外的收入。地方乡绅或其他中间人员，也会就此寻求好处，从而破坏这一制度。特别地，在帝国框架中，君主不可能长期对官吏阶层保持高压，否则其统治无法持续。因此，现实中的火耗归公改革，最终结果只是将部分非正式收入转化为正式收入，如火耗在现实中最终就变成了正项。其他非正式收入的征收，没有也不能杜绝。相反，由于在乾隆和嘉庆时期，大量的合法收入来源被剥夺，地方官员又开始求助于不合法的加派。嘉庆帝像雍正帝那样，再次提议将陋规合法化并制定相应的征收章程。如此一来，"在一百年的时间内，历史完成了一个循环"（第282页）。不过，嘉庆帝此时将陋规再次合法化的计划，已不可能像雍正帝那样成功地实施，"政府的任何提升官员操守的努力都注定要失败。合理的财政管理已经死亡，非正式的经费体系又一次成为中国官僚体制的特点"（第282页）。

第七节 帝国向现代国家转型的财政动因

综上所述，到明清时代，帝国财政已成功地将自己的收入建立在土地基础上，根据田地的面积获取主要财政收入。在此基础上，依靠非正式收入体系来获得财政收入的弹性。正式收入体系与非正式收入体系一起，构建出一个简朴的、保守的财政体系。与此同时，工商业经济仅仅被视为农业经济活动不可缺少的补充，来自工商业的收入在财政中的地位并不重要。这样一种安排是自第一帝国以来财政制度不断探索所能达到的成熟状态，明清帝国也因此成为工业化之前世界上最为成功的国家。

不过，从雍正帝财政改革及其他财政改革的经验看，帝国财政存在着内在的缺陷：财政管理事实上在帝国框架内无法真正地实现理性化，帝国财政内部存在着紧张关系。理性化财政制度的构建,内部紧张关系的消除,有待于国家类型的转换。反过来说,纠正财政管理及财政制度中内在缺陷的努力,在一定条件下,可能会成为帝国财政乃至国家制度向现代转型的重要动因。

一、帝国财政管理无法理性化的表现及原因

从整个帝国历史来看,帝国财政管理事实上是无法真正地理性化的,这可以从理性化所要求的统一、直接、平等、规范等标准来加以考察,并探究其中的内在原因。

首先,受制于复杂的现实,财政管理不能实现统一性。按照帝国的理念,皇权统治建立在对土地的控制上,普天之下的所有财产与人口,产权都属于君主,都属于可税的对象;同时,普天之下的民众福利,也由君主负责。在此理念基础上,帝国君主有权也应该调用国内的一切财政资源来履行必要的职责。但在帝国广袤的土地上,地形各异,民情不一,农作物多种多样。要在这样的土地与民众基础上实施普遍统治与统一管理,采用的制度就需要有某种通用性,然后将特殊性交由各地方政府官员去处理。但为了满足这种普遍或统一的要求,又不能给予地方政府官员过大的权力,实施过于差别的政策。因此,在财政上,首先体现出来的就是对所有的田亩征收统一的田赋,这就只能按照最低标准设置普遍化的统一要求,并在相当程度上摒弃工商业经济。这样的要求无法适应多种多样的土地、农产品出产与经济状况,并给财政征收与支出安排带来很大的难题。这样的难题在制度上并无统一的解决方法,只能交给地方政府官员在实践中灵活地应对。按照最低标准收取的田赋,无法支撑政府的有效运转,特别是在公共需要突出的地区。因此,帝国在财政管理上发展出正式制度与非正式制度两套体系,前者是上层制定的、普遍性适用但一般为最低的要求,后者往往由下层发展而来,是前者的变通与补充,目的是为适应各地特殊的情况,并使前者能够得以运转。但后者的出现与不断壮大,又破坏了帝国统一性的要求。事实上,即使是正式制度在现实中的运转,也远远达不到统一,往往表现出各种乱象,如分头管理、令出多门、零散不一等。

其次,运行成本的存在,使得财政管理失去了直接性。明清时期,至少在理念上,帝国试图直接向分散的小自耕农征收田赋。这一点,与同时代的日本、欧洲相比,明显地不同。曾小萍也以日本大名征税为例,来说明清王朝实行直接财政征收的特殊性(第5页)。此时日本德川幕府,通常以村落共同体为单位来征收土地税。而中世纪的西欧王室,则通过诸侯、庄园主或附庸进贡的方式来实现征税。两者都没有像中华帝国这样,在制度上向单个纳税人(或家庭)直接地征税。从现代性这一维度来衡量,直接征税显然更符合国家对民众直接统治的要求,似乎更为先进。但是在农业经济条件下、在广袤复杂的国土范围内,由政府工作人员和经政府任命的民间领袖,来收集田赋并支付给特定的项目,显然需要巨大的运行成本。于是,这一制度以种种变通的形式,大致运行起来。但在其背后,却是通过编外书吏、衙役等非正式政府工作人员的协助,乡村富户的代理,有权势人员的包揽等进行的。就是说,表面上的直接征税,实际上依靠了大量间接组织或人员的协助才维持的。这些间接组织或人员,从积极的方面来看,节约了政府征税的成本;从消极方面来看,又加重了民众的负担;更为重要的是,它使得直接统治名不副实。

再次，特权的存在破坏了财政管理的平等性。在帝国理念中，普天之下的民众在君主面前都是平等的。因此帝国财政管理制度的设计，也试图实现横向平等与纵向平等的原则，体现为帝国田赋征收实行"履亩而税"，即根据田亩面积、区别土地类别来征收田赋，从而实现平等的要求。在实际财政管理过程中，帝王也一再要求各级政府官员，抑制豪强权势、保护小民免受不公平做法和敲诈勒索行为的损害。但问题是，如前所述，皇权自身就是一种特权，它源自土地的占有，并依血缘原则而继承。为了维护这种特权，就必须给予各级官吏一定的特权，以卫护皇权。虽然帝国消灭了制度化的贵族，但依附皇室的宗室成员、各级官吏及在野士人，仍然拥有各种法律特权，并在现实中衍生出种种法外的特权。法内和法外特权的存在，不但破坏了帝国财政管理所要求的平等性，而且更因为他们兼并土地、垄断商业机会，使国家丧失了田赋基础与财政潜力。

最后，能力问题使财政管理无法做到规范性。规范的财政管理，应该是从政府必须履行的各项职责出发，核算实现职能所需的经费支持，然后按照统一、直接、平等的要求，依事先确定的标准从社会中征取该项收入。这是现代财政中的以支定收原则，在预算中表现为"零基预算"。而要这样做，应按以下步骤进行：首先必须对政府职能有一个清晰的界定，以此来建构政府组织结构、安排必要的政务活动、核算各项费用；接下来就要对社会经济状况作一个全盘的调查统计，弄清可以征税的资源与途径；在上述信息充分和可计算的基础上，最后确定税收的征收方式与税负的分配途径。虽然明清时期的财政管理，发展出极为完善的财政机构与会计核算手段，但远远不能达到上述规范性的要求。它不但不能对可征收的税收有基本的统计，更不能将全部税收集中起来进行合理的配置。现实中的财政管理，在资金计划上显然是一种现代预算中所说的"基数法"，即按照过去情况安排今后的财政资源配置，而且往往是按照低层面的分散要求，简单生硬地将财政资源配置出去（根据情况加以适当地调整）。因此，帝国并不具备规范财政管理所需要的复杂的统计能力和支配各项资源的能力，也没有大规模市场交换与金融组织为中介，根本不可能实现财政资源在帝国范围内进行规范地配置的要求。

二、帝国财政的内在紧张

上述帝国财政管理无法理性化，在相当程度上还源于帝国财政的内在紧张关系，这些紧张关系是由帝国制度造成的，因而根本无法在帝国框架内得到解决。曾小萍的原话是，"造成中央集权的中国政府的崩溃，并不是缺乏眼光或意志力，而是缺少办法"（第287页）。帝国财政制度内部存在的紧张关系，表现为如下几个方面。

第一，正式收入体系中官僚阶层对帝国财政既支撑又削弱的紧张。帝国君主依靠官僚阶层，实现对广土众民的治理。因此，官僚阶层是帝国制度的重要支柱，是支撑财政制度有效运转的主体力量。但是，官僚阶层同时又是削弱帝国财政基础的主要力量。这是因为，如前所述，以官僚阶层为核心的缙绅地主，一方面在制度上拥有少缴钱粮、免除力役的优免特权，另一方面又利用手中的权力寻求法外特权，在兼并土地过程中想方设法破坏土地账册的登记与调整，不承担或少承担兼并土地的田赋负担。这样，随着土地不断地集中到官僚阶层或受其庇护的大户人家手中，国家能够收取的田赋就越来越少，这表现为各地方政府日趋严重的田赋"民欠"问题。田赋不能应收尽收,民欠越积越多,最终严重损害了帝国的正式财政收入基础。因此,官僚阶层既支撑着帝国财政的运行,又削弱了帝国财政的基础。

第二,非正式收入体系中公与私的紧张。如前所述,作为维系财政收入体系弹性的非正式收入,它产生于公务的需要,因而具有一定的公共性。陋规的收取,也并非没有规矩,而是有一定的惯例和规则,因而也具有某种公共性。但是,收取陋规毕竟是一项"私"行为,在收取陋规和贪污纳贿之间并没有一个明确的分界线,利用收取陋规的机会大肆贪污、捞取个人好处也无可靠的制约机制。这样,陋规的存在极大地败坏了吏治,腐化了风气,伤害到民众的利益。就是说,非正式收入体系,既维系了帝国的运行,却又在损害帝国的基础。

第三,特权对工商经济发展既保护又破坏的紧张。明清帝国成功建立起以"税地"为核心的财政收入体系,工商业经济不是帝国财政收入的基础。在此前提下,帝国对商人的人身和产权的保护、对市场规则与组织的建设,也就严重地不足。没有权利保护,没有法律保障的规则与组织,自愿的商品交易就难以进行,特别是在大规模商品交易中。现实活动中的商人,要么局限在当地市场中,靠亲身的力量进行交易、保护权利与履行规则,这表现为明清时期存在着的汪洋大海般的小规模市场活动与小商人;要么依托于特权阶层的保护,或者自己就是权力拥有者(皇商或官商),如此才可能从事大规模交易及远程贸易,并进而发展成为巨商大贾。在权力的夹缝中,或者在特权阶层所掌握的权力保护下,明清两代工商业经济也都有所发展。但是,在这些夹缝中生存的工商经济,很容易被权力所破坏。而特权阶层出于私人利益所提供的庇护,往往也会因私利而撤销,或者自觉不自觉地攫取短期商业利益,无法长期有效地促进工商业发展。更不用说,特权阶层自己举办的工商业,往往是靠操纵或破坏市场规则来获利的,这破坏了工商业经济长期发展的基础。所以,特权既保护了工商业经济一定程度的扩张,又破坏了工商业长期大规模发展的基础。

三、帝国向现代转型的财政动因

尽管中华帝国在财政上存在着上述的内部缺陷(即非理性特征与内在的紧张),但仅从内部因素看,帝国似乎仍能长期维系下去,而不管王朝会怎样地兴衰。在一个王朝的生存期,如果君主对外征伐的雄心不大(这样军事费用不会爆发性地增长),帝国君主又能相对有力地控制宗室(在财政上使皇室经费不至于侵蚀国家财政)和官僚(使非正式收入体系不破坏正式收入体系)的行为,那么量入为出原则就不会被突破。这时财政上就会有结余,王朝就能生存,帝国也因此处于稳定期。如果上述条件不成立,那么量入为出原则就会被突破,王朝会随着财政一起崩溃。在经历一段时间的波动后,帝国将会伴随王朝的更换而实现重生,帝国财政也因此得以重建。

可是,"帝国能够长期维系"的结论是以国家所受外部威胁不大为外在条件的。一旦这样的条件不再具备,就需要国家积极行动去应对生存危机,此时帝国财政设定的消极国家职能观就再也无法继续下去,财政上就需要为急剧增长的支出寻求新的收入来源。如第二讲所述,这种新收入来源,只能从具有大量剩余及富有弹性的工商业中去寻找。而要让工商业成为不断增长的财政收入来源,国家就要积极地行动去发展工商业;要发展工商业,最为关键的是确立个人产权,以及维护经济交易规则,这就意味着要建立一个基于个人权利和财产保护的政治与法律制度。这样的制度将有效地摒弃特权,有力地约束官僚阶层的行为;与此同时,非正式财政收入体系将被放弃,财政收入可依赖于迅速发展的工商业所提供的税收。这一切,意味着帝国财政乃至帝国制度的整体转型。

换言之,帝国财政乃至帝国制度内部缺陷的存在,将会因国家生存危机(外部条件)的诱发,而变成促进帝国财政乃至帝国向现代转型的动因。正如晚清时期的财政史所显示的,在国家遭遇重大生存危机时,帝国财政体系远远不足以支持迫在眉睫的支出压力。于是在现实中,财政不得不接受"量出为入"的原则,为不断增大的支出压力寻找收入来源,这最终带来了发展工商业的要求。而发展工商业,又使以保护产权、促进工商业活动为目的的财政职能观得以确立,并因此在现实中有必要建立向民众寻求财政支持的理性化预算制度。就这样,帝国财政开始向现代财政转型,帝国也因此缓慢地向现代国家转型。①

本讲思考题

1. 你认为是什么决定了帝国财政的边界及中期改革的传统?
2. 你认为,帝国时期是否可能消灭非正式财政收入体制?
3. 你觉得帝国财政的内在紧张关系是否存在?
4. 如果没有外部压力,中华帝国自身能否实现从农业经济向工商业经济(即资本主义的发展)的转型?
5. 现代财政与帝国财政的根本区别在哪里?

---

① 刘守刚:"现代家财型财政与中国国家建构",《公共行政评论》2010年第1期。

第四讲

《文化、权力与国家》：帝国向现代转型的微观财政考察

国家转型的动力内蕴于每一个国家的内部，但并非每一个国家都能自发转型成功，转型成功者也不会走同样的道路。从全球的眼光看，向现代国家的转型首先发生于西欧，然后这场现代化运动就像病毒一样，向世界其他地区传播；虽然各国个体反应不同，但趋势几乎无可阻挡。不同的民族、不同的国家，先后或多或少不等地卷入到这场现代化运动之中。

众所周知，1840年以来中国在外铄、内生多种因素作用下，也踏上了向现代国家转型的艰苦卓绝之路。处在历史进程之中的人，或许在当时对这场转型运动看得不那么清楚。但时至今日，中国的国家转型接近完成之际（当然仍还有一段路要走），回顾这一进程的发生发展，评价其历史意义，可能相对于过去来说已更有条件。

中国已经并正在经历的这一国家转型活动，其内在的逻辑与外部的条件是什么？未来可能发生的方向是什么？与几乎同时期开始现代化的日本相比，中国的道路为什么更加曲折？与奥匈帝国、奥斯曼帝国甚至俄罗斯帝国等传统国家的现代化相比，为什么唯有中国成功地实现了帝国的整体转型而没有出现帝国崩解现象？对于有关中国国家转型的这些问题，学术界已有不少文献进行了探讨。不过，与这一主题的复杂性相比，现有的研究还远远地不够。

本讲选用的文本是《文化、权力与国家》一书。在研究中国国家转型的著作中，这是比较成功也比较出名的一本。这本书的特色是从微观社会现象的角度来探讨宏大的国家转型主题，因而在中国的历史学、社会学和政治学等领域都颇有名气，也被这些领域列为博士课程的必读书之一。由于在这本书中运用的材料大都属于财政税收的史料，因而该书也是非常好的财政学著作。主讲人正是从财政学的视角来解读该书，并和大家一起探索中国在晚清、民国时期发生的国家转型,以及它在财政方面的微观表现。因此本讲内容主要是运用《文化、权力与国家》这本书提供的观点和材料,来回答以下财政问题:① 帝国国家是通过怎样的微观机制向社会征税的? ② 财税压力是如何推动国家政权现代化并影响原有的微观机制的? ③ 从财政看,晚清和民国国家建构为什么会失败?

第一节　作者与作品简介

我们先来简单地看一看这本书和它的作者的概况。

一、作者简介

本书作者为 Prasenjit Duara,中文名字叫杜赞奇,为印度裔美国学者,著名的中国历史学家与汉学家。他出生于印度,早年也就学于印度,获得学士和硕士学位;后来到美国求学,于 1983 年从哈佛大学获得博士学位。杜赞奇先后任教于美国多所大学,如普林斯顿大学、乔治·梅森大学、斯坦福大学,其主要教学生涯在芝加哥大学度过(1990—2008)。目前他任教于新加坡国立大学。

作为一个印度人,多年来身在美国研究中国历史,这样的组合看起来颇有些意思。杜赞奇在接受中国的《南方人物周刊》杂志采访时,解释过自己学术道路的选择。他说,大约在 1973 年,他正在印度德里大学念书,此时中国发生了"文化大革命"。他以为这场"文化大革命"展现了一条改变历史的可能路径,因此中国历史值得研究。后来在赴美求学期间,他遇到了著名汉学家孔飞力先生,并在他的指导下研究中国革命与中国农村,其博士论文最终形成了本讲要予以解读的《文化、权力与国家》一书。该书为他赢得了很多荣誉,让他获得美国历史学会 1989 年度"费正清杰出东亚历史著作奖"和 1990 年度"亚洲研究学会列文森奖"。

除了本讲运用的著作外,他的第二本专著《从民族国家中拯救历史》的中译本也已于 2003 年面世。

二、作品简介

《文化、权力与国家——1900—1942 年的华北农村》,英文书名为 *Culture, Power, and the State: Rural North China, 1900—1942*。原书出版于 1988 年,中文版由王福明翻译,江苏人民出版社 1995 年版,并经多次重印,2010 年出版了中文新版。

这本书在资料运用上很有特色,书中第 5 至 6 页对此有交代。书中的主要材料,来自"南满铁道株式会社调查部"(书中简称为"满铁")于 1940—1942 年间在华北农村调查形成的六卷本《中国惯行调查报告》(书中简称为《惯调》)。说有特色,是因为同样的材料,马若孟和黄宗智都使用过。特别是黄宗智,他根据此次调查及其他材料撰写了《华北的小农经济与社会变迁》一书(已有中译本,中华书局 2000 年版),该书也是有关中国研究的名著。当然,除了满铁这份《惯调》外,杜赞奇还运用了满铁的其他材料,以及南开大学经济研究所在20世纪二三十年代社会调查的报告。从杜赞奇和黄宗智等人几乎用同一份材料,分别作出自己的研究这件事,我们可以体会美国政治学者艾萨克说过的一段话,他说学者"之所以伟大是由于他具有想象力、洞察力,以及他从观察到的事物中归纳其所包含的内容的能力。"①同样的材料,不同的视角,有差异的洞察力,形成了不同的研究和各自的理论。

这本书在叙述过程中,讲了许多故事,有许多有趣的细节。初次阅读者,容易陷进这些细节中而不能整体地把握全书。因此,有必要在此对全书的结构作一点介绍。

这本书大致上分为以下几个部分。

(1) 前言:交代研究的目的、资料来源以及研究涉及的对象(华北平原上的村庄)。

(2) 介绍该书运用的分析工具(第一章):主要是界定"权力的文化网络"这一概念,交代它与其他概念(如市场体系)的关系,并进行典型的研究如婚姻圈、水会等。

(3) 背景交代(第二、第三章):包括历史背景——帝国晚期国家与社会之间的联系中介(即经纪,包括保护型经纪和赢利型经纪);时代背景——国家转型,集中于讨论华北地方政权的重组及其财政表现,并引出内卷化的概念。

(4) 展开微观分析(第四、第五、第六章):探讨在国家政权建设过程中,文化网络具体在华北农村是如何发生变化的,其表现有:宗族组织被政权组织排挤、宗教组织趋于消亡、乡村领袖角色由保护型经纪向赢利型经纪转化。杜赞奇还进一步地分析,这些变化是如何影响国家政权建设的。

(5) 展示内卷化的后果(第七、第八章):国家政权建设对乡村在"地界"方面的影响变化(稳定地界的形成标志着正式村政权诞生,但由于脱离文化网络而使村政权渐渐失去权威),国家转型对"人"方面的影响变化(晚清时的乡村精英逐渐逃避乡村公职,保护型经纪逐渐转向掠夺型经纪等)。

(6) 结论:总结全书重要的发现,即国家正规机构深入乡村,但乡村精英不断退出村庄;国家捐税要求不断增加,赢利型经纪在协助征税的同时又在不断地消耗捐税;经纪体制在国家转型活动中确有必要,但需适时摧毁——中国农村革命的原因所在。

最后,作者还在后记中对社会史研究方法进行了一个简单的讨论。

第二节 解读视角与术语介绍

对于财税专业的同学而言,这本书易读难懂。书中有非常多的有趣细节,阅读时相对轻松,但要想进行总体的结构性掌握却有点难。我们接下来介绍几个阅读该书的视角,并将其中几个比较重要的术语解释一下,以便于大家阅读。

---

① 艾萨克著:《政治学:范围与方法》,浙江人民出版社1987年版,第79页。

一、解读该书的几个视角

杜赞奇在书中交代,这本书的主题是探讨中国国家政权与乡村社会之间的互动关系,并集中于研究以下几个问题:① 旧的封建帝国的权力和法令是如何行之于乡村的?② 它们与地方组织和领袖是怎样的关系?③ 国家权力的扩张是如何改造乡村旧有领导机构以建立新型领导层并推行新政策的?

由于这本书包含了非常丰富的内容,除了本讲开始提到的财政视角外,还可从其他视角来加以解读。这里介绍几种比较有洞察力的视角。

首先,这本书充满了社会学田野调查的内容,包含了华北六个村庄非常详尽的调查材料。通过该书所展现出来的材料,可以看出华北农村社会在这场国家转型活动中变化的地方和不变的地方。因此,如果我们从社会学的视角来阅读本书,从中寻找相关的材料,就可以尝试着回答以下社会学问题:① 在国家权力的影响下,面对时代变局,社会如何自我调适?② 在社会变迁的过程中,各种组织与文化发生了怎样的变化?③ 社会精英是怎样形成的,又是怎样变迁的?

其次,这本书围绕着中国国家转型来展开叙述,它处理的材料是由田野调查得来的社会状况描述。根据这些材料,事实上也可以回答很多政治学的问题。或者说,这本书可以用政治学的视角来阅读,并依据书中的材料来尝试着回答以下的问题:① 帝国国家的权力,是通过怎样的微观机制渗透到社会中去的?② 在国家转型过程中,国家政权深入社会的微观机制,发生了怎样的变化?③ 国家对社会的统治,其正式机制和非正式机制是如何互动的?④ 晚清民国时期的国家转型,如何以及为什么遭遇失败?

最后,杜赞奇本人经常被视为后现代的社会学家或者历史学家,因而本书又可以运用后现代的视角来加以解读。"后现代"这个词含义众多,很难给出一个清晰的定义。大体上,所谓"后现代"是相对于"现代"并试图超越"现代"的一种历史或文化思潮。一般将强调理性、线性和进步的历史观、文化观,称为"现代";与此相对,强调非理性、多元性和非进步性的历史观与文化观,就被称为"后现代"。举例来说,我们这本书的后记提到,在研究不同文明时运用的"历时性"与"共时性"这一对概念。在一定意义上,历时性就是一种"现代"的观点,认为文明呈现出从低级向高级不断进化的方向与过程,文明之间的差异相当程度上是时间性或阶段性差异而非本质性差异;而共时性则相当程度上是"后现代"的观念,认为所有的文明都处于同一个时代,彼此的差异是本质性的而非阶段性的。杜赞奇在书中明确表达了自己受后现代思想的影响,他的说法是,自己"受解构分析和后现代主义的影响,文化研究开始探讨文化与权力之间的关系"(中文版序言)。他的意思是说,强调国家与社会分离是一种理性主义的看法,因而是一种现代观;而认为在国家与社会之间、权力与文化之间存在着合作的空间和认识历史的余地,则是一种后现代观念。比如,杜赞奇创造了"文化网络"一词,将帝国政权、绅士文化与乡民社会纳入一个共同框架内,并将权力、统治等抽象概念与中国社会特有的文化体系连接起来,这被认为是区别于现代的后现代做法。杜赞奇还说,"将各对立面调和起来的一条重要途径是找出社会现象中的二重性……社会现实中存在着二重性确是它不宜于作科学的、规律性理解的原因之一"(第

248页)。就是说,杜赞奇觉得"科学的、规律性"的理解是一种现代性研究,而他的方法有别于此。杜赞奇在他的另一本书《从民族国家拯救历史》中,更加明确地提出自己有关后现代史学的观点。对于这本书涉及的后现代问题,本讲不是合适的讨论场所,不再多说。

二、相关的术语解释

杜赞奇在书中创造或发展了一些概念,不掌握他使用的这些概念,就无法理解他这本书。因此,有必要在此先进行一下解释。

(一) 权力的文化网络

这是杜赞奇在书中创造的最为重要的一个概念,也是前面说的将国家权力与社会文化结合起来的一个概念。前已提及,杜赞奇自认为这个概念突破了国家权力与社会文化截然分离的现代分析方法,因而是更接近后现代化思想的一个概念。

要理解这个概念,首先就要分别理解权力和文化两个概念。所谓权力,我们在第一讲中也提到过,一般政治学教科书都将其理解为强制力,即让人纵使反对也不得不服从的一种能力。当然,也有人从比较宽泛的意义上理解权力,认为除了强制力外,它还包括其他形式的"影响力"。杜赞奇就是这样,他认为权力是"个人、群体和组织通过各种手段来获取他人服从的能力,这些手段包括暴力、强制、说服以及继承原有的权威和法统"(第4页)。所谓文化,杜赞奇给出的定义是,"扎根于这些组织(即市场、宗族、宗教等)中、为组织成员所认同的象征和规范"(第5页)。而所谓的文化网络,杜赞奇是指"由乡村社会中多种组织体系以及塑造权力运作的各种规范构成,它包括在宗族、市场等方面形成的等级组织或巢状组织类型"(第13页)。文化网络包括不断相互交错地影响、作用的等级组织和非正式相互关联网,诸如市场、宗族、宗教和水利控制的等级组织,以及诸如庇护人与被庇护者、亲戚朋友间的相互关联等,所有这些构成了施展权力和权威的基础。

因此,权力的文化网络这个概念,可以从这几个方面去理解。第一,可以将其理解为一种渠道,即国家权力通过文化网络这个渠道,对社会发挥作用;第二,将其理解为一种形式,即国家权力在发挥作用时,其行动表现为文化网络的不同活动方式,或者说权力顶着文化网络的"外衣"在活动;第三,将其理解为一种舞台,即各有关主体在文化网络这个舞台上纷纷表现自己,从而竞争性地获取影响他人的能力(即权力)。

(二) 经纪统治

经纪原来是指在交易中一方或双方的代理人,作为中介致力于促进交易成功,常常收取一定的佣金或者说依靠佣金生活。杜赞奇用"经纪统治"这个词,来指国家在统治乡村社会时,不是通过正式的组织结构与国家雇员,而是通过政府组织结构之外的代理人(即经纪)来进行。

杜赞奇区分了赢利型经纪与保护型经纪两种不同的经纪。

赢利型经纪,指的是那些在协助国家统治乡村时以获取佣金为目标的代理人,如传统国家中的衙役、书手,以及在国家现代化过程出现的新形式的赢利型经纪(如依靠国家权力而在村庄征税的村长)。这些人之所以愿意作为经纪来帮助国家统治乡村,目的在于获得个人的利益。总体来说,赢利型经纪还是一个相对中性的名称。在赢利型经纪中,有一些视乡民为榨取利润的对象，贪婪地甚至掠夺性地对待乡民的代理人，比如在一些地方出现的土豪劣绅以及由官方认可的协助统治的地痞流氓等，杜赞奇将他们称为"掠夺型经纪"，这显然带有贬义。

所谓保护型经纪，杜赞奇指的是经自愿组织起来的村社指派的那些负责征收赋税并完成国家指定任务的代理人。这些代理人一般代表社区的利益，做事的目的是保护自己的社区免遭国家政权的侵犯。比如杜赞奇举出的在华北农村存在的"半牌"等自愿组织，或其他产生于宗族或宗教的民间领袖等。杜赞奇强调，保护型经纪是权力的文化网络的一部分，或者说它是文化网络所发挥出来的功能之一。至于说保护型经纪这一概念在学术上的意义，杜赞奇也给予了清晰的说明，他说"保护型经纪"一词将文化与行政两个概念联系起来（第49页）。

（三）国家政权内卷化

内卷化是中译者创造出来的一个中文词语，对应的英文是 involution。该词的原意是指，一种社会或文化模式在某一发展阶段达到一种确定的形式后，便停滞不前或无法转化为另一种高级模式的现象（第66页）。这个词也被翻译为"过密化"，这种译法符合该词被创造时针对的情景，即东南亚水稻种植时，在一亩水稻田里多插一些秧苗会提高产量，但到一定程度（即过密时），再增加秧苗也不会增加产量（边际收益降到零甚至以下）。在《文化、权力与国家》这本书，中文将其翻译为"内卷化"也很传神，好像让我们看到一扇卷帘门被不断地向下拉伸，但向下拉伸到一定程度（即到达平地）后再用力也无法向下伸展，而只会倒卷回去。

在研究社会发展与制度演化过程中，有三个互有联系但又有区别的英文单词，需要加以辨别，即"revolution""evolution"和"involution"。"revolution"，现在一般指政权的颠覆及社会制度的大规模改造，这一含义是从法国大革命之后赋予的；在法国大革命之前，revolution 一词的主要含义是"回归"，即回到被僭主破坏之前的旧的正当秩序去，如英国1688年的"光荣革命"。"evolution"则指制度的逐步演化而不是剧烈的变化。而"involution"，则是指社会发展停滞，无法转化到高级阶段去。

杜赞奇用"内卷化"一词想要说的是，民国初年在华北农村，国家权力扩张出现了这样的情形：国家权力向乡村社会竭力伸展，但伸展到一定地步后权力就无法继续渗透到乡村社会中，反而不断失去对乡村社会的控制。其典型表现就是，由于国家权力下伸而带来国家财政收入增加，但国家财政每增加一分，都伴随着非正式机构收入的增加，而国家对这些机构缺乏控制力。因此，国家政权确实在向乡村社会伸展，但地方上无政府状态反而扩大，国家越来越失去对乡村的控制。换句话说，国家对乡村社会的控制能力低于其对乡村社会的榨取能力，国家政权的现代化在中国只是部分地得到实现。

国家政权内卷化是指国家政权建设过程中的内卷化，"国家政权建设"对应的英文单词有"state-making""state-formation"或"state-building"。这些词在中文中，又被译为"国家构建""国家建构"或"国家形成"。杜赞奇在本书中文版序言中特地提到这一概念，指出它与现代化进程相连，但同时也具有伴随现代政体而来的压制、僵化和破坏性的一面。他还举出国家政权建设的几个表现，如政权的官僚化与合理化，为军事和民政而扩大财源，乡村社会为反抗政权侵入和财政榨取而不断斗争，以及国家为巩固其权力与新的"精英"

结为联盟等(前言)。因此,"国家政权建设"这个词大致上是中性的,既可以包括通常所说的国家现代化积极的一面(如政治社会制度的理性化、民主化),也可以包括产生于现代化过程中的种种消极后果(如制度的专制性、对传统的破坏性等)。当然,杜赞奇在本书中主要关注的是 20 世纪前期在华北国家政权扩张的一个重要表现,即所有的中央和地区政权都企图将国家权力伸入社会基层以汲取财政资源。

第三节　财政问题之一：帝国国家是通过怎样的微观机制向社会征税的？

当国家决定征税,向社会发布税收征集令之后,究竟是哪些组织和人员(正式的或非正式的)行动起来执行征税指令？税款经过哪些人的手之后才最终流到国库？从政治学的眼光看,税款的流动途径与效率,事实上反映了国家权力渗透社会的机制与能力。

具体说来,有一个问题需要探讨,那就是,在中华帝国时期,帝国国家在向社会征税时,运用的是什么样的微观机制？在上一讲《州县官的银两》中,曾小萍为我们描画过一些微观机制,如"城柜""乡柜"的设立与运用,以及衙役、书手等在其中发挥作用。大体上,曾小萍告诉我们,帝国国家征税的微观机制,既有正式的可能比较僵化的部分,又有非正式的比较灵活的部分；非正式机制配合着正式机制而运转,并在财政运行中发挥了至关重要的作用。在《文化、权力与国家》中,杜赞奇为我们描画的是,这样的非正式机制在微观上是如何在华北这几个村庄发挥作用的。

一、作为非正式机制的经纪体制

从正式财政制度的构建理想看,中华帝国是颇为"现代"的,那就是设计出国家向民众家庭直接征税的"田赋"制。但在制度实践中,它却很难有效地运转,不得不大量地依靠非正式机制的帮助,这就为经纪体制的现实存在提供了条件。

(一) 帝国直接统治理想的破灭与非正式机制的存在

杜赞奇在书中告诉我们,清代国家通过两套正式机制将权力伸向社会,一套是用于治安的保甲制,另一套是进行财政征收的里甲制。不过,到了 19 世纪末期,在华北乡村,保甲制和里甲制已名存实亡。或者更确切地说,这两套制度已失去了制度设计者在理想中赋予它们的统治功能(第37页)。此处撇开用于治安的保甲制不论,单看负责财政征收的里甲制。财政征收是帝国国家统治乡村社会的直接表现,"正是在这一领域,国家政权与农民大众的接触最深"(第37页)。清政府几乎全盘照搬了明政府在财政征收方面的制度与做法,其最具有标志性意义的管理工具是鱼鳞册(登记土地)和黄册(登记人口)。与此同时,清政府也"同样继承了田赋征收中的两个弊端……直到民国及新中国,两个弊端依然困扰着国家政权",那就是"纳税人偷税漏税,征税人贪污中饱"(第38页)。在杜赞奇看来,之所以出现这样的弊端,问题出在微观机制上。制度理想上帝国对社会实行的直接财政征收,在现实中却缺乏有效的微观机制予以实现。

这种有效微观机制的缺乏，首先表现为正式的微观制度在现实中行不通。正如杜赞奇强调的，"清政府的官僚体系无力跟踪地权的频繁交换，即使在清初之时，有人便认为鱼鳞册和黄册的登记并不可靠"(第38页)。其次，这种缺乏表现在非正式机制的低效率上。在正式的鱼鳞册和黄册因脱离实际而无效之时，国家主要依靠县衙吏役手上的册簿来征收赋税。这些吏役，几乎是当时唯一能依据田地占有情况而编制较为可靠的册簿的人。按照杜赞奇的说法，到了19世纪后半期，"国家政权不仅没有克服偷税漏税问题，而且依赖吏役的账簿也阻碍了国家政权与纳税人之间建立直接的、没有中介人的关系"(第39页)。事实上，县衙吏役这些中介人的存在，虽帮助了财政征收的进行，但同时又造成了两方面的后果：一方面破坏了国家直接征税的制度理想，另一方面带来了征税的低效。这是因为，"官僚体系对这些下层吏役控制极弱，使他们能轻而易举地僭取政府权力。事实上，并不是没有控制吏役行为的法令，只是这些法令仅仅适用于那些有合法身份的吏役。而且这些法令的实施全靠知县个人的主观意志及实际能力。"(第39页)在现实中最大的困难是，知县是经科举产生而由国家正式任命的流动性官员，缺乏实践经验和对当地实际情况的了解。除此之外，正式官僚无力控制非正式中介人，还有一个重要的原因是"它无法控制吏役们的收入，这些吏役要么是没有薪俸，要么是薪俸少得可怜，无法养家糊口"(第40页)。这样，吏役只能依靠非正式手段获取报酬。这些非正式手段维持了非正式吏役的生存，并进而在一定程度上补充和维持了正式制度的运行；但在另一方面，非正式手段又削弱了正式财政收入与正式制度的基础。正如在上一讲中曾小萍问过的那个问题，吏役阶层执行的是公务，为什么无法得到正式的收入？需要我们在此基础上加以进一步思考的是，为什么帝国采用这样的非正式机制来履行财政征收的职能？是因为意愿还是因为能力？当然，这样的问题杜赞奇在书中并没有直接地提出，需要我们这些读者自己去进一步地思考。

(二) 帝国统治乡村的双重经纪

　　杜赞奇告诉我们，"县衙吏役并不是沟通国家政权与乡村大众的唯一中介人。在县衙门之下还有一些政权组织，但这些组织很不正规(最高级为乡或保，第二级为图或社或里，有20至40个村庄，第三级为村庄)。"(第41页)乡级组织的主要职能，仍然与赋税管理有关；而图、社、里，可以说唯一的职责便是征收赋税。换言之，帝国国家与乡村社会最重要最频繁的关系就是财政征收，而财政征收又主要是通过县衙吏役及县以下非正式的政权组织来进行的。这些联系人或非正式组织，就是杜赞奇所说的"经纪"。他的结论是，帝国统治乡村社会的真正奥秘在于，利用这些经纪来达成统治的目的，并特别明显地体现在财政征收上。

　　至少在19世纪末期，清朝政府是通过双重经纪来征收赋税并实现其主要的统治职能的，这双重经纪是赢利型经纪(以收取佣金并获利为目的)和保护型经纪(村社自愿组织起来负责赋税征收并完成国家指派的其他任务)。不过，杜赞奇强调指出，到清末为止，在华北地方的行政体系中，县衙之下的赢利型经纪数量相对还比较少，保护型经纪的数量则相对比较多。但是进入民国以后，赢利型经纪开始迅速膨胀起来(第44页)，保护型经纪相应地大幅度地退潮，而且部分赢利型经纪更进一步地堕落为掠夺型经纪。

　　在国家运用赢利型经纪实现对乡村的统治方面，杜赞奇举了一个例子，那就是在华北地区存在的一种非正式的组织，叫"地方"(亦称地保或乡保)。"地方"一般下辖数个至20

个村庄不等,初时独行使职权,后来兼任保甲制的某些职责,在有些地区干脆取代了保甲制而行事(第44页)。"地方"的职责在于催缴田赋、登记户口、向官府报告凶杀、盗窃、纵火和财产纠纷等案件(第44页)。显然,协助征税是最为重要的职责。作为中间人(经纪),"地方"具有双重的角色,既是乡村社会的代表(但不是乡村社会的领袖),又是政府的代表,负责乡村中的堤坝修筑、灾荒赈济等集体事务,同时充当政府最下层的吏役(第44页)。"地方"在行使职权时,不得不尊重乡村社会中有权威的地方领袖的意见。而且,不少村社发展了村际合作组织(如"半牌"),其主要目的便是要制约"地方"的所作所为。与"地方"不同,"半牌"是一个保护型经纪,是乡村社会维护自身利益不受掠夺性经纪乃至国家政权勒索的组织。比如说,它凑钱赎出被差役逮捕的无辜村民,在水患发生时代表村民请求减免田赋等(第46页)。"半牌"这样的经纪体制具有更大的威力和威信,从而成为权力的文化网络中正统权威的载体。正因如此,国家也发觉它比赢利型经纪体制更优越,是可以深入乡村社会的工具。不过,由于乡绅操纵着保护型经纪体制,国家往往无法放心地将其作为征收赋税的工具(第48页)。

杜赞奇交代说,虽然从概念上看,赢利型经纪与保护型经纪泾渭分明;但在现实中,它们之间很难看出质的区别,如清代的"包揽型"体制就是这样。在"包揽型"体制下,一些有功名或有特权的乡绅,他们负责向普通村民收取田赋并上缴给官府。对普通村民而言,这些人往往是同一宗族或者是具有感情基础的乡邻,自愿地主动地代替不识字的村民与官府打交道,从而带有一定的保护型经纪的色彩;对官府而言,这些人为官府服务收取田赋,与此同时还获取好处(收取中间费,更常见的是利用自己特权地位,通过足额征收但向县衙少缴的方式而获益),因而是赢利型经纪。

二、经纪统治与文化网络

如前所述,在帝国时期,国家通过赢利型经纪和保护型经纪两套机制,深入到乡村去,以完成财政征收等统治功能。不过,由于赢利型经纪视其职权为谋利的手段,故而与权力的文化网络没有什么关系。与此相反,保护型经纪组织则包容于文化网络之中(第48页)。杜赞奇说,至少在帝国时期,保护型经纪相对于赢利型经纪更为占优也更重要。

杜赞奇所说的文化网络有,宗族、合作性的商人团体、庙会组织、神话以及大众文化中的种种象征性资源等,这些都是深入下层社会的渠道。文化网络不仅沟通了乡村居民与外界的联系,而且成为国家政权深入乡村社会的渠道。通过这些渠道,国家使自己的权力披上合法的外衣,易于为民众接受(第21页)。因此,保护型经纪是传统文化网络所发挥出来的功能之一。不过,虽然文化网络发挥了保护型经纪的作用,但它极易受赢利型经纪的操纵。从这个意义上来说,"保护型经纪组织是文化网络中的易变因素,它代表着合法与非法之间的倾斜关系"(第49页)。

接下来,杜赞奇比较详细地讨论了宗族、宗教和乡村领袖这三种角色,在权力的文化网络中发挥的作用。下面我们做一些简单的介绍。

(一)宗族

在文化网络中,宗族是一个非常重要的保护型经纪机制。宗族包含了地域(人群聚居村落)、情感(血缘或更高层面的世界)、经济协作等多方面的内容。在缺乏阶级意识和组织,又未出现严重分化的村庄,人们往往以宗族为合作单位并在必要时采取共同的行动(第88页)。严格地说,相对于江南和华南地区,宗族势力在华北地区还不算强的。即便如此,宗族组织在华北还是有一定作用的,特别地当它与官方支持的保甲组织,以及跟庙会等组织结合起来的时候。杜赞奇的说法是,"(帝国)国家控制乡村的下层组织(保甲制与里甲制),与土生土长的乡村宗族及庙会组织之间的关系一直含混不清"(第93页)。

显然,宗族是一个充当保护型经纪角色的良好组织,在帮助国家完成治理职能(尤其是财政征收)的同时,着重为本宗族的村民提供保护。在华北大部分村庄,宗族操纵着传统的政治机制,一般来说是村庄公务活动的合法组织者,同时也在田地买卖、分家析产、金钱借贷等经济活动中发挥作用。当然,有些村庄宗族的作用有限。杜赞奇发现,在帝国国家力量较强时,保甲制一定程度上可抑制宗族的作用(即使此时有些地区保甲划分是以血缘组织为基础的),但到了清末,保甲组织与宗族组织混合而成为权力文化网络中的一个环节。特别是"牌""十家"等传统保甲组织的划分,此时几乎都以宗族为基础(第93页)。这样,宗族首领对村庄的控制有了进一步的国家权力的支持。由此在宗族基础上,就形成了村政权。村政权组织,一方面沟通村庄与国家的关系(特别是协助缴税与征税),另一方面还承担起组织护秋、调解争端、修整水利等功能。

(二) 宗教

传统中国当然并不缺乏宗教组织与宗教领袖,虽然不像欧洲那样拥有高度组织化、等级化且能与王权相抗衡的教会。宗教组织及其中的宗教领袖,由于宗教等级制度与联系网络的存在,由于共享信仰、教义与仪式等,在杜赞奇看来,它们因而构成了权力的文化网络的重要因素(第111页)。在帝国时期,这些依托于宗教组织的宗教领袖,也在一定程度上扮演了保护型经纪的角色,为信仰者或者普通民众提供一定的保护作用。

不过,在杜赞奇看来,在宗教中发挥领导作用的是那些"有少许财产并略受教育的人"(第123页)。他们科举尚未成功,地位介乎大众和儒家精英之间,因而充当了沟通大众文化和儒家思想的媒体(第123页)。在文化网络中,这些人之所以拥有一定的权力,或者说他们能够通过对文化网络的掌控而获得一定的权力,并非有来自上界或俗世的权力源泉,而是源于帝国天人合一的官僚体系的帮助。就是说,这样的宗教信仰是由帝国承认甚至加以主导的,也被帝国纳入自上而下的权力系统中。在宗教体系中,这些宗教领袖之所以有权力(或者说有影响力),是因为他们在相当程度上符合官方的需要,而且他们也往往依附于官方权力体系来发挥自己的影响力。当然,也有一种可能是他们已在宗教体系中拥有了一定的影响力,然后才从官方那里获得权力。不管怎样,他们的权力都依赖于官方的认可。

杜赞奇举出了好几个实例,来说明宗教组织如何借助于权力的文化网络而成为保护型经纪。有些宗教组织拥有地产,或者拥有"钱会",而成为有一定经济功能的组织,最后成为代表村民与官府打交道(包括处理缴税事务)的保护型经纪。有一些村庄围绕着寺庙组织起来(形成"牌"这样的组织),然后由宗教领导人代表村民,集体地与县衙打交道,从而建立起保护型经纪。也有些保护型经纪是这样形成的:在过去,跟庙寺相关的活动大多由香头们主持(人们以为他们与神灵最为接近),于是香头们得到机会去处理与村庄相关的其他村务;1900年清政府实行新政后,香头中就有数人被选出组成更为正式的青苗会(香头改称"会首"),来推行新政并负责与此俱来的捐税征收;这样的"香头",进而成为保护型经纪。

(三) 乡村领袖

宗族的领袖和宗教的领袖,事实上都是乡村领袖。但除了这两类领袖外,还有一些人在乡村扮演着领袖的角色。这些乡村领袖,依靠自己的地位和面子(个人的财富及影响力)而形成保护体系,并充当保护型经纪。如帝国时代乡村中的读书人(特别是有科举功名的人)或者富人,在乡村社会往往就有这样的地位和面子。

杜赞奇强调,"以乡村领袖为中心的保护体系往往间接地加强权力的文化网络中的正统特征——即加强其与上层官府的联系。通过保护体系,乡村领袖(或保护人)为村中被保护人提供各种服务"(第148页)。

第四节 财政问题之二:财税压力是如何推动国家现代化并影响微观机制的?

杜赞奇在书中,虽然没有明确地指出,但他的讨论却涉及了一个财政社会学的问题,那就是财税压力与国家现代化之间的关系。我们可以就杜赞奇的相关讨论,从微观机制方面来整理晚清民国时期财税压力与国家现代化之间的关系。

一、财税压力推动国家建构

走向现代国家是每一个国家的宿命,但国家转型的契机与路径却各有不同。从财政的视角,可以对国家转型的动力进行富有洞察力的考察,这就是"财政社会学"给我们提供的思路。在以熊彼特为代表的财政社会学者看来,西欧近代史上发生的国家转型,其原因不是马克思意义上的资本主义的兴起,也不是韦伯意义上的理性官僚制的出现,而是因为在中世纪晚期,西欧财政从依赖于国王自有土地收入转为向民众的收入与财产征税。根据熊彼特等人的看法,财政社会学后来提出一个"税收推动代议制民主"的命题。具体可参见下表4.1的概括,该表格我们在第一讲导论中也介绍过。

表4.1 西欧近代史上财政转型与国家建构

	家财型财政	税收型财政
收入	君主自有土地收入	向民众拥有的私人财产或收入征税
支出	主要用于君主家族及其仆人消费	主要服务于公共需要
管理	相当于君主家务管理	表现为议会用预算的手段来管理政府
政治意义	容易形成专制性政府	容易形成代议制民主政府

怎样理解中国从帝国向现代国家转型的动力?在上一讲,我们已经说到了中国国家

转型的财政动因。杜赞奇在本书中为我们展现了其中的微观机制。

二、财政压力推动新的政府层级的诞生：区、乡

在清末，国家转型与财政变革紧密地联系在一起。为了维持国家生存、克服内外危机，首先就必须扩大财政收入，这样才能配备必要的军事装备、建立新军；而要扩大财政收入，就必须改造财政制度乃至帝国制度。因此，扩大财政收入的压力带来了国家转型的要求。在现实中，财政改革既是清末国家建构（即"新政"）的一部分，同时它又为新政的其他方面提供资源条件。因此，如何进一步地扩大财政收入，是清末直至民国国家建构的重要内容。而扩大财政收入的种种努力，又影响了联系国家与社会的诸多微观机制；进一步地，微观机制的种种变化，又影响了国家制度建构本身的效果。

杜赞奇在书中强调，"在20世纪前期的中国政治舞台上，不论是在中央还是在地方，政权都在急剧地更替，但在华北，国家政权扩张的一个重要方面——深入基层和吸收下层的财源——在这整个时期却基本上没有中断"（第3页）。中央和地方的政权机构，都力图将国家权力深入到社会基层，不论其目的如何，它们都相信这些新延伸的政权机构是控制乡村社会的最有效的手段。而这些新行政机构，又对乡村领袖的构成和乡村社会的变化，产生了极为深远的影响。

为了应对国家建构之需要，财政上必须努力地扩大征收能力，以便从乡村社会汲取更多的资源。要达到这一目的，就要在组织机构和工作人员两个方面作出努力。所谓在组织机构方面的努力，就是正式机构不断地向下发展，建立起新的更基层的政权组织，以此减少非正式机制带来的损耗（解决漏税和贪污中饱问题），并更有效地推行国家政策。由此，县以下政权组织开始得以发展，特别是区和乡一级政权得以建设。而所谓在工作人员方面的努力，主要是设法将吏役官僚化，给予其正式的职位与薪金，从而限制其胡作非为的行为。民国建立后，县级吏役开始正规化，逐渐地成为国家的正式雇员（有固定薪金）。伴随着县级以下政府的设立，县政权以下也出现了正式的政府雇员。

此处暂不讨论政府工作人员的正规化，而只探讨组织机构的建设。杜赞奇举例说，早在清末，县以下就已突破帝国长期以来的传统，设置了正式的政府层级"区"。"政府最低一级组织'区'是在1908年至1914年间建立起来的，在较大的乡、保所在村镇设立区公所。区设区长，下辖数名属员和一队警察，区有权摊款并在警察协助下征收，这是国家政权在民国初年扩张中的最大'成就'"（第55页）。从财政的角度看，"'区'制是榨取钱财的最有效工具，所以它受到占领华北地区的各路军阀的支持和承认"（第55页）。到了国民政府时期，它不仅将区政府视为国家权力的延伸和加强，是县政权的分支，而且还肯定了区政府在整个民族复兴中的地位。

同样地，在传统的自然村基础上或者通过破坏传统自然村，又建立起了乡镇制，这也是国家政权企图正规化下层机构的措施之一。乡镇作为最基层的政权组织，其目的在于有效地催征钱粮、克服村民偷税漏税等积弊。克服这些积弊，是传统领袖或地方恶棍无法完成的任务。更为重要的是，大乡制有助于政府有效地清丈土地，这是帝国财政一直在进行但从未完全成功过的管理行为。原来设想一乡为100—1 000户人家，但直到日本侵占

华北之前,每乡很少超过 250 户。日军后来在华北严格地推行大乡制(1 000 户为一大乡),此时传统的自然村结构才真正受到破坏。当然,这也给乡村领导体系带来了严重的后果(第 56 页)。

□ 三、摊款、青苗会与村界的形成

由于财政需求越来越大,为了克服帝国财政的弊端(中饱私囊和偷税漏税),民国时期的政府,不得不像帝国那样在现实中放弃直接征税的理想,而改向乡村大量征收临时性摊款。摊款是这一时期财政扩大收入的主要方式,"摊款从根本上不同于田赋和过去的其他捐税,它不是按丁口或私人财产分配,而是按村庄为单位分摊"(第 57 页)。征收摊款最大的好处是,摊派时不必考虑村庄的实际土地占有量,故也不必顾虑偷税漏税问题,这在一定程度上回避了长期困扰帝国财政的问题。摊款也因此成为比其他税收更为重要的财政资金来源,当然对农民来说,这是一项"最为繁重的负担,而且不可能得到监督和限制"(第 70 页)。

摊款是理解"行政"村(区别于过去的自然村)村界形成、村级政权建设以及后来农村混乱的关键,杜赞奇评价说,"征收摊款从根本上不同于田赋和田赋附加,它是由国家向作为整体的村庄、而不是向作为土地所有者的个人摊派,村庄自己制定其向各户的摊派办法"(第 57 页)。从国家制度建设看,摊款的征收在一定程度上促进了村级组织的发展:由村庄制定自己的摊款方式,村庄就具有征款和制定税率的权力;这种权力由特定的人在特定的空间范围内不断地行使,就形成了比较固定的村界和村庄领导组织。不过,说是村级政权,只是比喻意义上的,因为这种村级组织并不是国家正式政权组织体系的一部分。

摊款造成的直接后果是,它重组了乡村社会的"地界"。一方面,在现代化过程中,县乡正式组织机构对村庄发展提出了要求,要求它成为一个行政单位,以便完成上级组织交付的各种任务,"随着清末新政的推行,村庄越来越成为上述各种组织和活动的中心。同时,随着村公会的成立,一个农民属于哪个村庄越来越重要,更重要的是村庄成为一个征税和被征税的单位"(第 185 页)。另一方面,摊款的现实需要,使得原来相对开放的农民社会被转化为一个封闭且有很强集体认同的合作社区,"国家权力的渗透不仅迫使村庄建立起自己的财政体系,使它成为村政的中心,而且创造出不同的摊款方式,使属于哪个村庄对农民来讲具有切身的利害关系"(第 186 页)。

最能反映摊款对乡村社会影响的例子,是青苗会的成立以及在青苗会帮助下确认了村庄地界。"看青",本来是与市场体系毫不相干的一种村内活动,即在庄稼成熟时派人看守,以防止偷窃或毁坏。与人(地主或佃农)可能具有的灵活性相比,看青的地域("青圈")是比较固定的。为了确保看青的费用("青苗钱")能按时收齐,看青者("青苗会")比较有效地掌握了土地的分布情况并形成相关账册,依此制定出一套完整的在青圈内的费用分摊制度。看青者相互之间(即不同青圈之间)为了合作,也制定了彼此遵循的协商与转费制度。这样的青苗会组织结构,天生就适合作为 20 世纪初国家征收摊款的理想工具(第 187 页)。于是,在许多村庄,青苗会不仅能决定每亩看青费是多少,而且被上级政府正式

赋予了决定摊款分配的权力。就是说,上级政府把摊款数额派发给他们,要求他们按照自己原来收取青苗费时的账册去分派、征收摊款。青苗会的重要性,已越来越不在于其护秋功能,而在于它在村财政中的作用;青圈之内的所有税收,归村所有;编制全村的基本预算,也因此成为必要。

在摊款这一财政工具的作用下,看青的范围进一步地从活圈变为死圈,青圈逐渐成为村界,村开始有了自己固定的地域范围。就是说,"村"在历史上第一次成为一个拥有一定"领土"的实体,即"村有定界"(第191页)。村有定界对于国家现代化建设有很大的作用,它"使执政者能确切查清所有耕地的归属。清账土地不仅可以矫正历史上遗留的偷税漏税现象,而且是清理税收制度的必要条件"(第193页)。

第五节　财政问题三:从财政微观机制看,晚清和民国的国家建构为什么会失败?

晚清以来,中国踏上了国家转型之路。不过,在杜赞奇看来,中国的国家建构主要来自外界的强求,而不像欧洲那样来源于自身内部的发展(第3页)。作为亚洲最早的民主国家,中华民国在国家建构方面不怎么成功,至少在杜赞奇看来可以说是失败。这种失败,从宏观方面的表现看,主要是对外不能防范侵略,对内不能防止分裂。杜赞奇给我们提供的,是用华北几个村庄的微观表现来描述这场失败。在本节我们关注的,仍是财政微观机制的表现。

一、国家政权内卷化在财政上的微观体现

在杜赞奇看来,晚清民国时期中国国家建构的失败,最为突出地体现在国家政权的内卷化上。他运用征税方面的具体事例,来展现这种国家政权内卷化的过程与表现。

如前所述,晚清民国时期国家政权确实处于不断现代化的过程中,国家权力向乡村社会不断地延伸,各项政府机能逐渐地合理化。不过,从县级以下的具体财政征收过程来看,这种合理化是非常有限的。杜赞奇说,中国国家权力的扩张有其自身的特点,即国家财政收入的增加与地方上无政府状态是同时发生的,国家对乡村社会的控制能力低于它对乡村社会的榨取能力,因而国家政权的现代化只是部分地得到了实现。杜赞奇称这种现象为"国家政权的内卷化",其中最为重要的方面是,非正式机构成为一支不可控制的力量。他说,"在政权内卷化过程中,政权的正式机构与非正式机构同步增长。尽管正式的国家政权可以依靠非正式机构来推行自己的政策,但它无法控制这些机构"(第66页)。"国家政权内卷化在财政方面的最充分体现是,国家财政每增加一分,都伴随着非正式机构收入的增加,而国家对这些机构缺乏控制力"(第67页)。内卷化的国家政权,没有能力建立有效的官僚机构并进而取缔非正式机构的贪污中饱,而后者正是国家政权增加对乡村社会榨取的必然结果。

为什么会出现国家政权的内卷化?在杜赞奇看来,是因为国家政权的建设、机构的发

展,不是靠提高旧有或新增机构的效益,而是靠复制或扩大旧有的国家与社会关系(即赢利型经纪体制)来扩大其行政职能(第67页)。如前所述,帝国时期县级政权以下的运行,靠的是赢利型经纪(如"地方")与保护型经纪(如"半牌")的对接,使国家对乡村社会既能实现统治的目的(如实现财政征收),又不至于盘剥过深。自20世纪初开始,中国国家政权建设需要从乡村社会汲取越来越多的钱财。虽然国家正式机构开始向下延伸(如区、乡政权组织的建设),但仍然无法实现直接征税,于是不得不加深对赢利型经纪的依赖,依靠代理人扩大对乡村征税的能力。这不仅使赢利型经纪层的规模扩大,而且使这种经纪制度深入到社会的最底层——村庄。在上级政府征税压力及自身贪欲的驱使下,赢利型经纪加速堕落为掠夺型经纪,乡村社会再也受不到保护,而被当作纯粹榨取的对象。因此,乡村事实上已控制于掠夺型经纪之手,国家失去了对基层权力的控制能力,以至于乡村社会日益陷于贫困与混乱之中。"当赢利型经纪的再生阻碍了国家机构的合理化,这表明国家政权的内卷化达到了极点,它预示着国家权力的延伸只能意味着社会的进一步被压榨和破产"(第68页)。

二、内卷化的原因:文化网络的破坏

赢利型经纪在乡村的扩张,代价是原有的基于文化网络形成的保护型经纪退出。那些传统的保护型经纪逐渐从乡村隐退后,基层权力就彻底落入赢利型经纪之手。在杜赞奇看来,之所以如此,主要是因为国家政权逐渐放弃并破坏了文化网络中的组成部分,却没有建立起新的渠道。他认为,这是国家政权内卷化的原因。

(一)乡村领袖从保护型经纪向赢利型经纪的变化:文化网络被放弃

在晚清乃至更长的帝国时期,为了保护社区利益,乡村领袖与国家政权及其代理人(即像衙役、书手之类的赢利型经纪)进行了长期而艰苦的讨价还价。这些乡村领袖之所以有能力与国家政权及代理人进行谈判,是因为他们在传统文化网络之中获得了权力(影响力);当然这种权力或地位,也与帝国政权的支持是分不开的。从晚清到民国时期,伴随着国家政权建设而兴起的摊款要求,曾在短时间内,迫使村庄进一步地形成保护型经纪体制。就是说,以村庄为单位的摊款要求,一开始促进了帝国时期早已存在的文化网络的发展,促进或加强了村庄的保护型经纪。如前所述,保护型经纪的影响力来自传统帝国权力的文化网络;之所以能够形成保护型经纪,是传统精英可通过文化网络获得帝国正式政权组织的承认,并因给村民带来一定的保护作用而被村民承认其与官方打交道的资格。

但在不断加强的财政压力下,传统的乡村领袖慢慢地退出了乡村的领导职位。这是因为,乡村领袖受到的摊款压力越来越大,而得自公职的精神和物质报酬却越来越少,公职带来的麻烦反而越来越多(第205页)。杜赞奇举了下面这个很有说服力的微观机制方面的例子。在原来的文化网络中,乡村领袖经常要替村民垫款,这是因为临时摊款并无定时,但在非收获季节村民手中往往无钱。一开始这样做问题还不大,乡村领袖有能力垫款;但在国家摊款压力越来越大的情况下,这些乡村领袖既因为不断地替国家征收摊款,而与村民的关系处于紧张中,也因为不断地垫款而使自己由富变穷,甚至被拖入到财务困境之中。于是,这样的乡村领袖不得不逐渐地退出历史舞台,或者干脆逃离农村(第207页)。因此,在现实中,随着国家政权的深入而产生的正式和非正式的压力是如此繁重,以至于大部分乡村精英都竭力逃避担任乡村公职。如此,只剩下那些想要为自己捞取油水的个人,才会去追逐乡村的公职,成为乡村领袖。就这样,村政权落入到只求利益的"经纪"(赢利型经纪)之手。更为严重的是,村中无赖往往视摊派和征收款项是榨取钱财的大好时机(第161页);他们倒愿意担任村公职,然后在征收和解缴各种摊款及其他捐税过程中上下伸手,中饱私囊。也就是说,此时赢利型经纪不断地堕落成掠夺型经纪。

概而言之,随着传统精英退出历史舞台,村公职不再是炫耀领导才华和赢得公众尊敬的事物,也因此不再为精英所追求。相反,它被视为同衙役胥吏、包税人一样的赢利型经纪。这种赢利型经纪体制与乡村社会文化网络脱节,此时充任公职纯粹是为了追求实利。纯粹为赢利目的而担任村长的人,不得不从文化网络之外寻找其权力基础。有个别的村长,干脆靠自己的暴力来统治村庄;而大部分村领导,则依靠自己与县、区的国家经纪的联系来获得权威,甚至不惜以牺牲村庄利益为代价。

(二)宗族和宗教方面的微观变化

为了说明上述伴随国家政权现代化而来的经纪转化过程,即一开始保护型经纪得到一定程度的增强,但随后被迫逐渐转向赢利型经纪甚至掠夺型经纪,杜赞奇运用了华北6个村庄的资料,进行了比较详细的和微观的说明。这些资料还反映出一个情况,那就是,为了应对"掠夺型经纪",部分地区在民国时期尝试着重建旧式的保护型经纪体制(第58页),但更多的地区陷入混乱之中。

1. 从宗族所受的影响看

国家正式政权的深入,对宗族这一旧有的保护型经纪的权力结构,产生了什么样的影响呢?杜赞奇详细地描述道,在1900—1912年间,村级的组织制度定型,其"官员"往往由宗族组织中已建立起权威的乡村精英充任。虽然此时宗族的功能,已渐渐地失去了往日的显赫作用,但宗族精英们仍发挥着"保护人"的某些社会职能(第149页)。到了二三十年代,由于国家和军阀对乡村的勒索加剧,那种保护人类型的村庄领袖纷纷引退,于是村政权落入另一种类型的人物即赢利型经纪之手。

杜赞奇在案例中,将宗族组织的变化分为三阶段(第99—102页)。第一阶段(自1900年至1929年),随着国家政权深入,捐税增加,村务扩大,宗族的地位和作用提高,但宗族内部的争斗开始变得激烈。第二阶段(1929年国民政府实行闾邻制,至1940年),国家政权进一步深入乡村,宗族组织受到排挤并开始边缘化;由于横征暴敛和强行专制,国民政府建立的以户为统治基础的努力收效甚微。第三阶段(1941年日本侵略军在占领区推行大乡制后),以1 000户为一大乡的编乡制将权力集中起来,国家政权更加深入乡村,特别是在大乡制推行较彻底的地方,宗族势力被完全排挤出政权组织之外。杜赞奇描述的这一过程,可以向我们充分地显示出,宗族作为保护型经纪是怎样逐渐丧失原有地位的。

杜赞奇还举了坟会作为例子,来说明这一过程。按照村民们的讲法,1921年之后,以宗族团结、共祭祖先为目的的坟会这种仪式渐渐消歇。这是因为,摊款和军队勒索过重使该村的经济状况今不如昔(第89页)。

2. 从宗教所受的影响看

在国家现代化过程中,宗教组织也是一开始被借用,后来被放弃。比如晚清政府实行新政后,曾从香头中选出数人组成前述更为正式的青苗会,来推行新政并负责与此相关的捐税征收。但随着新政的进行,乡村精英们迅速地退出了宗教活动而集中精力于新的事务(如与新政相关的事务),宗教所承担的保护型经纪功能迅速衰落。

对此,杜赞奇评论说,这说明乡村精英们过去从事宗教活动的兴趣,就在于宗教外衣下的政治活动(第134页)。也就是说,宗教原先只是精英们获取权力的一个渠道,当新的渠道出现后精英们就迅速退出,连带着宗教组织及其功能都在衰落。

三、内卷化在基层政权的其他表现

国家政权的内卷化,在基层还表现在其他方面。在杜赞奇的行文中,我们至少还可以发现以下几个方面的内容。

第一个方面表现在为加强财政征收而建立起来的区级政府身上。区政府是国家正式政权(县政权)为扩大征税而向下延伸的结果,但在现实中,它只能实现半官僚化(第56页)。这是因为,区长的薪金不足以供给消费,于是他不得不从其他途径获取数倍于薪金的收入。区政府的其他职员,更是如此。换言之,区级政府是县以下政权正规化的后果,却像帝国时期那样不能依靠正式收入来维持自身,而要靠非正式收入来维持。

第二个方面的表现就是村政权的衰败。如前所述,由于摊款压力持续增大,村政权出现;但随着国家政权建设的发展,村政权又开始走向衰败。这种衰败,既有前述乡村领袖从保护型经纪向掠夺型经纪转变而带来的农村日益贫困的原因,还有其他方面的原因。比如有一个原因是,华北活跃的土地市场,使不少村庄很难在村有定界基础上进一步地加强权力,这是因为它们无法控制身居村外的地主。所以,虽然村庄已成为一个明确的组织单位,但它渐渐失去了运用其权威的部分能力(第200页)。还有原因是,国家乡级政权发展后,被败坏的村政权进一步失去了重要性。如1940—1941年实行大乡制后,村级组织的政治地位又降到无足轻重的地位。新建的乡制,乡长的权威并非来自自身的声望、地位或技能,而来自县政府的授予。在国家政权继续内卷和高赋税的压力下,乡长日益与乡村社会分离,并逐渐成为最为残酷的国家经纪人,它比以往的经纪人更有权威、更具压迫性(第219页)。

第三个方面表现在城市基层。杜赞奇以城市的商税征收为例,来说明政权内卷化同样也发生在城市基层,并认为这是国家政权内卷化的一个典型事例。杜赞奇说,大多数商税是从清末开始征收的,其急剧增长的原因与摊款一样,是出于自强建国而对财政收入的需要扩大。商税的征收,原来主要通过向牙人(交易中介人)收牙税来实施,后来晚清政府将商税征收转包给私人团体。可是,监督控制这些团体的机制并未相应地发展起来。跟乡村摊款征收领域发生的情况一样,商税承包人的贪污中饱与税收收入同步地增长。到了民国时期,县政府拍卖商税的收税权,由投标最高者充任包税人,情况依然没有改善。到20世纪30年代初期,国民政府曾力图让商税体系官僚化,即用受过训练的领薪税务职员代替过去的包税人。但直到日伪政权巩固之后(即1941—1942年间),商税征收改官办才基本完成。税收体系的官僚化可能保证了国家收入,但它并没有减轻、反而加重了纳税人的负担。这是因为,县级主要税务官员以及区税务监督,是由省政府直接任命并领取薪金的,从而实现了官僚化,但在具体负责收税的人员身上却出现问题。在区一级具体负责收税的人员,虽然也是领薪的公务人员,但其薪金甚微,而且这些人大多是过去的包税人,在有些地区甚至是过去的牙人。对这些基层人员,国家很难真正地控制——"那些税收人员仍然逍遥在国家控制之外"(第224页)。

本讲思考题

1. 在你看来,运用"权力的文化网络"这一术语来研究帝国及转型时期的中国社会,有何优点? 有没有缺点? 在当前是否存在"权力的文化网络"?

2. 用杜赞奇的眼光看,中国革命所反对的"土豪劣绅(即掠夺型经纪)"是不是一个历史的阶段性现象?

3. 你认为"经纪模型"能否用来研究当今中国国家与农村之间的关系?

4. 你怎么看待"国家政权内卷化"现象? 1978年后中国国家现代化过程中,是否存在内卷化问题?

5. 你认为财政与中国国家政权建设之间的关系,与西欧有什么相同的地方,有什么不同的地方?

6. "乡"政权是如何诞生的? 它有没有可能在未来消失?

第五讲

《欲望与利益》：为国家转型奠基的利益原则合法化运动

前三讲解读了三本经典著作，目的在于帮助大家从财政视角了解中华帝国成长及转型的过程。在导论中我们交代过，本课程围绕着中国国家转型来选择相应的阅读文本，并加以解读。本讲以及接下来的几讲，将继续为大家呈现用以理解中国国家转型的文本。

现代国家是什么？对这个问题的回答当然人言人殊，但有一点是肯定的，那就是现代国家一定是建立在现代社会的基础上。不过，这样的回答又把问题绕回到现代社会是什么上。所谓的现代社会，跟古代或者传统社会到底区别在哪里？对该问题尝试性的回答是，至少有两大基本法则支配着现代社会，这样的基本法则是传统社会所没有的：一个是资本法则，即追求利益的增值或者经济的增长；另一个是个人法则，即以个人为本位构建社会秩序与政治制度。这两大法则支配着现代社会的运转，同时也决定了权力公共化的现代国家有两大基本职能，即要为社会提供两大服务：为资本增值提供基本的条件；为保护个人权利而构建现代政治法律制度。

从晚清开始，中国缓慢地进入现代世界。进入现代的一个重要的表现，就是接受资本法则。在传统社会，资本法则并不占据上风，或者说追求利益增值并不是当时社会的支配性原则。要进入现代世界，就要接受资本法则，这就牵涉到下面要说的社会心理层面上利益原则合法化的完成。所谓利益原则合法化，是说利益原则在社会心理层面上得到了接受，而这里涉及的主要是"义"和"利"二者在社会心理层面上何者地位更高的问题，在中国传统思想上这被表述为"义利之辩"。值得注意的是，这样的争论在世界各传统文明中都存在，而在进入近代世界的过程中，这一争论一般都以利益原则的胜利而告终。利益原则即前文说的资本法则，本讲在使用时对二者不加区分，只是在与道德相对应使用时，用"利益原则"这一术语相对更为方便。事实上，只有肯定"利"的合法性，或者说奠定资本法则在近代的全面胜利,一个文明共同体才能真正地走进现代。

那么,这里需要追问的一个问题是,资本法则是如何在现代世界来临之际占据支配地位的呢?或者改用本讲所选择的《欲望与利益》这一文本的副标题("资本主义胜利前的政治争论")来说,资本主义意识形态是如何在近代的政治争论中占据上风的?需要交代的是,赫希曼所理解的资本主义,指的是市场经济以及在此基础上建立的政治和社会秩序。此处说到的资本主义意识形态,指的主要就是资本法则或者说利益原则,在书中不同的场合也分别称为盈利性原则、市场原则等。

本讲使用《欲望与利益》这一文本,再配合使用《新教伦理与资本主义精神》一书,给大家介绍一下西方世界是如何接受资本法则的,或者说利益原则是如何在近代西方的社会思想中实现合法化的。然后,在此西方背景的映衬下,我们来看看中国思想界在近代是如何实现利益原则合法化的,或者说是如何在社会心理上拐过了这个弯,接受了利益原则。最后,我们看看,今天该如何反思这场思想转向运动。

第一节　作者与作品简介

我们还是先来看一看作者与作品的概况。

一、作者概况

本书作者艾伯特·赫希曼(Albert Otto Hirschman,1915—2012),德裔美国学者。他的学术生涯,早期致力于发展经济学的研究(代表作《经济发展战略》的中译本已由经济科学出版社出版),中后期开始对思想史和政治意识形态进行深入的研究(代表作《退出、呼声与不忠》《反动的修辞》等已由江苏人民出版社出版)。

赫希曼是一个大学者,但并非单纯生活在书斋里,他的一生都充满传奇。赫希曼于1915年出生于德国柏林的犹太人家庭,16岁就成为社会主义的支持者,加入到反对纳粹的行列中。他曾参加西班牙内战,支持西班牙共和政府反对法西斯的运动;后来又加入法国陆军,抵抗德国纳粹的入侵;巴黎沦陷后,他协助瓦里安·弗莱营救犹太难民前往美国(其中包括著名哲学家汉娜·阿伦特);再后来他自己也逃到美国,并加入美国陆军(1943年起服役三年),参与了进攻意大利的行动,还参加了纽伦堡大审判。参加政治运动、加入军队服役,只是他的副业;在从事副业的同时,作为学者,他还积极地经营自己的学习和研究主业。1932年,赫希曼进入柏林洪堡大学学习,1933年就学于法国巴黎大学,1935年至英国伦敦政治经济学院进修,1936年到意大利的里亚斯特大学求学,并于1938年从的里亚斯特大学取得经济学博士学位。随后,赫希曼到法国经济社会研究所与国际知识合作学院担任研究员。1941年1月,赫希曼抵达美国,在洛克菲勒基金会资助下至加州大学柏克莱分校进行研究,担任国际经济学研究员。1946年,赫希曼退伍后,进入美国联邦储备委员会担任经济学专家,参与到拯救欧洲经济的马歇尔计划中去。1952年,他至哥伦比亚的首都波哥大,担任该国政府的经济顾问。1954年,在波哥大他开设了自己的私人顾问公司。1956年,赫希曼回到美国,先后任教于耶鲁大学、哥伦比亚大学、哈佛大学,并于1974年成为哈佛大学政治经济学讲座教授,同时成为普林斯顿高等研究院教授。1985年,赫希曼退休。看到赫希曼的简历,我们不禁要感慨,原来学者的一生也可以这么精彩!

关于自己的学术方法,赫希曼晚年总结道,社会科学切忌以一般原理代替实地考察,切忌如自然科学那样自负地信任数学定理。虽然他的学术生涯是从经济学开始的,但他并未像一般经济学家那样高度关注数据。他强调说,自己对统计显著性不感兴趣,因为在他看来真正重要的是"例外"(他举例说希特勒就是一个例外)。诺贝尔奖经济学获得者阿马特亚·森在为《欲望与利益》这本书所作的序中称赞赫希曼,说他是当代伟大的知识分子之一,他的著作改变了人们对经济发展、社会形势、人类行为以及对确定性、忠诚性和承诺的性质与意义的理解。赫希曼的著作在文字上也有自己的特色,按照奥地利学派经济学者博伊特克(Peter Boettke)的说法,赫希曼的文字简洁而深刻,具有一种罕见的天赋。

二、作品简介

《欲望与利益——资本主义走向胜利前的政治争论》,这本书于1977年由普林斯顿大学出版社出版;中译本由李新华、朱进东两人翻译,上海文艺出版社2003年出版。本书的英文书名为 The Passions and the Interests。森在为本书所作的序中说,这本书是赫希曼的杰出贡献之一。赫希曼自己在该书20周年纪念版自序中说,这本书在他的作品中占有特殊地位,"并非是为了反驳别人,或批评某个具体的知识传统,既不是为了拥护任何现存的思想内容,也非为了反对任何现存的思想内容"。赫希曼的传记作家杰里米·爱德曼(Jeremy Adelman)说,这本书反映了赫希曼的政治温和主义,就是说,既反对经济学将人性简化为"效用最大化的机器",又不满足于马克思主义或社群主义怀有的乡愁,即怀念那失落于贪婪的消费者之手的过去世界。2003年,因这本书,赫希曼从美国政治学会获得利平科特奖(Benjamin E. Lippincott Award)。

应该说,这本书虽然篇幅很小(译成中文只有125页),却是实实在在的一本"大"书,值得我们反复阅读。尤其是对希望理解中国国家转型的人来说,这可以说是一本必读书。它可以告诉我们,在现代世界运转中起支配性作用的利益原则,是如何战胜支配人们行为的其他准则而占据上风的。同样的题材,马克斯·韦伯在《新教伦理与资本主义精神》一书中也处理过,本讲会说到韦伯针对该问题所做的研究。

第二节 利益原则在西方世界的合法化

《欲望与利益》文本的正文,一开始就引用了马克斯·韦伯的一个问题,"商业、银行业和诸如此类的赚钱职业,在遭受几个世纪的谴责或被贬为贪心、爱财和贪得无厌之后,怎么到了现代在某种程度上变得受人尊敬起来了呢?"(第2页)这个问题的核心,就是本讲在前面提出来的一个问题,即利益原则是怎么在现代变得合法的?

利益原则怎么变得合法的?问这样的问题,背后的意思是说,在过去追逐利益并不合法,而被看作有违道德,或至少在道德评价的排序中处于较低的水平。受利益原则支配的商业和其他赚钱职业,"根据中世纪的价值观,它们与其他行为相比,特别是较之为荣誉奋斗的行为,无疑是低人一等的"(第2—3页)。但这种低人一等的职业,在现代世界却备受称赞。在一定程度上,利益原则也是支配性的社会原则。这表现在,在当今社会,评价一个人成功与否,评价一项政策效果如何,使用的几乎都是利益原则,即评价标准是视其能否创造了更大的利益增值。追逐利益,"那种至多只在伦理上得到宽容的活动,怎能变成富兰克林意义上的职业了呢?"(第2页)此处的职业,可译为"天职",即根据上帝命令而从事的、能够给上帝增添荣耀的职业,以区别于一般的工作。换言之,到了富兰克林时代(18世纪下半叶),追求利益有了道德上的合法性,甚至是上帝赞许与肯定的行为。这一切是怎么发生的?

接下来我们根据《欲望与利益》这一文本提供的思想演变线索与材料,来看一看利益原则合法化在西方的演变过程。赫希曼将这一利益原则合法化的过程及其结果,称为"资本主义的最终胜利",而他写作这本书的目的就是描述资本主义胜利前(或者说利益原则合法化之前)政治思想的争论。

一、问题的起点:中世纪西方的义利之辩

在《欲望与利益》一书的自序中,赫希曼引用了给他很深印象的一句话,这句话来自孟德斯鸠的《论法的精神》:"幸运的是,人们处于这样的情境之中:虽然人们的欲望可能会促使其做坏人,但是其利益却阻止他们这样做。"这句话是赫希曼写作该书的契机,也是理解利益原则在西欧得以合法化的关键,那就是追求利益本身不一定有什么好,但对利益的追逐却可以带来良好的后果,如压制其他不好的欲望(会让人做坏事的欲望)。换言之,用赚钱的欲望压制其他愿望,可带来积极的后果。这里的关键问题是,在知识界是怎么想起来用这种赚钱欲望来压制其他愿望的,又是如何对这种压制行为进行证明的呢?这就要追溯到中世纪早期以奥古斯丁(354—430)为代表的学者所持有的基督教思想。

在中世纪早期的西方,存在着不同日耳曼部落建立起来的不同国家。在这些国家中,日耳曼武士掌握着武力并进而形成统治国家的贵族阶层,基督教会掌握着宗教与文明并进而形成统治心灵的精神力量。在封建制度基础上形成了武士贵族间上级领主与下级领主的保护与效忠关系,并由此建构起基本的政治与社会秩序。对武士阶层而言,最为重要的道德考验或者说"义利之辩",是骑士在个人荣誉与个人财富之间的取舍。在当时,世俗生活主流的看法是武士的荣誉高于经济的利益,或者说武士的荣誉是"义",是值得赞赏的道德,而经济利益与荣誉相比则是值得轻视的东西。

不过,教会却不同意武士的看法。他们宣称,个人得救(或者说永远生活在上帝的身边)是"义",它高于其他的一切,当然也高于武士阶层称赞不已的荣誉。尘世只是人类暂时寄寓其中的驿站,尘世间的所有一切比起个人得救来都微不足道,人世间的诱惑都是罪

恶。因此,教会认为,不管是对荣誉的追求还是对财富的追求,都是罪恶,都不及个人得救来得重要。不过,在基督教哲学家奥古斯丁看来,在追求荣誉和追求财富这两种罪恶中,前者的罪恶程度要轻一些。于是他设想了用一种罪恶抵制另一种罪恶的可能,即用对荣誉的追求来"压抑对财富和许多其他罪恶之事的渴求"(第3页),以帮助个人提高道德水平。这一想法被成功地阐述为,"与私人对财富的纯粹追求不同,对荣誉的热爱能够重振社会价值。"(第3页)。到后来,这一设想成为解决"义利之辩"问题的关键因素,决定了利益原则可以在思想上逐步地合法化。

从罗马帝国崩溃到11世纪这500多年里,西方处于混乱与黑暗之中。对一般人来说,这一时期的尘世生活确实没有什么太多值得留恋的地方,因此基督教宣扬的义利关系成为普遍接受的价值标准。但是从12世纪起,情况发生了变化。随着西欧政治社会秩序大体稳定,经济秩序不断地恢复,甚至在部分地区达到了繁荣的状态,尘世生活开始变得有意思也有价值了。此时,天国的意义在现实生活中的地位越来越低,教会推崇的价值也已不再处于至高无上的地位,相反从世俗生活中获取价值的想法与行为,逐渐地为人们所接受。占据世俗生活道德高地的,是中世纪的骑士风气,即弘扬为了荣誉而奋斗的精神;与此同时,对利益的追求也慢慢地为人肯定或至少得到了容忍。因此至文艺复兴初期,相对于过去来说,对荣誉的追求和对利益的追求的地位都得到了提升。

不过,赫希曼强调说,随着文艺复兴运动的进行,在一些国家开始了"英雄的毁灭"这样的进程,原来宣扬的荣誉精神开始被贬低。最为典型的是在《唐吉诃德》这样的世俗小说中,追求荣誉的英雄主义激情开始被贬低为愚蠢之物(第5页)。就是说,此一时期对荣誉的追求,慢慢丧失了过去那种主导性的社会地位。"不到一个世纪,攫取欲和与之相关的活动,例如,商业、银行业,最后是工业,由于种种原因得到了普遍认可"(第5页)。赫希曼说,"道德和意识形态背景的这一令人震惊的转换,迅雷不及掩耳",但这一转换到底是怎么发生的,"其历史和心理原因尚未完全弄清"(第5页)。

二、从真实的人出发寻找制约欲望的方法

当然,发生这样转换的原因,赫希曼没有多说,韦伯曾经从新教革命的角度寻找其中存在的宗教原因,我们一会儿再来说。值得重视的是,此时思想界提出了"真实自我"的人的概念,以此作为论证利益原则合法性的开端。就是说,思想界认为过去对人在道德方面的看法,不管是教会的还是武士的,都是从虚假的人出发的。赫希曼反复引用了当时学者对"作为真实自我的人"的看法。比如,斯宾诺莎批评某些哲学家:"他们不是按人的真实存在来想象人,而是随心所欲地想象人"(第8页)。而维科的说法是,"哲学按照人应该有的样子看人……立法按照人本来的样子来看人,以便使人在人类社会中施展长处"(第8页)。在这一时期,也许彼得拉克(1304—1374)发出了关于真实的人(世俗的人而非天国的人)的最强音,他说,"我是人,我只追求凡人的幸福"。显然,彼得拉克认为凡人才是真实的人。

从真实的人出发,首当其冲的便是对人类欲望的看法。此时哲学家们的意见是:首先要承认人有欲望,它是不可能被消灭的;其次要承认(正如当时的人们已普遍不再相信

的那样),无法用教化式的宗教(或哲学)的方法来约束个人欲望带来的破坏。于是,时代的命题就出现了,即要寻找约束个人欲望的新方法,要去"发现比道德说教和罚入地狱更有效的方式来规范人类的行为"(第10页)。承认欲望又要约束欲望,如何同时实现这两个要求?17世纪前后的思想家们,从奥古斯丁的命题(即用追求荣誉来压制对其他罪恶之事的渴求)获得启发,提出的方法是,用一种相对无害的欲望来制衡另一些更具有危险性和破坏性的欲望。

赫希曼认为,第一位将只有欲望才能战胜欲望的思想置于首要地位的,是伟大的哲学家斯宾诺莎(第19页),他引用斯宾诺莎的话说,"除非借助一种相反的、更为强烈的欲望,否则欲望不能被克制或消灭"(第18页)。在斯宾诺莎之后,又有很多学者提出,人们可以期望通过巧妙地利用一种欲望来抵制另一种欲望。这种思想到了18世纪,甚至成为相当普遍的智力消遣,赫希曼引用了多位学者的观点来说明这一点。如休谟说,"绝大多数情况下,人类只能用一种罪恶来消除另一种罪恶"(第21页)。霍尔巴赫的看法是相似的,他说,"欲望是欲望的真正平衡物……应当以有益于社会的欲望来制衡有害于社会的欲望。理性……仅仅是选择这样的欲望的行为,即人们为了幸福而必须追寻的欲望"(第22页)。

一旦用欲望抑制欲望的策略被制定出来,就需要决定何种欲望可以扮演驯服其他欲望的角色。赫希曼认为,在这一时期思想家的心目中,可肩负制衡其他欲望任务的欲望,就是对利益的追求。就是说,用个人对利益的欲望来压制其他的欲望,可以在一定程度上控制个人做出不道德的行为。爱尔维修就是这样认为的,他说:"(道德学家们)这种欲望有害的说教并不能成功抑制人类的情感……如果道德学家以有关利益的说教代替欲望有害的说教,他们可能会成功地使人们接受其箴言"(第23页)。前文引述过的孟德斯鸠的说法,同样如此:"幸运的是,人们处于这样的情境之中:虽然人们的欲望可能会促使其做坏人,但是其利益却阻止他们这样做"(第68页)。休谟的说法也很明确,他说,"用爱财的罪恶来抑制贪乐的罪恶"(第21页)。赫希曼评论道,一旦赚钱行为被贴上利益的标签,并重新披上其他欲望制衡者的伪装,它就旋即受到称赞,甚至被赋予抑制那些长期以来被看成是无须受到多大指责的欲望的任务(第35页)。

三、追求利益在道德评价体系中的变迁过程:从小害到无害再到有益

赫希曼说,利益原来是个多义词,到了18世纪,被狭义化为对物质经济利益或者说对财富的追求(第32至33页),并进而成为一个流行性词汇。"利益观念一面世,就立刻成为一种真正的时尚和范式"(第36页)。人们不断地为追求利益提供辩护,辩护的理由集中于以下两个方面。第一个方面,认为追求利益的过程充满理性。由于追逐利益是以理性为指导的,因此"利益不会撒谎",可以让人们以有效而有节制的方式来满足自身的全部欲望(第34页)。因此,追求经济利益这种有理性的欲望,可以被赋予抑制其他非理性欲望的使命。赫希曼评价说,"通过这种方法,资本主义会抑制并很可能减少人性中更具破坏性和灾难性的成分"(第62页)。第二个方面,也是更为重要的方面(因为其他欲望的实现也可能充满理性),追求利益是一种危害较小或者说温和的欲望。正如休谟强调的,"我们必须……区分温和的欲望与微弱的欲望、狂暴的欲望与强劲的欲望"(第61页)。显然,

追求财富之类的行为,可被归为危害较小的温和欲望,能够战胜各种狂暴的欲望。

为了让这种思想的转换令人彻底信服,从而中止根深蒂固的对利益原则的怀疑思维和判断模式,"人们还必须再赋予爱财这种'顽固'欲望一种特性:无害性"(第51页)。就是说,不再说追逐利益的欲望有害(尽管小且有抑制其他欲望的积极后果),而是要特别地强调,对利益的追求这种欲望,是温和的、没有危害的。赫希曼引用约翰逊博士的话说,"几乎没有比使一个人忙于赚钱更无害的方法"(第53页)。"欲望是狂野的、危险的,而追求物质利益是无害的,或者像今天人们所说的那样,是无罪的"(第53页)。为此,赫希曼引用了亚当·斯密的看法。斯密把改善生存条件这种追求利益的行为,称为"与生俱来、至死方休的欲求,尽管是温和的且不易冲动的欲求"(第62页)。简而言之,对追逐利益的欲望与行为,此时的评价已经从小害变为无害。

接下来,利益合法化进程的最后阶段来临了,那就是认为追求利益的商业活动,不仅是无害的、温和的,而且是有益、积极的。斯图尔特的说法是,"由自利支配的个人行为不仅比由欲望支配的个人行为更可取,而且甚至比符合道德的行为更可取"(第44页)。可见,利益原则合法化已经经历了危害小、无害两个阶段,进入了第三个阶段,即追逐经济利益是一种具有积极意义的行动,它能建立起良好的社会与优良的政治(现代民主政治)。这也是赫希曼写作此书的主要目的,即说明在思想史上人们是怎样来论证资本主义经济秩序造就了现代政治的。赫希曼反复引用了多位学者的言论来描述这一进程,并说到,利益可以被视作人类行为的支配性的动机,这样的信念使知识分子欣喜若狂,因为至少一个可行的社会秩序的基础被找到了。

首开这一进程先河的,赫希曼认为大概是曼德维尔。赫希曼说,"关于驯化人欲的思想,使人欲服务于普遍福利的思想,是由与维科同时代的英国人曼德维尔更为详尽地论述的"(第13页)。不过,曼德维尔对这种从具体的私人罪恶向普遍福利转换未作清晰详细的证明或阐释,从而这种"所谓有益的、看似荒谬的转换仍然具有极大的神秘性"(第13页)。亚当·斯密则通过"看不见的手"的著名比喻,说明了追逐私利的个人行为可导致普遍的福利,由此给出了史上最为有名的说法。他还说,"工商业逐渐使农村居民有秩序、有好政府,并由此使他们的个人自由和安全有了保障"(第94页)。孟德斯鸠的说法是,"哪里有商业,哪里就有善良的风俗","贸易……正在使野蛮的风俗日趋典雅和温厚"(第55至56页)。他还说,"贸易的精神自然地带有俭朴、节约、节制、勤劳、谨慎、安分、秩序和纪律的精神"(第66页)。

即使是对处理国事的政治家来说,利益原则同样是良好的指导准则,赫希曼引用罗昂的话说,"就国事而言,一个人绝不能让自己无序的欲望牵着鼻子走,因为它使他疲于承担自身无力承担的任务……而只能被以理性为指导的自身利益所牵引"(第29页)。追求利益的动机与行为,会改良政治,斯图尔特对此论证说,利益原则所主导的工商业的扩张被视为"克服君主作为人所具有的欲望、罪恶和弱点的有力武器"(第78页)。这样的"现代经济是曾被设想出来的对抗专制政府愚蠢行为的最有效的手段"(第79页)。为什么说追逐利益的现代经济,可以对抗专制?这是因为对斯图尔特来说,"现代经济过度复杂和脆弱,这使政治上的专横决定和干预变得不可思议,会让专制变得代价过于高昂和太具有破坏性"(第82页)。基于这样的利益考虑,专制就变得不大可能。正如米勒描述的,商人利益的呼声"强有力的和一致的时候,甚至能够控制和左右国会的决议"(第85页)。受利益原则主导的工商业阶级及在工商业中活动的民众,将会带来推动民主发展的强大力量。赫希曼引用尤尔的话说,"制造业自然地把大量人口聚集在一个狭小的范围内:在这个意义上,制造业为密谋集团提供了一切便利……把智慧传给芸芸众生且使他们壮大力量,为其自由运动的斗争提供财力支援"(第85页)。

当然,赫希曼注意到,在当时也有学者认为对利益的追逐未必全然有利于现代民主政治,也可能会带来专制主义。如弗格森在《市民社会史论》(中译本的书名为《文明社会史论》)中强调,"商业令人渴望安定和效率,这可能是专制主义的另一根源……这种情感为接受'强大'的政府的允诺来避免真实的或想象中的危险创造了条件"(第111页)。对此托克维尔的看法也是相似的,他认为,如果市民沉溺于追求自身的私人利益,那么,这将为一个"狡诈和野心勃勃者攫取权力"提供可乘之机,"一个只乞求它的政府维持秩序的民族,在其心灵深处已经是一个奴隶了,它是自身福利的奴隶"(第113页)。

不过,尽管有这样的反对声音,但那个时代对利益原则的看法总体而言是乐观的,认为它不但有利于现代政治,甚至认为由利益原则主导的世界,还会带来国际和平!赫希曼引用孟德斯鸠的话说,"贸易的自然结果就是和平。两个国家之间有了交易,就彼此互相依赖:如果一国由于买进而获利,那么另一国则由于卖出而获利;彼此间的所有联合都基于相互需要"(第75页)。因此,"就战争而言,贸易扮演战争的阻止者角色,扮演道德的等价物的角色!"(第75页)

为什么个人追逐利益,会导致如此积极的后果呢?除了前面提及的原因(如理性、危害小或无害甚至有益)外,还有由利益支配的世界,在当时被认为具有如下两个优点:可预见性、恒久性。可预见性是被利益支配的世界的最一般的可贵之处(第43页),这是因为,一方面,如果一个人追求自身利益,"他将是明智的",就像雷斯所说的,"就准确推测人们的意图而言,最正确的格言是考察人们的利益,因为利益是行为的最基本的动机"(第39页);另一方面他的行动方针是透明的,几乎可以预测的,仿佛是一个道德上的完人(第45页)。而恒久性是人们欢迎一个由利益支配的世界的最重要理由,追逐利益这种欲望具有"稳定性、不可消除性和同一性,它们并不因时因人而异"(第48页),对利益的贪得无厌"成了一种美德,因为它意味着一种持久性"(第51页)。

四、小结

综上所述,利益原则合法化的思想演进过程是:利益(单指经济利益)首先以危害小、可制衡其他危害大的欲望的面貌出现,人们认为可用其消极地阻止个人犯下更大的罪恶(不道德的行为);然后人们将利益原则当作无害的事物而推崇,认为它可以导致积极的道德后果;到最后,利益被认为是最可靠的有益手段,能够带来优良的政治。这就是西欧利益原则合法化所经历的三个阶段。

重新审视这三个阶段,可以发现在西欧历史上出现的义利之辩,在渊源上都侧重于个人。在基督教看来,除了个人得救,家庭的、集体的价值或利益都不重要。在世俗武士看来,重要的是个人的荣誉。而到了中世纪晚期,西欧思想家设想以追求个人利益来抑制其他欲望,并逐渐赋予利益以造就有道德的个人及优良的社会与政治的重任。通过这些环节,利益原则的合法化得以成功地实现。在思想运动与现实运动的双重作用下,西欧逐渐接受了资本法则,进入现代。在此过程中,顺理成章地,对个人利益与个人权利的追求,被普遍认为可以促进整体利益和社会秩序的实现。因此,对个人权利与市场规则的尊重,是西欧义利之辩结束时伴生的结果。当然,这方面还有其他的基础,下一节我们接着再说。

第三节 利益原则合法化的西方思想背景

前面提及,在赫希曼看来,西方道德和意识形态发生上述转换的历史和心理原因尚未完全弄清。说"尚未完全弄清",意思是说并非没有学者在这方面做过努力,只是他们提供的解释还不能完全地说明这一过程。事实上,在这方面已有大量的文献与学说进行了探讨,占据主流地位的意见,是从文艺复兴、宗教改革和启蒙运动这三个彼此联结却又相互区分的思想运动,来解释西方世界于15—18世纪这一段时间内是如何走向现代的。此处当然不是探讨这一思想演进全过程的地方,只做一些简单的介绍,并特别就宗教改革对利益原则合法化的影响多说几句。事实上,以马克斯·韦伯为代表的一派学者,正是从宗教的角度对西方思想的近代化过程提出了一种有影响力的解释,其代表著作就是前文提到的韦伯的《新教伦理与资本主义精神》。

一、三场运动构成的思想演进过程

在历史上,文艺复兴、宗教改革与启蒙运动依次发生,并在总体上构成了西方思想向现代的演进进程。

文艺复兴运动,也称人文主义运动,是一场以复兴古代希腊、罗马文化为旗帜的运动。古代希腊、罗马的文化,最吸引人之处在于以人为中心而不是以神为中心。中世纪正好相反,普遍地忽视人的欲望和人的精神,忽视人体之美。因此,文艺复兴是古代艺术的复兴,也是人的复兴。在这个艺术灿烂辉煌的时代,文学、绘画、雕塑、音乐等领域着重表现的都是人体之美、人所具有的性情、人的精神以及多姿多彩的人生,艺术家们以审美的眼光和创造的心灵来对待生活、对待人生和自然。所以说,文艺复兴时期最重要的成果是人的发现,将人的尊严从中世纪神学中解放出来,从而为本讲所说的人追求自身利益奠定了基础。这场运动虽然最早可以追溯到十三、十四世纪意大利的商业城市共和国,但不可否认的是,1453年君士坦丁堡的陷落才是文艺复兴运动中的标志性事件。当时,大批希腊学者携带古代文献逃到意大利,为文艺复兴注入了强大的推动力。再加上15世纪后期书籍印刷术的出现,也大大促进了文艺复兴时期文化的传播。由此,在1500年前后,文艺复兴达到了高潮。今天我们推崇的大批天才级人物,都活跃在这一时期,如伊拉斯谟(1469—1536)、达·芬奇(1452—1519)、拉斐尔(1482—1520)、米开朗琪罗(1475—1564)、马基雅维里(1469—1527)等。在 1500 年前后,文艺复兴运动还逐渐地向北方扩散。法国南部、今天的荷兰以及英国等地区,都被卷入文艺复兴的浪潮中。这一浪潮一直持续到 17 世纪初,遍及医学、法学、文学、绘画、音乐等诸多领域。与 1500 年前后的地理大发现相对应,文艺复兴被称为"人的发现",这是个人的觉醒、人性的张扬、人的主体性发展和创造性才能发挥的时代。

宗教改革是指由马丁·路德(1483—1546)及其后的加尔文(1509—1564)发动的一场反对罗马教廷、提倡个人直接与上帝交流、不需教会作为中介的改革运动。这场运动与文艺复兴运动紧密相连,实际上当时所谓的人文主义者也大多卷入其中。因此,也有学者将宗教改革作为文艺复兴运动的一部分。此处将二者分开的原因是,文艺复兴运动在很大程度上是一场英才的运动,而宗教改革则牵涉到千百万普通人的运动;而且,宗教改革将基督教世界分为旧教、新教两个世界,给西方世界未来的发展带来更加深远的影响。

启蒙运动兴起于 1680 年代的英国,兴盛于 18 世纪的法国,在德国、俄国、美洲都有广泛的影响。美国独立战争和法国大革命,都是在它的旗帜下进行的。虽然在哈耶克(第七讲将说到这个人)看来,用"启蒙运动"这一个称谓来统称 18 世纪从伏尔泰到孔多塞的法国哲学家与从曼德维尔、到休谟、斯密等苏格兰思想家,是不合适的,因为两者是不同的①。不过,一般公认的启蒙运动中心,还是指苏格兰和法国两地。启蒙运动的主题是理性,它又主要体现在两个方面。一个方面是理性的世俗化,即不再以神为本位,而是以人的体验、人的眼光,从世界本身去认识世界,这是启蒙运动相对于宗教改革的进步。另一个方面则是理性的个人自觉,即坚持运用人的独立思维,来寻求新的理论。如果新理论在他看来是正确的,他就绝不向权威低头;同时他也不希望只是靠本人的威望来强迫别人接受自己的理论,而是希望根据一般公认的真理标准,获得人们的信服。

二、利益原则合法化的宗教基础

在上述文艺复兴、宗教改革和启蒙运动三场运动中,宗教改革是关键,也是赫希曼所说的心理转换过程中的决定性力量。在这里,存在着一个广为认同的思想谱系,那就是路德为加尔文开辟了道路,加尔文为伏尔泰开辟了道路。意思是说,路德和加尔文倡导的新教改革,奠定了以伏尔泰为代表的启蒙运动的思想基础。正是在启蒙运动中,今天的个人法则及资本法则才真正得以奠定,并进而主导了现代社会的基本运行。以保守主义思想家而知名的梅斯特尔,他反对法国大革命、否定个人主义的言论,也可从反面印证出宗教改革与个人法则、资本法则间的关系:"法国大革命的祸根可以从新教改革中发现,路德的新教理论将个人主义这个魔鬼从牢笼中释放出来。此后,对个人利益的追求以及对无政府状态的向往削弱了社会秩序赖以存在的基础,削弱了权威与等级制的基础"。②

下面我们简单地概述一下宗教改革在赫希曼所说的意识形态转换过程中的表现,简单地说,宗教改革在人的心理上为个人追求利益奠定了基础。

---

① 哈耶克:"大卫·休谟的法律哲学和政治哲学",《哈耶克论文集》,首都经济贸易大学出版社 2001 年版,第 483 页。

② 李强著:《自由主义》,中国社会科学出版社 1998 年版,第 44 页。

(一) 路德宗教改革与人的自主

特勒尔奇曾经这样来评论个人主义的兴起,他说,"个人主义的不断完善,要归功于宗教,而不是世俗的运动,要归功于宗教改革,而不是文艺复兴"①。这一评论指出了个人主义与宗教改革之间的关系,而宗教改革之所以能够引起西方个人主义的运动,并进而实现利益原则的合法化,跟基督教教义自身的特质有一定的关系,当然与路德和加尔文的关系更大。

基督教在早期发展过程中,本来就提倡一种人的自觉和个体的意识。在基督信徒之间虽然提倡一种普遍的兄弟之情,信徒也结成团体以对抗罗马帝国的迫害,但信徒之间、信徒与社团之间的关系,对于每一个信徒的灵魂能否得救,不具有本质的意义。经过奥古斯丁对基督教义的改造并经教会有意无意地歪曲后,教会与信徒之间的关系变成了一种整体主义的方式,即教会成为上帝所派的拯救人类的工具,一个人若不成为教会的一员则绝对不能得救。于是,教会就慢慢地成为上帝与信徒个人之间的媒介,代表了基督徒们共有的价值。何者善、何者正确,不能由个人独自思考断定,而由宗教会议和教皇断定。

在12世纪前后教皇革命之后,教会组织不断地世俗化和官僚化,教会人员越来越多地卷入到世俗生活中,敛财、腐败和各种丑闻不绝于耳,宗教改革正是在这样的背景下发生的。当时要求宗教改革的人,实际上大多首先反对的是教会的腐败,其次才是质疑教会在个人信仰方面的权威,并进而提倡宗教上的个人主义。掀起宗教改革运动的领袖马丁·路德,就是这样的人。1510年,路德到罗马朝圣,目睹教会的奢侈和充满世俗趣味的生活,这一切令他极为痛心。由此他开始怀疑教会是否能够帮助人们得救,随之对教皇的权威也产生了动摇。经过自己的思索,路德提倡改革当时的天主教组织与教义。由于他提倡的宗教改革跟当时德意志诸邦的民族国家运动结合在一起,因而获得了巨大的力量。在马丁·路德之前,威克里夫、胡斯等人就已经提出了后来路德宣扬的一些观点,如《圣经》是教会的唯一法律,教会唯一的首领是基督,教皇可以是尘世领袖,若热衷于征税发财就不是上帝选民等。但他们的想法偏重于律法而不是个人内在的信仰,他们的行动也没有得到世俗权力的支持,最终失败。

马丁·路德的教义,反对天主教提出的人与教会间关系的传统观点,不承认教会是赎罪的集体性中介,不同意"一个人若不成为教会的一员则绝对不能得救"等观点。对于是否得救这一对信徒来说至关重要的问题,他用"因信称义"来回答。所谓因信称义,说的是信徒只能凭信仰与上帝相通,领悟上帝的救赎之恩,从而获得拯救。在路德看来,人的原罪广大深重,广为流行的那些行善事或购买赎罪券等手段,根本不能获得上帝的宽恕,不足以消除罪孽,保证灵魂得救。因为善行只是上帝通过人类而进行的劳动,这是上帝慷慨的恩典,因此不能借善行的功绩而索取恩典。善属于上帝而不属于我们,想博得上帝的宽恕,仅凭人类自身的力量是不可能的。称义于上帝不靠人的劳动也不靠赎罪券,只能凭信念,只有信仰才能使人正直。圣经是信仰的唯一源泉,除了《圣经》外别无他物可以接近上帝。当面对上帝审判时,人唯一能做的是承认自己完全孤立无助,承认对他的谴告完全正

---

① 史蒂文·卢克斯著:《个人主义》,江苏人民出版社2001年版,第88页。

当,然后依仗耶稣的劳功到达神恩的国度。

马丁·路德强调,取得信仰是基督徒得救的唯一手段,只有信仰才能使人称义,而信仰是个人的事,决定真理也是个人的事,属于个人的内在世界。《圣经》是信仰的唯一源泉,神学真理的唯一标准是通过《圣经》而得到表达的那些被披露出来的上帝的圣道。每个信徒可以以自己的方式自由地解释圣经,每个信徒都是自己的牧师。要认识上帝,得到拯救,只能信赖自己。因此,个人同上帝的关系是直接的、不需要教会作为中介,人与上帝之间是一种契约关系或协约关系。在此基础上,马丁·路德坚持信仰的自由,认为信仰若不是自由地选择或表达出来的话,就没有什么价值。他说:"我们如何能知道什么是上帝的道,又如何能分辨是非呢?……这件事必须由你自己决定,因为这是关乎你的生命问题。因此,上帝必须对你的心说话……人无法把上帝所教训我的道从我的心中夺去"①,"我有义务,不仅是说明真理,而且要用我的血和生命维护真理。我要自由地相信,而不要作任何权威的奴隶。"②路德在回应天主教会的谴责时说出的名言"这就是我的立场,我只能如此",是这个时代坚持信仰自由、充满个人自信与自尊意识的最强音。

总之,路德的教义将个人的良心置于一切外在的权威之上,用自主性个人的虔诚代替了教会塑造的集体性虔诚,降低了教会组织在个人得救中的作用;同时路德认定个人可以直接与上帝沟通,每个人心中的上帝是他独立人格的支撑,从而塑造了一种全新的具有坚强信念的个人意识。这样,个人意志就有了独立性与神圣性,本讲所说的个人追求利益(财富)就具备宗教心理上的基础。

(二)加尔文教义与追逐财富的孤独个人

宗教改革的另一个领袖是加尔文。一开始,加尔文接受的是路德的教义,后来他对路德教义作了一定程度上的改造,并加以系统化。与路德不同的是,他还把自己的宗教理想运用政治权力贯彻到世俗生活的各个角落去,从而深深影响了那个时代的生活,并进而成为英国、法国、美国等国家清教主义的源头。

加尔文对路德教义的重大修改在于,将路德犹豫不决的命定论彻底化。一个人能否获得上帝的神恩从而得到拯救,这是不是事先就注定好的?这个问题在路德那里并没有一个清晰一贯的回答,有时候他似乎相信上帝的恩宠可以取消,也可以通过悔悟后的谦卑和绝对信赖上帝而重新赢得。但在加尔文看来,上帝不是为了人类而存在的,相反人类是为上帝而存在;上帝是绝对自由的,不因人的行为而改变他的决定;得到上帝恩宠、获得永生的人,永远不会失去这一恩宠,得不到的人也永远都不可能获得恩宠,注定要被罚入地狱。

加尔文的上述命定说,带来的后果是个人的孤独与自主。下面我们参考韦伯对加尔文教义的叙述,来说明这一点③。在加尔文教义中,人不可能改变自己注定的命运,无法依靠自己的力量改变命运,其他任何人、任何事也都无法帮助他:教士无法帮助他,因为

---

① 陈刚著:《西方精神史》(下册),江苏人民出版社 2000 年版,第 223 页。
② 罗伦培登著:《这就是我的立场》,译林出版社 1993 年版,第 94 页。
③ 马克斯·韦伯著:《新教伦理与资本主义精神》,三联书店 1987 年版,第 79 页。下面引自该书的内容,将在括号内注明书名和页码,不再一一运用脚注。

上帝的选民只能用自己的心灵来理解上帝的旨意；圣事无法帮助他，因为圣事并非获得恩宠的手段，它只是荣耀上帝的手段；教会也无法帮助他，取不取得外在性的教会成员的资格，与是否要接受末日审判无关；甚至上帝也无法帮助他。这样，每个人心里都会感到空前的孤独，他孤独地生存在世上，被预先决定是得到永生还是永罚。他必须独自一个人走在人生旅途中，去面对那个永恒的早已为他决定好的命运。孤独的个人，也是自主的个人，人必须选定自己的生活道路，行善功以荣耀上帝。孤独的人同上帝的内在联系是在深刻的精神隔绝中进行的，因此个人成了知识的来源，个人良知是判断的源泉，真理也因此成了人言人殊的独立见解。这些都是后来个人法则的基本组成部分。

对这样孤独而自主的个人来说，生活中至关重要的问题是，自己是否已被决定能够永恒得救？他不停地问自己，"我是不是上帝的选民？""我如何确知自己处于恩宠状态？"（《新教伦理与资本主义精神》第83页）。受到恩宠状态的可确知性，占据着一个人内心活动绝对重要的地位。"为了获得这种自信，紧张的世俗活动被当作最合适的途径。只有世俗活动能驱散宗教里的疑虑，给人带来恩宠的确定性。"（《新教伦理与资本主义精神》第85页）就是说，人要在世俗活动中找到一项标志，来向自己和向他人证明自己的信仰，以及显示自己是否处于被上帝宠爱的状态。这项标志就是世俗生活中的成功，或者简单地说就是财富的积累或增加。这里的财富不是不劳而获的财产，也不能用于挥霍的目的，而是通过自己的辛勤劳作、勤俭节约而从无到有地积累起来的财产。因为上帝的圣训是，你须为上帝而辛劳致富，但不可为肉体、罪孽如此（《新教伦理与资本主义精神》第127页）。通过辛劳与节俭而获得的财富越多，越可以证明自己受到了上帝的恩宠，越说明自己可能已被上帝决定得到了永恒的拯救。"如果财富是从事一项职业而获得的劳动果实，那么财富的获得便又是上帝祝福的标志了"（《新教伦理与资本主义精神》第135页）。

韦伯强调，此一时期加尔文教给关心自我得救的人带来的福音就是，通过辛勤劳作而获得的财富越多，越能在内心给自己提供确信，"资产阶级商人意识到自己充分受到上帝的恩宠，实实在在地受到了上帝的祝福"（《新教伦理与资本主义精神》第138页）。此时财富"意味着人履行其职业责任"，它不仅在道德上是正当的，而且是应该的、必须的（《新教伦理与资本主义精神》第127页）。"财产越多，为了上帝的荣耀保住这笔财产并竭尽全力增加之的这种责任感就越是沉重"（《新教伦理与资本主义精神》第133页）。韦伯强调，这样一种新教伦理非常有利于资本主义精神的兴起，因为"以神意来解释追逐利润为实业家们的行为提供了正当理由"，"它对中产阶级类型的节制有度、自我奋斗却给予了极高的道德评价"（《新教伦理与资本主义精神》第128页）。

综上所述，韦伯强调的是，追逐利益、追求财富的增值，在新教（主要是加尔文教）教义中有了与过去截然不同的特征，它可以成为衡量一个人是否受到上帝恩宠的标志；只要所追求的财富增值是通过勤俭节约、辛勤劳作而积累起来的，那就不是罪恶，相反它标志着这个人在相当程度上可能已是个被上帝决定要拯救的对象。因此，就财富而言，重要的是它象征着新教徒受到上帝恩宠的状态，而不是它本身有什么意义。或者说，它仅仅只是一个测量指标而已。韦伯引用巴克斯特的话，对圣徒来讲，像财富这样的身外之物只应是"披在他们肩上的一件随时可甩掉的轻飘飘的斗篷"（《新教伦理与资本主义精神》第142页）。

第四节　经由"公利"而结束的中国的"义利之辩"

传统中国当然也有道德与利益孰高的问题,前面交代过,"义利之辩"这个名称用的就是中国古代的说法。与所有传统的国家一样,在传统中国的正统意识形态中,对利益的评价总体上也不高,至少是远远低于"义"。在19世纪中叶与西方世界的接触过程中,许多知识分子在那时常将中国人"重义"、西方人"重利"作为区分彼此的标志。但是从19世纪末中国逐渐走向现代开始,中国人特别是中国的知识分子,在社会意识层面上也逐渐接受了利益原则,只是路径与方法与西欧有所不同。

一、传统中国的"义利之辩"[①]

义与利的关系问题,是中国传统思想中的重要话题。与中世纪早期的西方相似,在早期中国,占据主导地位的思想,或者说高度认同的是道德相对于利益的优越性(即义高于利),认为人(尤其是君子,即上层人或者知识分子)应该追求道德的完善而非利益的增值,国家政策的目标应该是造就道德人而不是激发人的贪欲。如《论语》中教导:"君子喻于义,小人喻于利。"董仲舒的表达更为明确,即"正其谊(义)不谋其利,明其道不计其功"。我们在第二讲《盐铁论》中也看到,代表社会良心的文学,表达的意见是"(治理国家应该)抑末利而开仁义,毋示以利"。

在历史进程中,不是没有人对"利"表示过肯定。如北宋时期王安石就提倡,执政者应为国(即君主代表的政府)取财,宣称:"学者不能推明先王法意,更以为人主不当与民争利,今欲理财,则当修泉府之法,以收利权。"但王安石这一为国求财的行为,在后来的历史中,受到了广泛的批评,其本人的形象在历史上也一再受到丑化。虽然此时对于市井民众追求利益可能持有某种容忍的态度,但思想界通行的看法显然是重义轻利,强烈要求知识分子不要去追逐利益,而应该完善自己的道德,如司马光所言:"为国者,当以义褒君子,利悦小人。"因此,求财(利)思想在中国始终不占主流地位。直到近代在利益原则的冲击下,王安石与王安石变法才渐渐受到主流意见的肯定。

不过,传统思想虽然不赞成个人(尤其是君子)将追求利益作为自己的行动原则,但在某种程度上还是肯定作为类的人(即"民")的利益,或者说肯定整体的而非个体的利益。这种整体的利益,此处不妨将其称为"公利",以区别于相对于个体的私利。在传统知识分子看来,虽然公利的追求在总体上不及造就"道德人"重要,但对"君子"或当政者而言,公利仍比君子的个人利益重要,他们反对作为执政者的个人"与民争利"。如《论语》中孔子的教导:"因民之所利而利之",以及《礼记·儒行》中的名言"苟利国家,不求富贵"。到了

[①] 本部分所引述相关思想家的论述,均转引自赵靖先生主编的《中国经济思想通史》(四卷本,北京大学出版社1991—1998年出版)的相关章节,不再一一注明。

明末清初,黄宗羲更是精辟地将儒家对君子或执政者的要求总结为:"不以一己之利为利,而使天下受其利[①]"。

总之,在中国传统思想中,主流看法是义高于利,但对追求公利(作为类的人的利益)还是持某种肯定态度的,并在一定程度上将其等同于"义"。就是说在特定场合下,只要符合公利,就可视作"义"。这就为近代用公利(即国富)作为过渡来实现利益原则合法化奠定了基础。

二、利益原则合法化的完成[②]

从晚清时开始,中国知识分子在心理层面上从传统的轻视利益、"罕言利",逐渐变成肯定利益、接受利益。这一过程起源于第四讲所描述的国家生存竞争的压力,即中华共同体要避免亡国灭种,就必须强;要强,就必须先富;而所谓的富,就是物质财富或者说利益。

那么在心理上是怎么接受利益原则的呢?答案是,当时的知识分子接过了传统"义利之辩"中对"公利"的肯定,将公利界定为国家富强,并将其等同于"义"。在他们看来,只要是为国家富强而不是为个人言利,就不被认为违背了"义"。或者说,为富国而求利,完全符合道德的标准。于是,这一时期的知识分子改变了过去轻视利益、不谈利益的传统,而纷纷谈论怎么为国求财、求利,以尽快让国家富强起来。如王韬提出,"诸利既兴,而中国不富强者,未之有也。"陈炽表示,"治国平天下之经,不讳言利。"李鸿章说,"古今国势,必先富而后强,尤必富在民生,而国本乃可益固。"张之洞的看法是,"为政以利民为先。"让老百姓追求利益,就可以获得国家的富强,这一思想进一步地为严复等人引进的西方经济思想所加强(如《国富论》中的思想),即"企业主求利会增加国家财富"。严复一再表达,"国之所急,在为民开利源"。梁启超明确宣布"凡立国于天地者,无不以增殖国富为第一要务。"

"求利"的行为,此时已被广泛的接受。不过,这里的"利"仍被理解为"公利"或至少有利于"公利"的实现。到了新文化运动时期,传统的"重义轻利"已被进一步地作为封建糟粕来批判。此时思想界广为接受的是,之所以让人民"求利",是因为这样做就能振兴实业发展经济,从而实现国家的富强("公利")。就是说利益原则的接纳,是以追求"公利"为目标的。此时,许多民间企业家创办企业、从事商业活动,内心的追求或者至少打出来的旗号,不是追求个人的财富,当然更不会像清教徒那样将财富积累作为证明自己蒙受神恩的标志,而是出于爱国或为了"实业救国"。在一定意义上,这可以说形成了一种新的"义利关系",即公利(国家富强)为"义",而个人利益为"利",前者远远高于后者。

在这一利益原则合法化的过程中,中国走向现代政治经济的社会心理基础得以奠定。不过,此时对"利"的追求是围绕着"公利"或国家富强这一目标的,个人权利或个人法则这

[①] 需要交待的是,中国古代典籍中的"利"未必全指利益,但显然作"利益"来理解比较常见。像《孟子》开篇,梁惠王问"亦将有以利吾国"中的"利"未必指"利益",却被孟子批评"上下交征利",这里的"利"显然主要指"利益"。孟子之所以这样做,是因为将"利"理解为"利益"很常见。

[②] 本部分所引述相关思想家的论述,均转引自赵靖先生主编的《中国经济思想通史续集》(北京大学出版社2004年版)的相关章节,不再一一注明。

一现代社会的基础内容,被有意无意地忽略了。这就为后来以国家利益压倒个人利益,以整体利益的实际效果名义取消规则和程序,打开了方便之门。

经由"公利"的转换,传统的"义利之辨"以"利"的获胜而基本结束,在思想上中国人也逐渐接纳了资本法则。但此时仍遗留一个问题,那就是以什么手段来追求"公利",实现国家的富强?在当时的历史条件下,思想界占主导地位的意见认为,公有制及计划经济制度可以实现"公利"。也就是说,在当时的思想中,为了实现"公利",实现"国富",就必须发展公有制与计划经济。可是到后来在实践中发现,纯粹的公有制与计划经济并不能实现"国富"的目标。对此,中国思想界又进行了广泛的反思,并在思想上逐渐肯定多种所有制成分与市场经济。这种反思,在一定程度上也受到1978年后引入的西方经济学思想的支持,那就是,个人的逐利行为有助于国家的富强。就这样,利益原则、市场经济与私有产权,逐渐地成为当今中国人思想中不言而喻的成分,中国社会完成了从传统向现代的转变。

第五节　对利益原则的反思

综上所述,现代世界的社会运行与政治建构,相当程度上是围绕利益原则进行的,在个人的自我期待以及他人赋予的评价体系中,金钱财富虽未必是全部但确实占据着绝对重要的地位,社会与政治体系也将实现资本增值(或者说经济增长)放在极其重要的地位上。正如丹尼尔·贝尔所言,"在某种意义上说,经济增长向民众许下了大量诺言,因而已经成为威廉·詹姆斯曾经寻找过的战争的道德性替身……经济增长已经成为西方工业化社会的一个主要信条"[1]。秉承社会主义原则而建构起来的新中国,曾经一度消灭了资产阶级、取消了市场秩序,从而降低了社会空间中利益原则的主导性,但在政治层面上并没有(也不可能)消灭资本法则,追求经济增长仍是重要的目标。1978年以后,随着市场机制的逐步引入,在社会空间中利益原则再次成长为主导性原则,对逐利行为的肯定也达到了历史上从未有过的高度。在政治层面上,对经济增长的追求也成为施政时压倒一切的目标。

总体而言,利益原则是现代社会运行的主导性原则。但对这一原则的主导地位,思想界从来就不缺乏批判与反思。此处当然无法详细地介绍学界特别是后现代思潮对这一原则的批判性思考,我们只提出两方面值得思考之处,以结束本讲的内容。

一、关注市场经济的权利与规则基础:对中国利益原则合法化过程的反思

如前所述,在走向现代国家的过程中,中国思想界用"公利"(国富)作为过渡,从而完

---

[1] 丹尼尔·贝尔著:《资本主义文化矛盾》,三联书店1989年版,第296页。

成了利益原则的合法化。为了实现"国富",在那个时代主导思想的支配下,公有制和计划经济被当作有效的手段,在中国被大力地推行。不过,由于计划经济以及纯粹公有制实践效果不良,不能实现"国富"的目标,而市场经济与私营企业似乎可以实现"国家富裕",因而在1978年后作为替代性手段不断取代了计划经济与纯粹公有制。可见,中国对市场经济的接受,目标仍是传统的"公利",延续了传统的格局,而未将市场经济落实在个人权利和公正规则基础上。这与前文所陈述的西方利益原则合法化过程相比,是相当不同的。因此,今天的中国,应该反思经由"公利"而引入的这种市场经济。因为这种市场经济,完全可能以"公利"为口号,剥夺个人的权利与利益,破坏公正的市场规则。现实中大量出现的政府野蛮拆迁、粗暴执法,以及肆意剥夺私有财产权的行为,正是与此有关。

所以,在今天的中国也许可以重提"义利之辩"。不过,这里的"义",指的应该是市场经济的个人权利(财产权、人身权、政治权利)与公正的法治;这里的"利",应该是所谓的"公利"。也就是说,未经合法程序和足够补偿,政府不能以"公共利益"名义,剥夺个人权利与合法利益。只有在个人权利与公正规则基础上形成的市场经济,才真正地"现代"。

二、反思利益原则的合法化

就今天的中国而言,对利益原则的合法化进行反思,应主要集中于上文说的关注市场经济的权利与规则。不过,就包括中国在内的全部现代世界而言,对利益原则合法化的反思还应针对由现代性带来的过度的功利主义。

事实上,这样的反思过程早就开始,甚至在利益原则合法化过程刚开始就出现了对它的怀疑、保留甚至反对意见。赫希曼说,一直有人觉得资本主义世界空虚无聊、小肚鸡肠和令人讨厌,这个新的世界"似乎缺少崇高、庄严和神秘,而最重要的是缺少欲望"(第122页)。对利益原则主导的世界,孟德斯鸠虽然持有总体的肯定态度,但也遗憾它让人不再好客,并丧失了其他美德(第75页)。斯密同样如此,他把尚武精神和美德的丧失视为分工和商业的后果(第99页)。而卢梭在这方面的批评是众所周知的,即认为这样的现代世界意味着腐化和堕落(第100页)。马克斯·韦伯对利益原则所主导的世界,持有极为悲观的态度。在他看来,财富本来只是新教徒用来衡量自己是否受到上帝恩宠的一项指标,一件可随时脱卸的轻飘飘的斗篷,但"命运却注定这斗篷将变成一只铁的牢笼"(《新教伦理与资本主义精神》第142页),"没人知道将来会是谁在这铁笼里生活;没人知道在这惊人的大发展的终点会不会又有全新的先知出现;没人知道会不会有一个老观念和旧理想的伟大再生;如果不会,那么会不会在某种骤发的妄自尊大情绪的掩饰下产生一种机械的麻木僵化呢,也没有人知道"(《新教伦理与资本主义精神》第143页)。马克思同样对利益原则(或资本法则)主导下的现代世界持有批判态度:一方面,他肯定利益原则所主导的世界(或者说资本主义)创造了惊人的财富,为人类寻求自由和解放奠定了良好的物质和社会基础;另一方面他认为资本和劳动处于分离和对立状态,造成了劳动的异化和对人的自由的否定。不过相比之下,他对未来的态度比较乐观。在他看来,异化和异化的消除走的是同一条道路,在资本法则运行的基础上,会有(也一定有)现实的消除异化的行动。

凡是在历史中诞生的,也一定在历史中灭亡。以利益原则为标志的现代性本身也是需要被超越的,也一定会被超越。赫希曼大致上同意,只有当资本主义的弊病完全暴露出来的时候,人们才会果断地放弃这样的思想,即追求自身利益者将永远不会产生危害(第116页)。实现每一个人自由而全面的发展,这一马克思当年提出的目标,仍是今天中国乃至现代世界反思利益原则合法化时需要关注的内容。也就是说,超越资本法则所主导的现代性,重建道德人,仍可能是不可忽视的社会发展目标。

本讲思考题

1. 你认为是否存在着一种无需将"利益"合法化的现代化模式?
2. 你认为道德是人类现代化必须牺牲的代价吗?
3. 你认为中国现代化过程中,是否需要经历一场类似于西方"宗教改革"的民族内心反思过程?
4. 你怎么看待"公利"目标及其在历史上的作用?
5. 你认为今天的中国,"利益"原则普及得不够还是过度?
6. 你认为未来人类的发展是否要摆脱利益原则的统治地位?

第六讲

《大转型》：推动现代国家转型的双重运动

从传统国家向现代国家的转型，首先出现在西方世界。上一讲从思想方面对这一转型活动进行了探讨，其核心内容是，利益原则在西方是怎么从社会心理层面上实现合法化的。至于说这样的国家转型活动为什么首先出现在西方，在上一讲并未涉及，因为已有无数的著作进行过这方面的探讨。大体上，这些探讨可以归结为如下几个方面。

（1）技术决定论。即认为社会结构转型由技术变迁带来。在这种观点看来，承载在生产工具中的科学技术，相对于社会结构而言，是一个外生的、独立的变量；因为技术变迁是科学发现的结果，而科学发现具有自发的内在逻辑，它先于社会政治经济制度而存在。在这种观点看来，西方科学发现带来了技术的重大创新，而技术创新又引致以生产工具为代表的生产力的进步和经济的发展，经济发展最终带来政治结构和社会关系的变迁。我们过去的许多教科书，或多或少都暗含着这样的理论。

（2）人口决定论。即认为人口规模与结构的变化，是独立于社会结构的外在变量，并进而影响经济和社会结构的变化。比如说，战争、瘟疫等外在原因，会引发人口规模与结构的变化，进而影响劳动力和土地相对价格关系的变化，并最终引起经济制度、政治制度的变革和社会的变迁。道格拉斯·诺斯在其名著《西方世界的兴起》中，就是这样解释西方世界的先发现代化现象的。

（3）市场决定论。即认为可以从西欧中世纪海运贸易、城市商业结构的变动来寻求社会发展的动力。该观点认为市场的力量（尤其是城市的力量）导致了封建主力量的衰落和资产阶级力量的上升，最终决定了封建主义的衰亡和资本主义的兴起。与市场决定论相似的理论——推崇市场中盛行的商品经济原则，认为商品经济原则创造了统一的分工协作的社会结构，代替了传统的封建社会结构，并以人与人之间自由、平等的观念代替了传统的身份特权和等级观念，最终创造了新的社会。

（4）自然环境决定论。即认为问题的答案可归结为西欧的自然地理环境。该观点认为西欧的自然环境导致农牧结合的乡村产业结构、较早发达的商品经济、君弱民强的国家组织形式等，并最终导致西欧资本主义的兴起。

（5）工业决定论。即认为工业是西欧现代化的始发原因。该观点认为，在工业化的过程中形成了业绩优先、国家统一的价值观念，建立了能够为经济生产而动员土地、劳力和资本的产权制度、劳动力市场制度和商品交换系统，并因此建立起专业化的、金字塔式的科层制和得当的国家财政组织，培养出有创造精神的个性、业绩主义的志向、积极向上的个人动机以及对教育的渴求等。

上述解释模式都有一定的解释能力，也都存在一定的局限。限于本课程的目的，我们不多评价，只是提醒大家在阅读相关著作时加以对照。今天我们所讲的内容，是依托波兰尼的《大转型》这一文本，来着重探讨一下造就欧洲现代国家的政治经济的大转型。波兰尼提供的解释模式是否优越于前述几种模式，要由大家自己判断；但他使用的双重运动模型极具洞察力，可以帮助我们认识欧洲乃至中国的国家转型。自然，财政转型是这场国家转型运动的一个重要部分，我们可以在全球国家转型的视野中，借助于波兰尼的框架，重新思考帝国财政乃至帝国国家向现代的转型。

波兰尼这本书的内容非常丰富，鉴于课程的性质，本讲对于该书内容的解读还是相当有限甚至是"功利主义"的。这一讲的内容主要是在介绍波兰尼"双重运动"概念的基础上，梳理波兰尼在本书中的内容，整理出一个"双重运动模型"，并用这个模型来解释现代国家是怎么产生的这一问题。

第一节　作者与作品

我们还是先来看一看有关《大转型》一书的作者及这部作品的有关情况。

一、关于作者

本书作者卡尔·波兰尼（Karl Polany，1886—1964），中文版封底文字将其称为"20世纪公认的最彻底、最有辨识力的经济史学家"。

波兰尼是犹太人，1886年出生于奥匈帝国时期的匈牙利，在布达佩斯度过青年时代。第一次世界大战期间，他曾在奥匈帝国的军队中服役。战争结束后，波兰尼从俄罗斯前线返回，然后生活在维也纳，并作为资深编辑为《奥地利国民经济》杂志工作。由于法西斯活动日益猖獗，1933年波兰尼就被迫从周刊编辑的位置上辞职，流亡到英国，在工人教育协会（牛津大学和伦敦大学校外部）做讲师。1940年他在美国本尼顿（Benniton）学院做访问学者时，开始写《大转型》一书。1944年，这本不朽之作在英国出版。1947年，应哥伦比亚大学之邀，波兰尼作为客座教授主持研究制度演进的经济侧面，并在哥伦比亚大学工作至退休。1957年，波兰尼出版了他的另一部重要著作《早期帝国的贸易与市场》。他的重要著作还有《法西斯主义的本质》和《达荷美和奴隶贸易》（与A. 罗特施泰因合作），而《原人与现代经济》《人的经济》这两本著作，分别由他的两位学生乔治·多尔顿和皮尔逊在他逝世后编辑出版。

在西方世界，孕育卡尔·波兰尼的波兰尼家族被誉为最成功的家族之一。这是因为，他的父亲以及包括卡尔在内的五名子女，都在历史上留下了自己浓厚的色彩。父亲老波兰尼，不到25岁就成为匈牙利游击队的指挥官，参加过1848年匈牙利起义。在革命失败后，他流亡在欧洲各地从事机械制造和铁路修建，并成为欧洲赫赫有名的铁路建造工程师。19世纪50年代末，老波兰尼被特赦回国，很快就成为匈牙利的铁路大王（后来破产）。本书作者卡尔是老波兰尼五名子女中的老四。老大奥托，是一位著名的工程师和成功的商人，坚定而忠实的马克思主义者，长期在瑞士和德国工作。他还出资在意大利创办了一份名为《前进》的报纸，报社中一位深得奥托宠信和提携的年轻编辑，便是后来的意大利法西斯运动领袖墨索里尼。老二阿道夫，子承父业，是巴西顶尖的工程顾问，在巴西修建铁路、港口、发电厂和基础工业设施。之所以在巴西开展自己的事业，是因为阿道夫认为在这里可以形成一个多种族融合的新社会，这将是一种现代化却又不失种族色彩、自由却又不失个人主义的新文明，它不同于欧洲那种"堕落的资本主义"。老三穆希，是五个孩子中唯一的女性，在她25岁结婚前，是匈牙利民族运动中的重要人物，19岁就创办了一份极有影响力的杂志。她还推动了"绿色前线"运动的形成，这一运动提倡农业合作社和民主运动。后来的南斯拉夫民族独立英雄铁托，就曾是穆希这一运动的忠实信徒。嫁为人妇后，穆希专注于生儿育女，不再从事学术活动与社会运动。老五迈克尔，在不到三十岁的时候，就成了爱因斯坦在德国柏林时的研究助手，并在物理和化学领域取得了杰出成就（他的儿子约翰后来获得诺贝尔化学奖）。希特勒掌权后，迈克尔逃到英国，将自己的研究从科学转向哲学，成为著名的怀抱人道主义的哲学家。

毋庸置疑的是，卡尔·波兰尼对经济和社会的研究，也怀有极为强烈的人道主义倾向。他对人性与人类命运的同情，洋溢于他的文字之中。他跟中国也有一些渊源。早在1927年，当他还是《奥地利国民经济》的编辑时，就曾经对当时中国的风云人物如张作霖、冯玉祥、蒋介石、毛泽东等人给予了深切的关注和期待。他希望中国能够再出现一位当代孔子，引领世界步入一个健全的社会。当然，卡尔的希望未能实现。在从哥伦比亚大学退休（1956）后，卡尔有一次跟好友、著名管理学家德鲁克感慨地说："原先我希望现代中国产生另一个孔子。但现在看来似乎不大可能了。"

二、关于《大转型》

卡尔·波兰尼，与我们下一讲要说到的另一位学者哈耶克，早在1920年代的维也纳就彼此熟悉。后来两人都逃亡到英国，并都成为英国公民。与此同时，他俩也几乎是终身的论敌。卡尔·波兰尼一直就不同意米塞斯和哈耶克等人的市场自由主义论点，因而对该论点的批判一直是他的理论核心。在他看来，市场能够"自我调节的理念，是彻头彻尾的乌托邦。除非消灭社会中的人和自然物质，否则这样一种制度就不能存在于任何时期；

它会摧毁人类并将其环境变成一片荒野"(本书第3页)。随着他对于史前经济史、原始经济学和古典遗产研究的不断深入，他得到越来越多的证据说明，自发运转的市场经济从来就不存在，工业时代的来临使个人越来越不能全部负担照看自己的责任。所以，波兰尼反复强调，没有权力和强制存在的社会是不可能的，市场的神话应该寿终正寝了。

《大转型》这本书，正是他就上述观点长期思考的结果。晚年在写给一位老朋友的信中，卡尔是这样形容这本书的："我的著作是为亚洲，为非洲，为新生民族而写的。"波兰尼试图告诉新生民族的是，对权力或强制不应采取妖魔化的态度，"只要他是真诚地试图为所有人创造更多的自由，他就无须惧怕权力或计划会转而与他作对，并毁坏他以它们为工具正在建立的自由"(第220页)。当然，对权力或强制仍需要用民主的制度来进行约束，用民主治理的工具来控制和指导经济去满足我们的个体和集体需求。

《大转型：我们时代的政治与经济起源》，英文书名为 *The Great Transformation: The Political and Economic Origins of Our Time*。该书自1944年出版以来，已被翻译成德文、法文、西班牙文、匈牙利文、中文、日文及葡萄牙文等多种文字，具有十分广泛的国际影响。波兰尼的研究，也构成国外政治经济学，尤其是制度经济学十分重视的研究领域。这本书的中文译本，目前至少有两个，一个是台湾远流事业股份有限公司出版的《巨变：当代政治、经济的起源》(1989)，另一个就是本课程选用的浙江人民出版社的《大转型：我们时代的政治与经济起源》(冯钢、刘阳译，2007年版)。约瑟夫·斯蒂格利茨在为这本书专门写的"前言"中是这样评价的，"这本书描述了欧洲文明从前工业世界到工业化时代的大转变，以及伴随这个过程而发生的观念、意识形态、社会和经济政策上的转换。由于欧洲文明的这个转变可以类比于今日世界各地发展中国家所面临的转型，所以，波兰尼常让人们感觉到，他是在直接针对当下问题发言"。他还指出，波兰尼对当今最为重要的教诲是，"波兰尼所提出的问题和视野并没有丧失它的卓越性。他的中心主题包括：自发调节的市场从来没有真正存在过；它们的缺陷——不仅仅就它们的内在运转而言，也包括它们的后果——是如此重大，以至于政府干预成为必须；以及，所产生的这些后果是否严重，很大程度上取决于变迁的速度"。

翻开《大转型》一书，可以发现它由三部分构成。第一部分(即该书"第一篇")标题为国际组织，实际上是交代该书写作的时代背景，即我们这个时代的政治和经济起源于19世纪，可是为什么19世纪的文明在20世纪上半叶突然崩溃了？波兰尼告诉我们支持19世纪文明的四个制度基础(国际均衡体系、金本位制、自我调节的市场和自由主义国家)，其关键是自我调节的市场，而这种理念却是乌托邦。第二部分(即该书"第二篇")是书的主体部分，共有两卷，分别题为"撒旦的磨坊"和"自我保护的社会"，内容是解释市场原则的扩张和社会的自我保护这两种力量，是如何共同造就今天的市场经济与社会制度的。第三部分(即该书"第三篇")是在前述内容的基础上，概括在我们这个时代支配社会及国家变迁的一些机制，并进一步探讨过去的历史对于今天的意义。在这本书的附录，还有译成中文长达四十页的资料来源注释，以及相关概念和历史资料的交待。

总体而言，言辞雄辩、资料丰富和洞察力深刻是这本书的最大特色，从历史事实总结而来的格言警句随处可见。在阅读过程中，大家除了可以获得历史知识与理论训练外，也可将其视为一次心灵的旅程和灵魂的升华过程。

三、概念介绍：双重运动

此处需要事先交代一下"双重运动"这一概念，因为它是理解本书全部内容的关键。

波兰尼提出这个概念，是针对那些信奉市场自由主义的学者而言的。在他们的眼中，人类现代化是自由原则从经济领域不断向社会政治领域扩张的结果，即在自利动机的驱使下，所有的经济主体都积极地投身到自由交易活动中去，并因此推动形成一个自由的市场、自由的社会和自由的国家。这样一种自由主义的成长史观，符合"历史的辉格解释"（最早由英国辉格党人用来解释英国历史的发展）。可是，卡尔·波兰尼对此表示反对。在他看来，真实的图景远为复杂。他说，今天的政治经济，实际上起源于一个"双重运动"：一重是市场原则不断扩张的运动；另一重运动是在虚拟商品（即劳动力、土地和货币等要素）领域中，各种反对市场的力量不断地对市场原则的扩张进行抵抗或限制。波兰尼的原话是，"一方面，市场扩展至全球各地，牵涉其中的物品数量增加至让人难以置信的程度；另一方面，各种措施和政策所织成的网络与各种强有力的制度配合，目的是抑制与劳动力、土地和货币相关的市场行为……在自发调节的市场体系所固有的威胁面前，社会奋起保护自己"（第66页）。在书中有些地方，中译本又将这一双重运动译为"双向运动"（"就近百年而言，现代社会由一种双向运动支配着"，第112页）。除非直接引用原文，否则本讲用"双重运动"一词。

要注意的是，此处波兰尼用"货币"一词表述的生产要素，在今天的经济学中一般用"资本"这个词。两者当然是紧密相连的。不过在书中，由于波兰尼侧重于讨论货币本位与货币发行，而没有更多地涉及资本市场，因此用"货币"一词更为合适。

第二节　市场原则的扩张运动：双重运动之一

在全球范围内，现代化给人最为强烈的印象，恐怕就是市场原则在经济、社会和政治等领域内不断地扩张。正如上一讲提到的，在思想方面，这种扩张运动表现为利益原则不断地合法化。波兰尼认为，这样的扩张运动确实存在，但它并非从来就有，更不是造就我们今天政治经济状况的唯一运动。

一、"经济人"幻象

波兰尼在书中一再指出，古典经济学（波兰尼称其为"自由主义经济学"）的传统认为，人类在自然状态中具有一种互通有无、物物交换、互相交易的秉性，这种人类禀性由亚当·斯密比较早地阐发出来。正如我们所知的，由此出发诞生了"经济人"的概念，而现代经济学全部体系就是在这一概念基础上形成的。在经济学（至少是古典经济学）看来，从这种所谓的个体交换的秉性出发，个体间的交换就导致了地方市场和劳动分工的出现，由此形成了远程贸易和地域分工。因此,在自由放任(政府不干预)的前提下,市场经济能够在"经济人"的基础上自发地形成,并自主地运转和成长,不需要外力的帮助。

这样的说法,充斥于古典经济学的教科书中,并鲜明地体现在下一讲将说到的哈耶克的著作中。哈耶克为这样一种能够从人的交易禀性出发、自发形成并能自我扩张的市场经济秩序,专门起了一个名称叫作"人类合作的扩展秩序"。当然,哈耶克还是为这样的市场秩序发展设定了前提条件,那就是存在着受保护的私有产权(他的称呼是"分立的财产")。他认为这种受保护的私有产权,最早出现在地中海周围地区,并成为欧洲文明的古典遗产①。后来在欧洲首先形成的资本主义文明,显然得益于这样的遗产。

针对上述说法,波兰尼表示,在我们的时代之前,没有任何哪怕只是在原则上由市场控制的经济曾经存在过,通过交换来获取利益或利润这样一种动机,此前从未在人类经济中扮演过重要的角色(第37页)。虽然19世纪形成的"学术咒语的大合唱"如此坚定地一致强调通过市场进行交换是人类的禀性,但在近代来临之前,它从来都是经济生活的附带现象,没有扮演过更重要的角色(第38页)。

就经济人及其行为而言,波兰尼强调,这一看法显然是对早期人类经济心理的误读(就像卢梭对蒙昧人政治心理的假设一样),或者说是一种幻象。不过,波兰尼又说,"没有任何一种对过去的误读能够如此被证明是对未来的准确预言"(第37页)。波兰尼的这一说法,可能是在重复马克思对经济人的评论:"被斯密和李嘉图当作出发点的单个的孤立的猎人和渔夫,应归入十八世纪鲁滨逊故事的毫无想象力的虚构……这是错觉,只是美学上大大小小的鲁滨逊故事的错觉。这倒是对于十六世纪以来就进行准备、而在十八世纪大踏步走向成熟的'市民社会'的预感。"②就是说,构成"市民社会"的经济人,是近现代市场经济塑造出来的,而不是人类先天的秉性。

□ 二、近代来临之前的经济形式

古典经济学(或自由主义经济学)的正统教义,以个体交换的秉性为起点,然后从这种秉性出发推导出地方市场和劳动分工的必然性(第51页),并认为长途乃至国际贸易就是在此基础上形成的。但是,基于经济史提供的证据,波兰尼认为将地方市场视为"发源于个体的交换行为是一个很轻率的举动"(第54页),而且地方市场作为邻里市场虽然一直存在,并对社区生活十分重要,但它并不能将当时主导的经济体系,化约为自己的模式,因而不是国内或国际贸易的起点。这是因为,这样的地方市场制度一开始就被一系列的政治的和社会的防护措施加以隔离,以避免市场活动干扰社会中的主要经济组织。比如说,西欧中世纪早期的城镇,虽是市场的衍生物,但由于它受到严格的封建关系的束缚,其影响被阻止,不能向乡村扩张(第55页)。在近代来临之前,在各国内部经济中,市场扮演的角色并不重要。因此,当近代出现一个由市场模式支配的经济时,这样的变化就显得巨大而突兀(第38页)。

---

① 哈耶克著:《致命的自负》,中国社会科学出版社2000年版,第28—33页。
② 马克思:"《政治经济学批判》导言",《马克思恩格斯选集》(第二卷),人民出版社1972年版,第86页。

波兰尼认为,市场发展的逻辑几乎与古典经济学说完全相反。就现有的知识来看,真实的起点是远距离贸易甚至是对外贸易;远距离贸易包含着以物易物,如果使用货币的话,它还包括买和卖,因而可以形成市场。但是远距离贸易虽然经常会产生各种市场,但并不必然会涉及市场,也不必然地为某些个体提供机会,让他们能沉浸在那种所谓的讨价还价的秉性之中(第51页)。事实上,远距离贸易是货物的地理分布以及据此形成的地域分工的结果,在本质上是一种贩运而不是竞争。与此不同的是,地方贸易在本质上是竞争性的,除了互补性的交换之外,它更包含了不同来源的同类货物在一起相互竞争并达成大量交易。因此,波兰尼反复强调,作为一种制度性结构,市场经济只出现于我们这个时代,而且仅是部分地出现(第33页)。

那么,在近代来临之前,如果不是市场,那么经济是如何组织起来的呢？如果不是获利动机,那经济按什么原则运行呢？在书中,波兰尼描述了近代市场经济诞生以前存在的三种经济形式,分别是互惠经济、再分配经济和家计经济,并阐明了它们各自的运行原则。

互惠经济的运转,依靠对称式的组织安排来进行。例如,在特罗布里恩群岛(一个大致呈环形的群岛),群岛上的大部分土著人都加入到库拉贸易圈中：他们定期地进行大型远航,以便把某种贵重的东西运给居住在顺时针方向上的其他岛屿居民,而另一些远航队的目的在于把另一种贵重的物品运到位于逆时针方向上的其他岛屿上,从而以互赠礼物的形式实现互通有无。这样一种依靠对称式组织安排、以礼物交换的形式来运行的互惠经济,完全不同于今天逐利动机驱动下的市场经济运转方式。互惠经济包含了交易行为,但这种交易行为嵌入在包含着信任的长期关系中,这种关系往往能消除交易的对立性。

再分配经济,则从辐辏结构得到助益。例如,在埃及、印度诸王国和中国这样的古老王国中,政府通过掌握在自己手中的粮仓和货仓,实现对全国物品的集中和贮存,并运用这些仓库将各种物品分配出去以供使用和消费,而分配主要针对的是人口中的非生产者(即官员、军人和有闲阶级)。在这种巨大的再分配经济体系中,交易行为和地方市场是常见的,但都从属于国家所主导的再分配活动。再分配原则涉及的个人动机也大异其趣,"可以是猎人对猎物的自愿分享,也可以是古埃及农民对拒绝上缴实物税带来的惩罚的恐惧"(第45页)。波兰尼强调,互惠经济和再分配经济之所以能在没有书写记录和复杂行政管理的情况下保证一个经济体系运转,"是因这些社会的组织结构本身符合使用这种解决方案的要求"(第42页)。

家计模式,则以自给自足原则为基础。例如中世纪的欧洲庄园,就是这种为自己的需要而生产的单位。波兰尼指出,亚里士多德早在《政治学》中就对家计和获利进行了著名的区分("很可能是社会科学领域迄今为止最具预言性质的贡献",第46页),家计经济的本质是坚持为使用而生产的原则,这不同于市场中为逐利而进行的生产。与此同时,为市场而进行的属于附带性质的生产,在当时也不会破坏家计经济的自给自足(第46页)。波兰尼还深刻地指出,"在使用的原则与逐利的原则之间所作的区分,正是理解我们这个截然不同的文明的关键所在"(第47页)。我们将在下一讲看到,哈耶克激烈地批评了一些知识分子试图重构经济来实现"为使用而生产"的行为。

在回顾了所有上述三种制度之后,波兰尼指出,"直到西欧封建主义终结之时,所有经济体系的组织原则要么是互惠,要么是再分配,要么是家计,或者三者之间的某种组合……直到中世纪结束之时,市场不曾在经济体系中扮演过重要角色,盛行的是其他种类的制度模式"(第47页)。

三、市场经济的诞生和经济自由主义的兴起

虽然在互惠经济、再分配经济和家计经济中,市场多少都存在,但按波兰尼的说法,以自由交易为原则组织起来的市场经济,却是近代的现象。那么在近代为什么市场经济能够取代其他经济形式并占据主要的地位呢?

(一) 市场与管制共成长

对这样的问题,波兰尼在书中只是从外因给出了一个解释,那就是,市场经济起源于同经济体内部组织无关的外部领域之中,即"西欧国内市场实际上是由国家干预所创造的"(第55页)。

波兰尼反复解释道,在中世纪既有地方市场也有远程贸易,但就是没有国内市场。地方市场与远程贸易之间由于城镇与市民的存在而被隔绝,"这种隔绝乃是中世纪城市制度的核心"(第56页)。城镇是市民的组织,而市民只是封建关系中的一个具有特殊身份的群体,市民因拥有市民特权而与非市民人群区分开。因此,城镇会尽可能地阻碍而不是促进全国性市场或国内市场的形成。比如,城镇会竭尽全力维持地方市场和远程贸易的非竞争状态,阻止将乡村融入贸易范围或者开发城乡之间的贸易等。因此,单凭市场自身的力量,是无法扩张为主导性经济秩序的。

正因如此,各国政府不得不出面,努力促成市场的"国家化"以及充当国内贸易的创造者。具体表现就是,在15至16世纪,欧洲各国政府运用重商主义政策,将市场制度强加到具有强烈保护主义倾向的城镇、公国或行会头上。各国政府动用权力和行政管理技术,摧毁阻碍贸易的封建割据势力,打破横亘在地方市场和远程贸易这两种非竞争性的商业之间的隔阂,为全国性市场的出现扫清道路,从而"将商业和贸易扩展至整个国家疆域,并成为经济活动的主导形式"(第57页)。

这里需要对重商主义多说两句。在亚当·斯密的批评下,重商主义因提倡国家干预的思想而在今日经济学人眼中乃是非常负面的形象。不过,在15—16世纪,重商主义却是一种塑造市场的积极力量。在当时,它主要的政策主张是:对外,"整合整个国家领土内的资源,为国家的对外竞争提供力量"(第57页);对内,"把被封建的和地方排他主义所分割的国家统一起来"(第57页)。由于各国国情的不同,商业贸易扩张及重商主义政策的表现也有所不同。波兰尼告诉我们,在法国,由于手工业行会逐渐变成了国家机构,于是国家全力支持行会体系向整个国家领域延伸;而在英国,由于城镇的衰败导致了支配城镇活动的行会体系被大大削弱,所以乡村在没有行会监督的情况下进行了工业化。在不同的情况下,这两个国家的商业和贸易都扩展至整个国家疆域。在商业贸易活动的扩张过程中,重商主义既通过取消特别限制、减免通行税费和废除流通禁令而在一定程度上解放了贸易,与此同时也扩大了管制的规模。由此而形成的经济制度,仍然浸没在普遍的社会关系之中,市场规模虽然扩大但仍是附属性的且前所未有地受到社会权威的控制和规

制(第58页)。对此,波兰尼描述道,"在市场得到最充分发展的地方——即在重商主义的情况下,它们也是兴盛于集权的中央管理者的控制之下,这种中央管理者的专断范围是如此广泛,从农民的家计到国民生活都被囊括其中"(第59页)。

可为什么偏偏直到15—16世纪,欧洲各国才形成了重商主义,并用权力创造出上述市场? 在这方面,波兰尼并没有进一步地去追究其中存在的历史内因。但是他一再强调说,市场经济必须以权力所创造出来的市场社会为前提,市场是嵌入在一定的社会制度中的。他用历史学和人类学研究的发现为例证说,"原则上,人类的经济是浸没在他的社会关系之中的。他的行为动机并不在于维护占有物质财物的个人利益;而在于维护他的社会地位,他的社会权利,他的社会资产。只有当物质财物能服务于这些目的时,他才会珍视它"(第39—40页)。就是说,市场经济体系是依靠非经济动机得以运转的,经济制度仅仅只是社会组织的功能(第40页)。在此处,波兰尼提出了一个富有启发意义的概念,即"嵌入的"或"内嵌的"市场经济,意思是市场经济是嵌在一定的社会制度(包括政治制度)之内的,脱嵌的、完全自发调节的市场经济是不可能存在的。《大转型》一书"导言"的作者弗雷德·布洛克也非常欣赏"嵌入(embeddedness)"这个概念,并作了专门的分析("导言"第15—18页)。

所以,波兰尼说,市场从来都不是自发形成的。他以英国棉纺制造业(当时主要的自由贸易产业)的发展为例,说它"是在保护性关税、出口津贴和间接工资补助的帮助下才建立起来的"(第119页)。进一步地,波兰尼说市场也不会自发运转,事实上"自由放任本身也是由国家强制推行的","自发调节的市场闻所未闻"(第119页),它完全不是真实的历史发展状况。因此,波兰尼断言,"管制与市场是一起成长的"(第59页)。即使是对那些持有经济自由主义主张的人来说,只要市场体系尚未建立起来,他们都愿意毫不犹豫地引入国家干预使之得以建立;而一旦市场体系建立起来,他们又会用同样的国家干预手段让市场维持下去(第127页)。

(二) 工业与经济自由主义

在为我们描述完"管制与市场一起成长"这一过程之后,波兰尼又强调,在市场经济形成之后,确实出现了对自发调节的要求,即"物品生产和分配的秩序"都"只受市场控制、调节和指导"的主张(第59页)。这样的主张后来被概括为"经济自由主义",它以这样一种预期为基础,即"人类以获取最大的货币所得为目标而行动"(第59页),并由此产生对国家政策的要求,即"对市场的形成构成阻碍的任何事物都必须被严格禁止,也不能允许收入通过市场销售之外的任何其他渠道获得"(第60页)。就是说,正在兴起的经济自由主义,持有的主要主张是,要求国家减少对经济的干预,甚至要求国家对经济实行完全的自由放任政策。

为什么会出现这样的经济自由主义政策主张? 波兰尼解释说,这样的政策主张,首先来自商业或者说来自市场自身的要求,因为"商人必须通过市场获取利润",而"利润没有任何保证",因而商人们要求市场价格必须能自我调节而不受外来不可预期的干预(第36页)。不过,在波兰尼眼中,经济自由主义真正的起因来自工业的要求,也就是说只要用精致的机器和工厂来生产,有关自发调节的市场的观点就会形成,因为机器工业生产涉及长期投资以及承担相应的风险,需要自主决策和自由交易(第35页)。波兰尼进一步解释道,精制机器的成本是昂贵的,要等到大量的商品被生产出来之后,成本才能得到补偿。只有在商品的出路有可靠保障,而且机器生产不会因必需的基本要素缺乏而被中断的场合下,生产活动才能在不受损的情况下持续运转(第36页)。

就是说,经济自由主义既有商业方面的要求,又有工业方面的要求;而且,只有在现实中工业的重要性超过商业的情况下,这一思想才真正地得以兴起。波兰尼认为,这里存在着一个商业和工业地位重要性的关键性转变:在18世纪末之前,西欧的工业生产是商业的一个副产品(第64页);只是到了19世纪,随着复杂机器和工厂的使用,以及工厂制度的发展,工业生产才不再是商人通过买卖形式组织起来的商业活动的附属品(第65页)。波兰尼的意思是,只有在工业生产代替商业活动占据了经济主导地位以后,一种市场经济体系才能真正地形成,经济自由主义也才真正地兴起。

四、经济自由主义的扩张

随着市场经济的形成,经济自由主义逐渐地成为占据绝对地位的政策主张,并开始向非经济领域(即社会和政治领域)扩张,由此产生一系列具有深远后果的影响。

(一)工业生产对生产要素商品化的要求

波兰尼认为,经济自由主义向非经济领域的扩张,同样地主要源于工业生产的要求(虽然商业也有这样的要求)。这是因为,如前所述,工业包含了对复杂精致设备的长期投资以及相应的风险,除非工业生产的连续性得到合理的保证,否则这样的风险是难以承受的。而要保证工业生产的连续性,最为关键的是要确保工业生产要素的供给。在这些生产要素中,有三种具有非同一般的重要性:劳动力、土地和货币。"将市场机制扩展到这些工业要素——劳动力、土地和货币——乃是一个商业社会里引入工厂制度不可避免的后果"(第65页)。就是说,只有将劳动力、土地和货币转化为商品,以便由市场而不是别的什么力量来确保这些要素的供给,才能保证工业生产的持续。

因此,作为工业活动中不可或缺的要素,劳动力、土地和货币必须成为市场中可交易的商品。或者说,必须形成上述三种要素的市场,因为这三种市场是市场经济体系绝对关键的组成部分。波兰尼说,"无法想象一个市场经济可以不包括劳动力市场"(第67页),当然市场经济也不能没有土地市场与货币市场。可是,劳动力、土地和货币并非天然就是商品,因为它们并不是为了在市场上销售而制造出来的,不是为获利而生产出来的:"劳动力仅仅是与生俱来的人类活动的另外一个名称而已";"土地不过是自然的另一个名称,它并非人类的创造";"实际的货币,仅仅是购买力的象征,一般而言,根本就不是生产出来的,而是经由银行或者国家金融机制形成的"(第63页)。所以,必须将劳动力、土地和货币三种非商品的要素虚构为商品,这种"虚构商品为整个社会提供了一个命运攸关的组织原则"(第63页)。这一虚构是至关重要的,"正是在这种虚构的帮助下,关于劳动力、土地和货币的实际市场才得以组织起来"(第63页)。

将劳动力、土地和货币虚构为商品,工业生产对生产要素商品化的要求得到了满足,于是市场经济开始顺利运转起来。这样做的后果就是,经济自由主义扩张到了劳动力、土地和货币等要素领域。

(二) 要素商品化与市场社会

不过,波兰尼一再强调,劳动力、土地和货币并不是真正的商品。劳动力是人自身的一种属性,土地是人生存的环境,货币是人的心理产物,一旦将它们虚拟为商品,"就是把社会的自然本性和人的本质转化为商品"(第36页)。由此完成的市场经济,实质上就是将人类社会变成市场社会,"市场经济只有在市场社会中才能运转"(第50页)。就是说,经济自由主义从商品市场向要素市场的扩张,"意味着要让社会的运转从属于市场……一旦经济体系通过分立的、以特定动机为基础并被授予特殊地位的制度来运转,社会就必须以使该体系得以根据自身的法则运转的方式来型塑自身"(第50页)。这一过程是"使社会生存本身屈从于市场的法则"(第65页)。

向市场社会的转折是非常巨大的。因为一直以来,"经济秩序不过是社会秩序的一种功能"(第25页),驱动市场经济秩序运转的获利动机,从未在社会中占据过上风,"这个动机在人类历史上是很少被当作是正当有效的,更从未被提高到这样的高度,即成为日常生活中人们行动、行为正当性的标准"(第25页)。但到了19世纪,"经济活动被孤立出来并归于一种独特的动机","这个动机就是获利"(第25页)。此时以获利为动机的经济秩序,已明显凌驾于社会秩序之上,并要求社会服从。就是说,不仅经济领域内的行为要受这一动机的支配并借此形成经济秩序,而且整个文明都被要求建立在这一动机上,要求社会秩序服从经济秩序(即市场秩序)的要求。这一点,我们在上一讲《欲望与利益》中也已看到,即利益原则合法化或资本法则成为社会的主导性原则。这种变化,"确实是一个独一无二的转折点"(第62页)。波兰尼为此打了一个比方,说它"酷似毛虫的蛹变,要想用持续增长、发展这些词语所能表达的任何变化来形容都是远远不够的"(第36页)。

(三) 经济自由主义的教条

波兰尼告诉我们,将社会从属于经济,按市场原则(即不受干预地追逐利润)来塑造经济和社会的这种经济自由主义要求,在思想上虽早有渊源(只要有商业活动就有这样的要求),但直到工业革命发生后,"直到1830年,经济自由主义才爆发出十字军般的热情",从"学术兴趣升级为无限的行动主义"(第117页),并形成自由放任的教条。这种狂热的经济自由主义教条,此时还向所有的领域扩张,要求在工业组织、通货与贸易乃至全部社会领域加以贯彻。

到了1920年代,经济自由主义被明确地概括为三条古典原则,"劳动力应由市场决定自己的价格;货币的发行应受一种自动机制的支配;货物应在国与国之间自由流通而不受阻碍或保护",即劳动力市场、金本位制度和自由贸易(第116页)。三条古典原则反映了这样的现实,即"19世纪市场体系的扩张与国际自由贸易、竞争性劳动力市场和金本位制的同时散布是同义的,它们同属一体"(第119页)。

波兰尼反复强调,这样一种从过去"被规制的市场向自发调节的市场"的转变,不仅仅是经济领域的变化,更代表了社会结构的彻底转型(第61页),是"对传统社会构架的总体性破坏"(第67页)。经济自由主义与民主体制、代议政治的形成一起,构成了新时代的潮流。所有的西方国家,"不论国民意识和历史传统如何,都顺应着同一潮流"(第184页)。

这一潮流,就是市场原则(自由交易不受干预的原则)的扩张运动。

第三节 反对市场原则扩张的运动:双重运动之二

以上说的是波兰尼观察到的双重运动之一,市场原则的扩张。它的含义是,原来借助于国家力量而形成的在商品市场上以获利为动机的自主交易、自我调节的市场原则,具有自我扩张的能力;它要求社会的运转从属于市场,要求社会根据市场运转的方式来型塑自身,变成市场社会。毫无疑问,劳动力、土地和货币的商品化,对市场经济而言是不可或缺的;但是,任何社会都无法简单地承受这样一种粗陋虚构的体系。因为这样一种做法,意味着"允许市场机制成为人的命运、人的自然环境,乃至他的购买力的数量和用途的唯一主宰",最终"会导致社会的毁灭"(第63页)。

对这样的后果,社会兴起了种种反抗运动,政府也建立起各种措施和制度来加以限制。这就是波兰尼所述的第二重运动,即在劳动力、土地和货币等要素方面,市场原则的扩张受到了限制或者反抗。实际上类似这样的反抗,早在18世纪及在此之前,社会就已在不自觉地进行,目的是抵制让自己成为市场纯粹附庸的要求(第67页)。但显然,只有到了19世纪,这样一个深层次的运动才真正成形,"它致力于抵挡市场控制下的经济所产生的邪恶影响。在自发调节的市场体系所固有的威胁面前,社会奋起保护自己——这就是这个时代历史的综合性特征"(第66页)。

接下来我们分别从劳动力、土地和货币三方面,来阐述社会保护自己的运动,这是相对于市场扩张运动的第二重运动。

一、劳动力方面

在虚构为商品的三种要素中,劳动力具有最为突出的地位,因为劳动力就是指人类本身,而劳动力的组织就是普通大众的生活形式。因此,相对于其他商品,劳动力这样一种特殊的商品,"不能被推来搡去,不能被不加区分地加以使用,甚至不能被弃置不用,否则就会影响到作为这种特殊商品的载体的人类个体生活。市场体系在处置一个人的劳动力时,也同时在处置附在这个标识上的生理层面、心理层面和道德层面的实体'人'"(第63页)。如果将人变为纯粹的商品,剥夺文化制度给予的保护层,人就会死于邪恶、堕落、犯罪和饥荒造成的社会混乱。波兰尼强调,劳动力商品化的结果,只不过是完全将人类社会变成为经济体系的附属品(第65页);将劳动力虚构为商品时表现出来的荒谬性,最为深刻地揭示了市场社会的乌托邦特性(第195页)。

(一)传统力量对劳动力商品化的抵抗:以斯品汉姆兰法令为例

事实上,自劳动力商品化进程开始后,社会传统力量就在自觉地或不自觉地抗拒这一进程,因为这一进程事实上是在总体上破坏由人构成的传统社会的构架。这样的抗拒,在18世纪前后表现得更加明显,其最为重要的形式就是运用封建时期的法律或者颁布新的法律重申或保护旧的社会结构,以便将劳动力限制他们所在的教区,从而阻碍全国性劳动力市场的形成。如1622年颁布的《安居法》就是如此,按波兰尼的说法它奠定了"教区农奴制"的基础(第67页),直到1795年该法律才被废除。可是在这同一年,英国又引入了斯品汉姆兰法令,试图再次阻碍一个全国性劳动力市场的形成。

"斯品汉姆兰法令"是波兰尼在书中着重分析的一个法令(第七章)。分析这个法令的目的,在于说明他一再强调的双重运动,即当时的英国社会被两股相反的力量所左右:一种力量源于过去的封建关系,力图保护劳动力免受市场体系的威胁,另一种力量则试图将包括劳动力在内的生产要素组织到市场体系下,剥夺普通人过去拥有的地位,强迫他们靠出卖自己的劳动力来谋生(第70页)。

这一法令的产生过程很简单,那就是在1795年5月6日,伯克郡的法官在斯品汉姆兰一家旅馆中作出如下决定:为了保证穷人能够得到维持家庭生活所需的最低收入,对那些工资低于最低收入的穷人,当地的教区或地主必须额外再给予津贴;津贴的数额采取与面包价格挂钩的办法,以便与工资合起来达到最低收入(第68页)。

波兰尼告诉我们,斯品汉姆兰法令虽然通常被称为一项法律,但它本身从未经由国会颁布。不过,这一法令很快就覆盖到几乎所有的乡村,之后不久甚至覆盖到很多制造业地区。从今天的眼光看,斯品汉姆兰法令实际上提出了"生存权"的要求,即"任何人都不需要恐惧饥饿,因为不管他所挣几何,教区都会帮助维持他和他家庭的生计"(第70页)。但是从当时的历史条件看,这一法令实际上有效阻碍了竞争性劳动力市场的建立,或者说破坏了工业革命所需的为工资而出售劳动力且面向全国范围供给的劳动市场。原因如下。首先,它意味着一个人可以什么工作都不做也能生存,这样为工资而工作的劳动市场基本原则就被破坏了。其次,这一法令为穷人建立起仁慈的家长制度,以保护劳动力免受市场体系的威胁,但结果是将原本可以自由流动的劳动力,限制在旧封建关系(教区、地主)的束缚中。所以,斯品汉姆兰法令的实质,是用传统的封建关系和力量,来阻碍劳动力的市场化。

不过,包含劳动力商品化在内的市场扩张潮流毕竟是不可阻挡的。特别地,当阻碍这一潮流也伤害劳动者自身利益时,类似于斯品汉姆兰法令这样的社会保护机制就该退出历史舞台了。波兰尼告诉我们,到了19世纪上半叶,"连普通大众自身都感觉到劳动力市场的缺失是一场比它的引入更加可怕的灾难"(第67页)。这是因为,此时的普通劳动者认识到,劳动力市场可以为所有与它相关的人都带来经济上的益处。

直到此时,劳动力商品化进程才真正地完成,劳动力市场作为新的工业体系下组建的最后一个市场才真正地出现。波兰尼之所以将英国1832年的《改革法案》和1834年的《济贫法修正案》(与此同时废除斯品汉姆兰法令)视为现代资本主义的起点,是因为"它们结束了仁慈的地主及其补贴制度的统治"(第70页)。颁布《济贫法修正案》来废除斯品汉姆兰法令这一进程,波兰尼将其称为"市场的机制正在自我确证并叫嚷着自身的完善:人类劳动必须被变成商品"(第88页)。由此得到解放的市场体系的逻辑,决定了19世纪社会史的正式开始(第73页)。

(二)新生力量对劳动力商品化的抵抗:工人阶级

很清楚,劳动力市场化在经济上的好处并不能抵消它对社会造成的破坏,因而必须建立起新的机制来保护社会及组成社会的个人。波兰尼告诉我们,正如斯品汉姆兰法令的废除是新登上历史舞台的中产阶级而不是旧的社会结构中的地主阶级的杰作一样,在新时期充当社会保护者角色的也是一个新阶级,那就是工人阶级。

如前所述,正是在普通劳动者的支持与要求下,劳动力商品化进程才得以完成,市场体制才真正建立。波兰尼对此用略显夸张的语言描述道,"这一开颅剖腹般的手术之所以能够成功,全仗各阶层,包括劳工阶层自身的坚定不移的信念的支撑"(第88页)。因此,"从历史上说,工人阶级与市场经济是同时出现的"(第87页)。也正因如此,波兰尼将斯品汉姆兰法令的废除视为现代工人阶级的真正诞生之日。不过,工人阶级所具有的自我利益,也注定他们要成为"与机器文明所固有的危险针锋相对的社会保护者"(第87页),因为他们希望自己成为机器的主人,希望自己的生活中除了工资外,还包括诸如自然环境、家庭环境、商品质量、雇佣关系稳定等多个方面(第146页)。就是说,工人阶级的总体命运,与工业革命、市场社会的历史方向是一致的,但他们力图摆脱市场社会强加给自己的单纯商品的命运,努力将自己变成机器的主人。从本质上说,工人阶级的"目标是对我们所认为的资本主义的超越"(第144页)。从经济角度看,这样的努力所实现的是,"为了保护劳动力这一生产要素,阻挠了市场的运作"(第151页)。

波兰尼用劳动者力图将自己从商品化境地挽救出来的努力,来解释19世纪开始的风起云涌的工人运动以及其他相关的社会运动,如欧文主义运动、宪章运动以及欧洲的共产主义运动。他强调说,"欧文主义并不是一个小宗派的灵感,宪章运动也没有局限于一小部分政治精英;两个运动都是由成千上万的手工业者、工匠、劳动者和工人组成的,如此大的规模使它们成为现代社会最大的社会运动之一"(第143页)。最终,一些新形式的劳动力保护措施(如工会、工厂法等)被引进,以限制劳动力商品化带来的消极后果。波兰尼仔细分辨道,在欧洲大陆,工人"主要通过立法来取得这种保护",而英国的工人"更多是依靠资源的联合——工会——或者是他们对劳动力的垄断权"来获得保护(第150页)。这一差别的产生,主要源于在欧洲大陆,社会保险比英国更早地实行,政治倾向上更为"左倾",而且工人阶级比较早地得到了投票权等事实。

当然,在现实中还出现了既反对工人运动,又反对市场经济,同时要求对社会进行保护的一种反动思潮和情绪。在波兰尼看来,法西斯主义就是这样一种思潮。它是在市场经济和大众民主处在普遍危机状态时诞生的,其本身没有一种可被认可的标准,也没有惯常的信条。法西斯主义服务于民族问题,只不过是它碰巧"捡到的"工作(第203页)。

二、土地方面

土地是被虚构为商品的另一种要素。就本质而言,经济功能(作为商品投入使用以获取收益)仅仅是土地拥有的许多至关重要的功能中的一种。波兰尼用略带文学风格的语言描述道,"土地为人类的生活提供稳定性;为他提供栖息之所;是他生理安全的条件;也是风景和季节"(第152页)。因此,"设想人的生命中没有土地,就如想象他出生时没有手脚一样荒唐"(第152页)。但在市场社会中,市场自由交易原则要求土地必须投入到市场中,像商品一样进行交易与使用,就是说"将土地与人分离,并以满足不动产市场需求的方式来组织社会,这正是市场经济乌托邦理念中不可或缺的一部分"(第152页)。

从全球的角度,波兰尼将这样一种让土地从属于工业社会需要的进程分为三个步骤:第一个步骤是将土地商品化,使原本封建性的土地收益流动起来;第二步是迫使食物和有机原材料的生产服务于整个国家范围的、迅速增长的工业人口的需要;第三步是将这样一个剩余生产体系延伸至海外与殖民地。这三个步骤完成后,"土地及其产品最终被纳入一个自发调节的世界市场的框架之中"(第153页)。

这样做当然有积极的后果,它实际上是市场经济不可缺少的环节。但显然它也有消极的后果,"自然界将被化约为它的基本元素,邻里关系和乡间风景将被损毁,河流将被污染,军事安全将会受到威胁,食物和原材料的生产能力也将被破坏殆尽"(第63页)。不仅如此,由于土地是多少代人组成的共同体永久停留、耐心造就的不可移动的地点,因而具有普通商品所没有的特点,如"不可能被即席创作出来","共同体也无法承受牺牲它们而在别处重新开始的损失"(第157页)。与此同时,对土地商品化带来的破坏,也不可能指望政治权力不加以干预,因为土地作为主权的领土特征"渗透于我们的政治概念之中"(第157页)。

(一) 英国"反圈地运动"对土地商品化的抵抗

对上述土地商品化的进程,社会当然会掀起相应的抵抗运动。波兰尼特别举出的例子,就是英国的圈地运动及反圈地立法的历史。

圈地运动指的是英国土地贵族,将原来归属于他们名下但按习惯由村舍公用的土地(或者荒地),标出明确的产权关系(圈围起来),并予以出售或出租,用于高利润的养羊业或种植业。可见,圈地运动的实质,是将土地这一要素纳入到市场中。从市场原则看,圈地运动应该是一场"进步",它明确了产权关系,提高了生产效率,还提升了土地的收益和价格。但是,这一场运动搅乱了原有的社会秩序,破坏了古老的法律和传统习俗,产生了众多的失地农民,因而被"称之为一场富人对抗穷人的战争"(第30页)。波兰尼描述道,"社会的组织结构被破坏了,乡村的荒凉、居民住所的破败不堪证明了这场战争的猖獗程度。它破坏了农村的自我防护体系,废弃了城镇建筑,大量削减了人口,将那些过度垦殖的土地变成了沙地。它骚扰居民,将他们由淳朴的农民变成一群小偷和乞丐"(第31页)。

为了使这种痛苦和混乱不至于毁灭社会共同体,王权站到了市场的对立面,反对圈地运动的进行。国王和他的枢密院,巧妙地利用普通法所维护的封建特权去制止土地性质的改变,并运用王室法庭打击圈地运动中的暴力行为。如前所述,在商品市场中,王权曾坚决地站在市场一边,运用重商主义政策来促进市场的发展。波兰尼还补充道,在劳动力市场化方面,普通法主要发挥的也是积极的促进作用。如劳动的商品理论,首先不是被经济学家而是由律师雄辩地提出来的;普通法还站在倾向于自由劳动力市场的立场上,支持限制有组织工人的结社自由(第155页)。但在土地问题上,王权及普通法都转变了自己的角色,不再鼓励市场化的方向,而是反对它。以国王为代表的反圈地行动,有一个有意义的后果,那就是,在与各土地贵族斗争的过程中,王权得以壮大,国家力量不断地成长。

波兰尼强调,英国之所以遭受了圈地运动造成的苦难却没有被严重地毁坏,就是因为都铎王朝和早期的斯图亚特王朝一直运用王权来延缓土地商品化进程,使市场化与经济发展的速度降低到能被社会广泛承受的程度(第33页)。这样一种做法,即"利用中央政府的权力来减轻变迁的受害者的痛苦,并试图把变迁的过程引导到破坏性较小的方向上去"(第32页),被波兰尼进一步概括为"变迁的速度与变迁自身方向相比并不显得不重要,虽然后者常常是不依赖于我们意志的,但我们所能承受的变迁发生的速度却是可以由我们来控制的"(第32页)。此处提请注意,波兰尼的这一结论"变迁的速度与变迁自身方向相比并不显得不重要",是我们解读历史可用的一个重要的理论框架,值得反复思考,尤其是对正处于高速发展中的中国而言。

当然,自由原则延伸到土地要素这一潮流毕竟无法阻挡,"反圈地法规似乎从来就没有阻止过圈地运动的进程,更别说已经很严重地妨碍了其进程"(第32页)。到19世纪中期,英国土地交易中的契约自由得到了法律的认可。于是,自14世纪起开始于西欧的这一市场原则的扩张运动至此基本结束,农奴制的最后残余也被废除了。波兰尼总结道,"土地的商品化只不过是封建主义消亡的另一种说法"(第153页)。

在土地方面,市场自由交易原则主要体现为自由地处置土地财产,这被边沁理解为是个人自由的不可或缺的一部分,也是经济发展的可靠保障,"对农业繁荣最为有利的条件,存在于那些没有限定继承权,没有不可转让的土地赠予,没有公地,没有赎回权,没有什一税……的地方"(第154页)。在第八讲我们将看到,《资本的秘密》一书的作者德·索托,也高度评价土地的自由交易原则,认为这将确保土地能转化为创造新价值的"资本"。

(二)欧洲大陆反对土地要素商品化的运动

在欧洲大陆,市场原则也在同样地扩张;在取得惊人的工业成就时,该原则也同样给社会造成了巨大的伤害。特别是在欧洲中部,乡村社会面临着彻底毁灭的危险。于是,在欧洲大陆就土地商品化方面,同样兴起了反向的保护主义运动。这场运动主要表现为,动用成文法(如土地法)和行政措施,限制谷物的国际自由贸易,保护佃农、小自耕农和农业劳动者。

为了应对土地商品化造成的灾难性后果,在欧洲大陆还发生了两个有历史性意义的事件。一个历史事件是浪漫主义运动的兴起。浪漫主义是一场文学的和社会的运动,它的背后是真实存在着的土地方面的危机,并因这种危机而让封建阶级发现了"重拾自己已经丧失的部分荣誉的一线机会",于是他们转而强调"大自然自身与过去结成了联盟",鼓吹土地及其耕作者的德行,并把自己装扮成人类的自然栖息场所——土地——的卫士(第159页)。另一个历史事件是以封建地主阶级为基础的军队力量的成长,而这构成了后来以德国为代表的军国主义与专制主义的基础。本来在市场原则扩张过程中,封建地主阶级将逐渐地退出历史舞台,其社会支配地位慢慢交由中产阶级来承担,正如英国的历史发展状况所显示的。不过,由于在土地商品化过程中,欧洲乡村秩序崩溃,灾难有向城市蔓延的趋势,可欧陆的中产阶级又因力量弱小而无力承担起"捍卫法律与秩序"的责任。于是,以封建地主这样的保守分子为基础的军队(及教会)"重获荣誉",找到了一个可扮演的新角色。就是说,他们被历史保留下来发挥有益的功能(保卫社会秩序、限制土地流动),其标志就是崩溃中的王权受到了护卫(第157—160页)。与此同时,由于农业自足在军事上的重要性越来越大,土地所有者的影响力得到了进一步的保障。

三、货币方面

如前所述,交易自由的原则作为自由主义经济学的信条,在19世纪下半叶取得了压倒性的胜利。在经济自由主义者看来,作为生产要素之一的货币,同样应该由自由交易原则来支配而不容国家干预。

(一)经济自由主义对金本位制的要求

符合经济自由主义要求的,显然是以黄金为本位的货币市场,以及在金本位制基础上形成的资本市场和国际经济秩序。这是因为,在这样的市场与秩序下,货币(黄金)的数量取决于自然产量,而不决定于政府的决策;国与国之间的经济交往(货物进出口和投资),由各国货币的含金量及各国生产率决定,通过黄金的自由流动而调节。建立于金本位制基础上的资本市场,也因此可以自由升落而无须政府的介入。

在《大转型》一书的开始,波兰尼就指出,19世纪四个制度(国际势力均衡体系、国际金本位制、自我调节市场、自由主义国家)中具有决定意义的是金本位制(当然它自身的源泉与基础是自我调节的市场),它是将国内自我调节的市场体系扩大到国际领域的一种尝试,而国际势力均衡体系则是建立在金本位制基础上的上层建筑(第3页)。流行于19世纪的一个神话是,通过市场的形成与扩张,以黄金为本位的货币将改变社会面貌,推动劳动分工的步伐,释放人类互通有无、相互交易的自然禀性(第50页)。因此,市场原则扩张的结果,就是让金本位制成为自由主义经济学的重要标志。

(二)中央银行制度的兴起:货币要素领域的反市场扩张运动

问题是,金本位制有一个根本的缺陷,那就是黄金的数量不能按照需要而增长,它的产量往往跟不上经济增长的实际需要,由此导致在实体经济中缺乏货币。事实上,波兰尼强调,早在17世纪的商人圈中,货币的缺乏就是一个永恒的、沉重的抱怨对象;若没有代币这种人为货币做媒介的话,任何市场经济的发展都是不可能的。之所以如此是因为,如果实际生产能力快速增长,或者如果商品交易量突增,在没有代币的情况下,货币(黄金)过少就会导致价格下降,引发市场萧条和经济萎缩,并带来失业(第165页)。也就是说,不定期的经济萧条几乎是金本位制内在的缺陷。商业可能会毁于这种经济调整过程之中,"对购买力的市场控制将周期性地肃清扼杀商业企业,因为对后者而言,货币供给的涨落不定会产生如同洪水与干旱之于原始社会的巨大灾难"(第63页)。在19世纪及20世纪初,市场经济经常出现崩溃,这"在货币领域要比在任何其他领域都来得更突然"(第170页)。因此对货币市场中的自由,必须进行一定程度的限制,首要的就是放弃金本位制。

于是,在国家制度建设方面,中央银行首先被发展起来,以发行一定的代币来缓解黄金数量的不足(第169页),并弥补金本位制的其他缺陷。比方说,如果通过中央银行集中一国的信贷供给,那就有可能避免通货紧缩所导致的整体性的商业和就业的混乱。中央银行也可以小心翼翼地调控通货紧缩,使通货产生的震荡得到吸收,并将其产生的压力分散到全国。虽然自中央银行产生后,金本位制还存在了一段时间,但"中央银行的运行将金本位制的自动调节功能降低到徒有其表的水平"(第167页),因为有了中央银行就意味着有一种集中管理的通货,于是操控就取代了信贷供给的自发调节机制。

中央银行产生后，货币制度就成了国内和国际经济的生命线，并成为整合国家的经济力量中最强大的一个。这样一种现代中央银行，变成旨在提供保护的机构。假如没有这种保护，市场早就毁掉了它自己的孩子——所有类型的商业企业（第164页）。波兰尼调侃道，如果真有哪个国家按米塞斯的建议"放弃中央银行调控"的话，那这个国家的国民经济就会变成一堆废墟（第167页）。所以，尽管支持金本位制的众多理由仍然值得人留恋，但那个时代毕竟过去了。世界各国在今天都已通过中央银行，将货币的控制权转移到市场之外，并将货币政策引入政治领域之中（第168页）。由此形成的一个后果是，只有那些拥有一个中央银行控制货币体系的国家，才被认为是主权国家（第214页）。波兰尼的说法是，"从政治上说，对国家的认同是由政府来建立的；从经济上讲，它却是由中央银行建立的"（第175页）。

波兰尼用下面的言辞来说明放弃货币的自由交易制度（以金本位为代表）而采用中央银行来控制货币的意义，"如果说工厂立法和社会立法被要求保护产业工人不受劳动力的商品化虚构的危害，如果说土地法规和农业关税的创立是用来保护自然资源和乡村文化，使它们免于商品化虚构，那么同样地，中央银行和对货币体系的管理也是需要的，只有这样才能保证制造业和其他生产企业的安全，防止其卷入货币的商品化虚构所造成的灾难。足够荒谬的是，不仅是人类和自然资源，而且资本主义生产组织自身都不得不躲避自我调节的市场的破坏作用。"（第114页）

第四节 "双重运动模型"与现代国家的兴起

以上内容，是对波兰尼在《大转型》一书描述的市场原则扩张与反对市场原则扩张这"双重运动"内容的概括。在书中不同的部分，波兰尼用不同的语言多次表述了这一双重运动，认为它们是依据不同组织原则的两种社会行动，各自有自己独特的制度化目标和明确的社会力量的支持，也各有特殊的运作方法。他说，"一种是经济自由主义原则，目标是自我调节市场的确立，它依仗贸易阶级的支持，主要是运用不干涉主义和自由贸易作为手段。另一种是社会保护原则，目标是对人和自然以及生产组织的保护；依仗直接受到市场有害行动影响的群体——主要是、但不仅仅是工人阶级和地主阶级——的各种各样的支持；它运用保护性立法、限制性的社会社团和其他干涉手段作为自己的运作手段。"（第114页）

利用这一"双重运动"概念，波兰尼雄心勃勃地要对近代以来欧洲乃至世界政治和经济的发展，提供一个统一的解释。在书中涉及的历史现象或事件，包括圈地运动、斯品汉姆兰法案、宪章运动、浪漫主义运动、社会主义运动、法西斯主义运动，直至1929年的经济大萧条。应该说，波兰尼的雄心在相当程度上获得了成功，这本书也因此成为政治学和经济史领域的经典著作。

我们要加以补充的是，"双重运动"这一概念富有学术生命力，可以在此基础上加以进一步的发展。

一、反对市场扩张运动中存在的两个方向

在波兰尼这一"双重运动"中,第一重运动(即市场原则的扩张运动)与自由主义经济学家的说法一致。值得高度重视同时也是波兰尼的贡献所在的地方是,他对第二重运动(即反抗市场原则扩张的运动)及其历史作用的强调。他反复说,若没有第二重运动的存在,人类社会早就被毁灭无疑了。"一般而言,经济进步总是以社会混乱为代价的。如果混乱的程度过大,共同体就必然会在这个进程中被瓦解。都铎王朝和早期斯图亚特王朝把英国从西班牙式的命运中挽救了出来,方式是通过控制变迁的进程,并将其影响导向相对无害的方向,从而使变迁变得可以承受……确凿无疑的是,若不是保护主义的反向运动阻滞了这个自我毁灭机制的运行,人类社会可能早就烟消云散了"(第65—66页)。波兰尼特别反对自由主义经济学家的看法,认为他们只看到第一重运动,仅从经济效益的角度来理解社会的变迁;在波兰尼看来,"预期一个社会仅仅因为经济效益,就可以对失业的痛苦,产业和职业变动造成的挫伤,以及与之相伴的道德和心理上的折磨无动于衷,这实在是荒唐至极"(第183页)。

不过,以今天的眼光看,在描述劳动力和土地两种要素市场上的第二重运动时,波兰尼已点到但未加以强调的是,这第二重运动其实有两个不同方向的力量来源:一个来源于旧的力量,其反对市场原则扩张的目的是为了返回到过去的社会关系(封建关系)中,方向是指向过去的;另一个来源于新的社会力量(工业革命和市场经济发展带来的力量),反对市场的目的在于超越当前以获利为动机的社会关系,目的是为了建立一个更美好的社会,方向是指向未来的。比如他提到,"如果说在商贸共同体中,代表市场体系结构原则的是资产阶级的立场,那么社会结构的誓死捍卫者则一方面是封建贵族,另一方面是新生的工业无产者"(第132页)。显然,他说的是第一重运动的力量来自资产阶级(后来又得到无产阶级的支持,如前引第88页所述),而第二重运动的力量有两个,一个是旧力量即封建阶级,体现在前文述及的斯品汉姆兰法令和浪漫主义运动中,另一个是新生无产阶级,体现在前文述及的工人运动中,如他所强调的"工人阶级的目标是对我们所认为的资本主义的超越"(第144页)。因为第一重运动有一个方向,而第二重运动有两个方向,所以在术语上"双重运动"比起"双向运动"更准确。

可以用图6.1来概括波兰尼想要表达的意思,并清晰地区分出反对市场原则扩张的两个方向。这样的图式进而可以构成一个解释历史发展的"双重运动模型"。

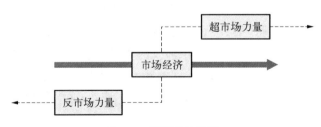

图 6.1 双重运动模型

在上图中,主要的和中心的位置,表示的是波兰尼所述的第一重运动,即以交易自由

为原则的市场经济,处于不断扩张的过程中,并成为近现代社会发展的主要潮流。波兰尼所述的第二重运动即社会对市场原则扩张的反抗,其力量又被细分为反市场力量和超市场力量两种:反市场力量采取了与市场经济相反的方向,力图将经济纳入过去的社会关系中;超市场力量与市场经济在面向未来这一方向上是一致的(如对工业革命的肯定),只不过力图超越市场关系而寻求更美好的社会制度。这样三种力量(市场力量、超市场力量、反市场力量)共同塑造了今天的政治与经济状况。

姜义华先生在解释1949年后中国之所以形成非市场化倾向的国有产业结构时,曾运用了"现代化、反现代化、后现代化"这一分析框架①,在内容上与上述"双重运动模型"很接近,可以进行相互的印证。在姜先生看来,"现代化、反现代化、后现代化三种取向渐趋合流",造就了新中国政府构建出非市场的国有工业结构。他这里所说的现代化,主要是指以社会生产力高度发展为取向的工业化、城市化、世俗化、社会中产化等思想与行为;而所谓反现代化,主要指的是坚持重农而反对工商立国、坚持乡村式淳朴而反对城市式机巧等思想与行为;后现代化则主要指针对西方现代化矛盾而试图加以超越的思想与行为(主要指社会主义思想)。在现实的历史中,清末开始的中国现代化过程是以浓重的非市场化的军工产业为主导的,由此形成了以国家名义掌握的大量现代工业产业。这种以国家名义掌握工业产业(即"现代化"),又被认为可以以共同体形式保持旧式的农村与手工业经济(即"反现代化"),同时还能救治欧美现代化过程的弊病(即"后现代化")。就是说,在当时的思想界与实务部门,认为非市场化的国有产业结构,可以同时满足现代化、反现代化和后现代化三种思想取向的共同要求。1949年后,中国非市场化的国有工业产业结构,在现实中就是这样形成的。显而易见,这样的解释模式,与波兰尼用来解释现代政治经济形成的双重运动模型,有异曲同工之妙。

二、用双重运动模型解释现代国家的兴起

在上述双重运动模型的基础上,如果将第二重运动中的政治内容(即国家管制措施与制度的发展)分离出来,考察经济和社会内容对政治的影响(即用第一重运动中市场的扩张和第二重运动中社会的反抗来解释国家的发展),那就可以形成一个模型来解释下述重大政治学问题:现代国家从何而来?

蒂利对这一问题的说法是:"没有人设计了民族国家的主要组成部分……它们通常或多或少是作为无意识的副产品而形成的。"②这一回答与波兰尼的下述说法倒是一致的,只是用词稍有不同,"资本主义是悄无声息地到来的。没有人预见机器工业的大发展,它完全是在惊喜中到来的"(第77页)。

用波兰尼"双重运动模型",可以将近代以来经济社会运动与现代国家兴起之间的关系阐述如下:经济与社会现代过程包含有双重运动,第一重运动是市场原则的扩张运动,第二重运动是社会从两个方向反抗市场扩张的运动;在应对这个"双重运动"的过程中,现

---

① 姜义华:"中国社会的三种取向与现代化目标模式的择定",载于姜义华著:《理性缺位的启蒙》,上海三联书店2000年版。

② 蒂利著:《强制、资本和欧洲国家》,上海人民出版社2007年版,第29页。

代国家逐步发展起来。

这一解释现代国家发展的"双重运动模型"包括如下几个方面。

(1) 一方面,国家的权力和机构竭尽所能地推进商业化(满足市场原则扩张的要求),在此过程中,国家从市场自由化方向获得资源和力量,与市场共成长,因而国家"是商业革命引发的新创造"(第55页)。

(2) 另一方面,国家不断地调适和增加职能,极力运用法律和行政手段扩大国家干预,以限制要素市场中的交易自由(限制市场原则的扩张),降低要素商品化对社会的破坏,以便同时满足反市场力量和超市场力量的要求(当然是部分地)。

(3) 与此同时,国家也限制两种反对市场原则扩张的力量,以保证社会正常的秩序,并通过吸收其中的合理要求,进一步地发展自身。

在一定程度上,该模型也可用来理解中国革命和改革开放的历史进程,并有助于从结构上理解尚未最后完成的中国国家转型。在中国近现代历史上,最为突出的是西方列强所带来的市场原则不断地扩张,以及中国革命力量对这一扩张的种种反抗。在反对市场原则(即传统上所说的"资本主义")扩张方面,工人和农民的目标是一致的,因而可结成联盟;农民人数最多,可作为革命主力军,但作为反市场力量,其方向毕竟是逆现代化潮流(即抗拒工业化)的;这就需要人数虽少,但却诞生于市场经济中、具有现代化方向的超市场力量——工人阶级的领导。就此而言,中国革命的成功,是超市场力量与反市场力量结盟的结果,这一结果同时指向工业革命所代表的现代化方向。1978年后中国在市场化方面取得的进展,无非是该模型中第一重运动(即市场原则的扩张)发展的结果,或者说是中国的发展汇入全球市场化的主潮流。当然,这一市场化的进展同样也引起社会的种种反抗,并进而对中国国家制度的发展提出了要求。在这方面,可以进一步参考马骏等人的研究①。

第五节 余论:"经济学家不能治国"

身为经济学家的梁小民先生,曾经写出了"经济学家不能治国"一文②,这篇文章可能会得罪一些以"国师"自居的经济学家。梁小民的意思是,现实比经济学理论的假设要复杂得多,制定政策要考虑许多经济理论未涉及的因素,如伦理因素、政治因素等;但许多时候,经济学家很天真,总是坚信自己理论的正确性,并要顽固地把这些理论直接变为政策。因此,梁小民的结论是,单纯的经济学家不能成为治国者。当然,非经济学者也做出过类似的批评,其中最为中肯的可能是秋风先生的批评。他说,主流经济学从经济人假定出发演绎出整个理论体系,这种方法具有"强烈的唯理主义倾向",倾向于"把整个政治过程化

---

① 马骏:"改革以来中国的国家重建:双向运动的视角",载于苏力、陈春声主编:《中国人文社科三十年》,三联出版社2009年版。
② 梁小民:"经济学家不能治国",《科技文萃》2004年第7期。

约为一个单纯的技术问题,仿佛,每一具体改革的目标是给定的,唯一需要做的就是以最有经济效率的方式实现这一目标。"①

通读《大转型》这本书,可以发现波兰尼事实上也持有类似的观点。他承认,自19世纪以来形成的现代社会,在相当程度上确实已将经济活动独立出来并置于极高的位置,在社会中"一切交易都变成了金钱交易","一切收入必须来自某种东西的出售"(第62页),大部分社会成员在行为动机上早已从生存的动机转变为获利的动机(第36页)。不过正如本讲说过的,波兰尼强调,在此基础上形成的"市场可自我调节、社会中的一切都应服从市场而不该受权力干预"的自由主义经济学观念,就走得太远了,它是"彻头彻尾的乌托邦"(第3页)。这种观念的产生,是受"粗俗的功利主义的腐蚀和对所宣称的自发增长和自身治疗机制的盲目信仰的共同作用"的结果,是"对经济增长的社会后果的神秘接受,不管这些后果可能会是什么",它怀疑甚至忘却"基本的关于政治科学和治国才能的真理"(第29页)。因波兰尼这样的言论,本书导言作者弗雷德·布洛克说,"《大转型》提供了迄今为止对市场自由主义最强有力的批判"("导言"第10页)。

至少在以下几个方面,波兰尼提醒治国者注意,而自由主义经济学对此没有或不能加以充分认识。

第一,贫困问题。不是说自由主义经济学家没有注意到贫困问题,他们确实看到了贫穷伴随着富足一起增长的现象。但是他们要么不能解释为什么经济发展的成果不能渗透到下层而出现"奇迹般的生产增长与大众几成饿殍"(第70页)并存的现象,要么用略带有恶意的进化论观点看待贫困问题,如汤森所言:"一般地,只有饥饿才能激励并且驱策他们(穷人)去劳动"(第98页)。事实上,不少自由主义经济学家持有以下的观点,即"自由让市场去掌管穷人,一切都能相安无事","让大多数公民濒临贫困是为繁荣的最高阶段所必然付出的代价"(第101页)。不能说,这样一种观点不是常人能接受的,也因此成为波兰尼极力批评的对象。

第二,人类发展的可能。在李嘉图和马尔萨斯这类自由主义经济学家看来,"市场法则意味着人类可能性的极限"(第74页),社会中的一切包括劳动力、土地和货币等都应服从市场原则而成为可交易的商品。但波兰尼显然更同意戈德温的看法,"相信人类有无限的可能性",要求"拒斥市场的法则"(第74页)。他赞同欧文对这种市场社会可能"产生最可憎恶的持久罪恶"的批判(第110页),赞许欧文运动的目标,即"只要找到正确的方法,人类的生存方式就可以重建"(第144页)。波兰尼认为,人类可以凭借"不屈不挠的勇气和力量来消除所有能被消除的不公正和不自由"(第220页)。让劳动力、土地摆脱市场,就像货币控制权已被转移到市场之外那样,这是"通过在整个社会范围的各个方向上废除商品化虚构假象而实现的社会恢复"(第213页)。当然,波兰尼强调,这样一种市场社会的终结,"在任何意义上都不意味着市场本身的消失",市场将继续以各种方式存在("以保证消费者的自由、指示需求的变动、影响生产者的收入,并作为会计核算的工具",第213页),但它"完全不再是一个经济自发调节的机制了"(第213页)。

---

① 秋风:"超越改革体制,走向立宪政治",http://www.gongfa.com/qiufenggaigedaolixian.htm。

第三，人类的自由需要权力的帮助。波兰尼反复批评自由主义经济学家，说他们幻想，只要摆脱权力干预，市场就能为人类带来自由，这种幻想"为我们的理想给出了一个错误的志向"（第218页）。这是因为：一方面"没有权力和强制存在的社会是不可能的，没有强力作用的世界也是不可能的"；另一方面，权力及其施加的强制实际上"是扩大和加强自由的唯一手段"（第218页），"规制和控制不只是使少数人，而是使所有人获得自由"（第217页）。波兰尼用这样的句子再次点出自由与权力的辩证关系，并结束全书（该语句也同样为导言作者所注意），"只要他是真诚地试图为所有人创造更多的自由，他就无须惧怕权力或计划会转而与他作对，并毁坏他以它们为工具正在建立的自由。这正是在一个复杂社会里自由的涵义，它给了我们所有我们需要的确定性"（第220页）。

本讲思考题

1. 如何理解"市场社会"与"内嵌的市场经济"这样的概念？
2. 你如何看待封建地主阶级在英国和欧陆现代化过程中不同的历史地位与作用？
3. 如何理解"变迁的速度与变迁自身方向相比并不显得不重要"？
4. 你认为贫困是促使穷人投身市场提供劳动并进而促进经济发展的动力吗？
5. 试从波兰尼的视角考察当前中国土地市场上的各种管制政策。
6. 你认为经济学家可以治国吗？

第七讲

《致命的自负》：思考现代国家转型中的社会主义运动

从中国乃至全球的现代国家转型过程看，社会主义运动都在其中产生了深远的影响。这种影响，不但表现在社会主义理念及其现实运动改变了发达国家的制度建设与公共政策取向，更重要的是，它还直接塑造了 1945 年后不发达国家的独立运动与国家建构。因此，若要探讨包含财政转型在内的现代国家转型，就必须将"社会主义运动"纳入思考的范围内。

正如林尚立先生所言："从人类文明发展的历史运动规律来讲，'现代社会'与'现代国家'所标志的不是资本主义社会与国家，而是人类在其社会发展的历史进程中，通过现代化的发展，逐渐告别传统社会，建立起来的现代社会与现代国家。"① 就是说，对先发的现代化国家而言，是经由资本主义而建立起现代国家的。可是对不发达国家而言，在相当程度上却是经由社会主义运动而建设现代国家的。正如琼·罗宾逊夫人指出的，落后国家的社会主义运动，"不是超越资本主义而是代替资本主义的一个阶段——一种没有进行过产业革命的国家可以用来仿效产业革命的技术成就的手段，一种在一套不同的博弈规则中进行快速积累的手段。"②

在上一讲《大转型》一书中，波兰尼揭示了欧洲国家在现代化过程中所发生的双重运动，并重点研究了社会主义运动（波兰尼称之为"欧洲共产主义运动"）在其中的作用，目的是告诉发展中国家应该走什么样的道路。在本讲中，哈耶克运用《致命的自负》一书，评论在欧洲特别是英国这样的先发国家出现的"社会主义"运动，以警告滥用理性可能带来的影响。这两本书的许多观点，可以相互地印证。对于发展中国家与发达国家不同的发展

---

① 林尚立："走向现代国家：对改革以来中国政治发展的一种解读"，载于黄卫平、汪永成主编：《当代中国政治研究报告Ⅲ》，社会科学文献出版社 2004 年版。
② 布鲁斯、拉斯基著：《从马克思到市场：社会主义对经济体制的求索》，上海三联书店、上海人民出版社 1998 年版，第 24 页。

道路及其与社会主义运动的关系,在《致命的自负》一书的中文版导言中,王昊先生也做出了说明,认为欧洲发达国家的社会主义与第三世界社会主义具有不同的性质。

在此必须交代的是,虽然有历史渊源关系,但哈耶克在书中所探讨的"社会主义"与我国正在建设的"中国特色社会主义"不是一回事。哈耶克理解的"社会主义",在内容上仅仅指高度集权的政经体系(即以高度集权与命令机制为特征的纯粹国有制与计划经济的结合体),而这一内容只是20世纪上半叶社会主义运动的部分要求。事实上,哈耶克的这一理解既不全面,因为社会主义运动还包含政治、经济、文化、社会建设等其他方面的内容,也过于僵化,未看到随着时代的发展,社会主义运动有新的发展和新的探索。对社会主义运动的内容及与时俱进的发展,中共十八大报告做出了全面的阐述,即报告中对中国特色社会主义道路的概括:"在中国共产党领导下,立足基本国情,以经济建设为中心,坚持四项基本原则,坚持改革开放,解放和发展社会生产力,建设社会主义市场经济、社会主义民主政治、社会主义先进文化、社会主义和谐社会、社会主义生态文明,促进人的全面发展,逐步实现全体人民共同富裕,建设富强民主文明和谐的社会主义现代化国家"。众所周知的是,哈耶克所批评的高度集权的政经体系,早已被我国社会主义建设的实践所否定;当前我国正在建设的中国特色社会主义,是多种所有制成分与市场经济的结合。正如中共十八届三中全会反复指出的,市场已经并将进一步在我国"资源配置中起决定性作用",因此哈耶克在书中反复批评的所谓"社会主义"的弊病,与我国现行的社会主义市场经济没什么关系。

还需要声明的是,主讲人选用《致命的自负》这本书,并不表明自己完全赞同哈耶克的说法。只是作为文献导读课程,我们不得不忠于原著,让文本为自己说话而少做解释。下面将主要集中于以下几个问题来梳理哈耶克这本书中的相关内容:(1)哈耶克的理性观;(2)高度集权的政经体系的错误;(3)市场不受欢迎的原因;(4)从扩展秩序看人口增长。在本讲的最后,我们将针对哈耶克提出的问题与他的解释,做一个简短的评论。

第一节 《致命的自负》的作者与内容

《致命的自负》这本书的作者为哈耶克(Friedrich A. Hayek 1899—1992),他是1974年诺贝尔经济学奖获得者,被公认为是以一人之身兼领数派、以一己之能跨越数科的大学者。所谓兼领数派,是指他先与米塞斯合作组建了奥地利学派,后加入到伦敦学派,此后又游学于芝加哥大学和弗莱堡大学,进而对芝加哥学派和弗莱堡学派产生影响;所谓跨越数科,是指他除经济学外,还广泛涉足于法学、政治哲学、社会哲学和伦理学等领域,并在这些领域中颇有建树。哈耶克一生所著的绝大多数重要作品,都已被翻译为中文。另外,阿兰·艾伯斯坦所著的《哈耶克传》,也已被翻译为中文(中国社会科学出版社,2003年版)。

一、哈耶克的生平与学术贡献

1899年5月8日,哈耶克出生于维也纳,是家中三个孩子的老大。他的父亲是维也纳市卫生局雇佣的医生，但一生的兴趣都在植物学。凭着母亲带来的家族地产，哈耶克家庭过着比较富裕的生活。一般认为，哈耶克是受了父亲的影响才走上了学术的道路，因为他的父亲终身想成为大学教授而不得。另外，他的祖父和外祖父也都是学者。

1898—1914年的维也纳，在文学和哲学领域突然涌现出许多的天才，包括哈耶克以及我们上一讲提到的波兰尼（他出生在匈牙利，但工作在维也纳）。1918年底，哈耶克进入维也纳大学学习。在维也纳大学的第一年，哈耶克最热衷的是心理学，主要关注的是人的精神对物质世界的理解的性质；到了大学二年级，他投入到心理学和经济学的时间基本是对半开，学年结束的假期间还曾到苏黎世一位大脑解剖学家实验室访问过几周，探究大脑中的神经纤维束（这为他后来写作《感觉的秩序》一书奠定了部分知识基础）。不过，对于自己到底选择学习心理学还是经济学，哈耶克有点摇摆不定。据传记作者艾伯斯坦说，出于金钱和谋职的考虑，哈耶克最终选择了经济学。这样从本科三年级开始直至研究生阶段，他完全转向了经济学，并于1923年从维也纳大学获得博士学位。当然，这件事还有一个比较高大上的学术版解释，那就是当时的社会主义运动让他对经济学产生了兴趣。从17岁到23岁，哈耶克是一位具有温和社会主义理想的年轻人。他想弄清楚这样的问题，即"如此吸引人的社会主义计划如何能够实现呢"。当然，他的最终答案是众人皆知的，即不可能的。

1923年3月到1924年5月，哈耶克到美国纽约大学进行研究，还到哥伦比亚大学听课，并受韦斯利·米歇尔影响而重视经验研究。1929—1931年哈耶克在维也纳大学担任无薪讲师（收取学费作为收入），1931年离开奥地利前去伦敦经济学院任教，并于1938年加入英国籍。在伦敦期间，他参与到当时关于货币、资本和商业波动的研究与讨论中，还从米塞斯那里接棒作为主角参与到"社会主义计算"的论战中。1940—1949年，由于伦敦经济学院搬迁到剑桥，哈耶克与剑桥大学的学者密切交流。1950—1962年，哈耶克在芝加哥大学社会思想委员会任教。1962年他接受了德国弗莱堡大学的教职，一直到1969年他调到萨尔茨堡大学工作为止。1974年哈耶克获得诺贝尔经济学奖，达到他一生荣耀的最高点。1992年3月23日，哈耶克逝世。

在维也纳大学学习期间，哈耶克主要跟随维塞尔学习，受到他温和的社会主义思想的影响。从美国返回奥地利后，他主要受到米塞斯的影响。哈耶克后来回忆说，米塞斯是他思想发展的"主要领路人"，自己的学术兴趣"受到他的很大影响：对货币和工业波动的影响，对社会主义问题的兴趣，都是在他的直接影响下产生的"（《哈耶克传》第48页）。米塞斯影响哈耶克的另一个领域是他的哲学方法论，这种方法论强调终极的知识来源于内心。米塞斯对哈耶克产生影响的主要著作是1922年出版的《社会主义：经济与社会学的分析》一书（该书中译版已由中国社会科学出版社2008年出版）。在为这本书1978年再版而写的序言中，哈耶克说，"《社会主义》一书震撼了我们这代人，尽管我们对其核心论点的接受是缓慢而痛苦的"（《社会主义》中译版哈耶克序）。

哈耶克的一生，发表了130多篇文章并撰写或主编了25本著作，其中最为知名的有《通往奴役之路》《自由秩序原理》《法律、立法与自由》《致命的自负》以及论文集《个人主义与经济秩序》等（这几部都已有中译本）。其中1944出版的《通往奴役之路》，标志着哈耶克一生的转折点。在此之前,他是一个不怎么知名的经济学教授,而在这本书出版后一年,他就成为全球知名的人物。1947年4月,哈耶克还推动建立了"朝圣山学社"这一专门研究"自由社会性质"的组织,其核心成员有米塞斯、弗兰克·奈特、米尔顿·弗里德曼、詹姆斯·布坎南、卡尔·波普尔、迈克尔·波兰尼(上一讲《大转型》一书作者的弟弟)、马克洛普等知名学者。如前所述,在哈耶克漫长的一生中,他还与多个学派(奥地利学派、伦敦学派、芝加哥学派和弗莱堡学派)发生过关系,甚至在部分学派中发挥了核心作用。

哈耶克是作为他所定义的"社会主义"的主要否定者面貌而知名的。他的观点一以贯之,基本可概括为,生产资料私人所有制与市场经济是自由、繁荣和民主之本;或者换一种相对复杂一点的表述,那就是,如果一个社会的规则和法律能使个人利用他自己的知识与能力去追求自己的目的,而毋需每个人统一追求由某个集中的权威决定的计划,那么该社会从经济上说就是有效率的。如此明确的主张,以及他终身不断地从哲学、法学、历史、心理学、语言学、文化人类学、生物学等各门学科中汲取证据,以形成一个既繁复又逻辑一贯的论证体系,为哈耶克赢得了广泛的声誉。当然,有时也被人批评为思想重复而乏味。之所以将自己的研究,从最初的经济学理论转向其他的研究领域,按照哈耶克自己的说法,是因为他认识到,自由社会应该具有的诸多当然前提,其实远没有得到普遍的认可。哈耶克这样的研究方法与知识趣味,被《致命的自负》一书的译者称为"本世纪不多见的'知识贵族'"。这是因为,他试图打破我们习以为常的严格的学科分工,而从整体上把握现代文明。

在国内,哈耶克也是广受欢迎的学者。这从他的多部著作被翻译出版,有多位学者以研究哈耶克而知名就可以看出。学者高全喜曾总结道,哈耶克研究在中国有三种不同的路径[①]:第一种是知识社会学的路径,主要以邓正来为代表,他们强调哈耶克基于理性有缺陷而建立起来的知识论,然后追溯哈耶克的整个社会观,把法律、政治放在他的社会系统中加以研究;第二种路径,主要以自由主义的基本理论常识来解读哈耶克,以刘军宁、秋风为主要代表,重视哈耶克与自由主义价值谱系相关联的一些理论,如法治观、自由观、市场经济、自生秩序等;第三种是高全喜本人研究的政治哲学的路径,主要关注"如何构建一个社会的政治与法律制度",以及"政治与法律制度后面的正当性问题"等。

二、《致命的自负》一书简介

1988年出版的《致命的自负》一书(中译本由冯克利、胡晋华译,中国社会科学出版社2000年出版),英文书名为 *The Fatal Conceit: The Errors of Socialism*,是哈耶克生前最后一本重要著作。但在1988年《哈耶克全集》出版时,这最后一本著作却被编者列为首卷。之所以如此,原因在于该书某种程度上是哈耶克一生研究的总结。在这本书写作期间(1978—1985年),他写信给友人说,这本书可能是自己最重要的著作。虽然有人评论说该书没有达到哈耶克最初期许的那种高水平,但由于它是哈耶克一生研究的总结,而且书稿内容比较通俗好懂(它是由辩论赛提纲发展而成的专著)、篇幅也不大(译成中文,正

---

① 参见百度百科(http://baike.baidu.com)词条"哈耶克"。

文仅162页），因此被人广泛地阅读。这也是本课程选择该书作为阅读文本的原因所在。

这本书的起因是，1978年哈耶克打算以"社会主义是否是个错误"为题，在巴黎这个西欧左翼阵线的大本营与对手来进行一场最后决战般的大辩论。关于"社会主义"，在20世纪的20—30年代曾经发生过一场大辩论。1920年，米塞斯在"社会主义国家的经济计划"一文中，提出了一个非常深刻的问题：一个没有价格的经济体系——即社会主义——是否有可能存在？按照哈耶克自己的说法，在这场辩论中，20世纪"20年代是米塞斯出战，30年代则由我出战"（《哈耶克传》第109页）。在当时，以奥斯卡·兰格为代表的社会主义支持者，也对此给了积极的回应。兰格就曾经评论米塞斯对社会主义的挑战："正是（米塞斯）他有力的挑战迫使社会主义者认识到，恰当的经济核算体系对于引导社会主义经济的资源配置具有重要意义"（《哈耶克传》第108页）。从事后的眼光看，在这场论战中，米塞斯、哈耶克等人其实并未占据上风。社会主义经济学家的说法（商品价值问题的解决，不需要借助于以私有产权为基础的竞争性市场中的自由浮动价格，完全可以通过社会主义计划人员非常仔细的核算来进行），在当时更为人接受，并进而影响到那个时代几乎所有国家的公共政策。比如，在苏联影响下的社会主义国家，建立起公有制和计划经济制度；在第三世界国家，即便没有全面模仿苏联，也建立了大量的国有企业并对经济进行广泛的政府干预；在许多发达国家（特别是英国和法国），也把大量的企业国有化，同时强化政府的干预活动。但是，时至20世纪70年代末，以生产资料国有制与指令性计划经济为特征的这场运动，其经济后果已经比较充分地显现了出来。因此，哈耶克觉得此时有必要就此再组织一场终结性质的辩论。哈耶克设想，由朝圣山学社的成员詹姆斯·布坎南、罗纳德·科斯、米尔顿·弗里德曼等人为一方，邀请詹姆斯·米德、诺姆·乔姆斯基、阿瑟·刘易斯、刚纳尔·缪尔达尔等人为另一方，同时法国社会学家雷蒙·阿隆也已同意出任辩论赛的主持人。不过，可惜的是，这一设想中的辩论赛未能成功地举办。

于是，在同道鼓励下，哈耶克把原先为论战而准备的简短宣言，扩展成了现在这本《致命的自负》一书。写作《致命的自负》，花去了哈耶克20世纪70年代后期和80年代的大部分时间。其实这时候他的身体状况已相当糟糕，但仍坚持着完成了这一著作。1982年8月，他将第一个版本提交给在奥地利召开的一个小会（参加者有布坎南、科斯和乔治·斯蒂格勒等15人），可与会者对此并不满意（当然是相对于阅读者的期待而言）。于是，在1982年后半年及1983—1985年，哈耶克反复修改书稿，直至因病被迫永久停止研究。最后的书稿，是在《哈耶克全集》的总编辑威廉·巴特利三世的手上定稿的，这第二个版本的内容就是我们今天读到的书稿文字。

《哈耶克传》的作者艾伯斯坦说（该书第362页），《致命的自负》出版时并没有获得一致的喝彩，虽然其中存在着智慧和天才的火花，但并没有达到最初期许的高水平。事实上，根据哈耶克的秘书库比特的回忆，哈耶克也在疾病中不断地怀疑自己能否写完整本书，能否写得和别的书一样好，最终他对自己没有亲笔完成这本书感到很失望（巴特利三世在书稿完成方面起的作用，比最初设想的要大）。

据《哈耶克传》说，"致命的自负"这一书名来源于哈耶克所摘录的亚当·斯密书中用到的"过分的自负"（the overweening conceit）一词。斯密用这个词来形容某些过于傲慢的知识分子,他们相信自己设计出来的社会比竞争性市场更优越。哈耶克将"过分的自负"变为"致命的自负",并用这个概念表达大致相似的意思,即认为那些持有"社会主义"(即高度集权的政经体系)思想的知识分子,其错误不在于道德而在于知识,即对理性知识抱有"致命的自负",以为凭借理性与现有知识就能设计出最美好的社会;在这样的社会中,可以运用计划来管理经济、可以重塑道德甚至重新设计语言。

此处需要事先交代的是,为了避免市场秩序和私有产权可能带有的贬义色彩并更准确地表达自己的意思,哈耶克在《致命的自负》一书中多处将市场秩序称为"人类合作的扩展秩序"或者"扩展秩序",将私有产权称为"分立的财产"。但他在书中,并未完全杜绝使用市场秩序和私有产权这两个词。因此,本讲在使用这些词汇时,也不刻意地加以区分,多数时候仍使用市场秩序与私有产权两个词。

中文版《致命的自负》除了中文版导言、译者的话、编者(即前面提及的巴特利三世)前言和哈耶克本人的一个短序外,正文有导论和九章的内容,另外还附录了7篇补论(用来解释相关概念或交代有关背景知识)。总体而言,正文的内容,虽然讨论的问题都非常重要,但并未形成一个非常清晰的结构。在导论部分,主要讨论一个近现代历史上非常重要的问题,那就是高度集权的政经体系(即哈耶克所定义的"社会主义")是不是个错误。本书的第一至第六章,内容相对完整,主要是总结哈耶克一生对自由市场的辩护观点,分别论述了以下具有递进性或因果性的问题:(1)道德规则处于本能和理性之间;(2)财产与公正共同成长;(3)贸易与文明共同进步;(4)人类从本能和理性两方面同时对财产与市场进行质疑;(5)这种质疑来自于理性的自负;(6)贸易和货币是一个超出理性全盘理解力的神奇世界。在上述具有相对完整内容的六章之外,哈耶克还利用上述理论相对分散地讨论了三个问题,分别是:(1)语言滥用对社会科学研究乃至社会政策的不良影响;(2)人口增长具有积极的意义,不能人为地限制;(3)宗教中包含着我们理性难以全部认识的传统智慧等。当然,本讲在解读这本书时,并不按上述文本的顺序和结构进行。

第二节 哈耶克的理性观

《致命的自负》一书,是哈耶克就自己毕生研究的市场文明之运行原理所做的一个总结。阅读该书,不禁会让人想到斯宾塞说过的一句话:"只有通过不断变化的重新表述,才能令不愿意接受新奇思想的心灵认可这种思想"(本课程最后一讲运用的文本《公共财政与公共选择》第82页)。哈耶克这本书完全体现了斯宾塞表达的意思,就是说,他不断地创造新概念、引入新理论或者干脆变换新说法,来阐明他一生不断述说的主题,即市场秩序与私有产权制度是正确的、值得坚守的。

在本节我们来看看哈耶克就"理性"而创造的两个非常重要的概念,这两个概念是理解哈耶克思想的基础。在他的多本著作中,哈耶克曾反复地运用这两个概念,以至于吸引了不少学者将其作为重要的分析框架而接受。

一、背景知识：理性与理性的危机

自17世纪以来，有一种意见越来越成为普遍性的共识，那就是社会政治制度要建立在理性基础上。这里说的理性，在第五讲中我们提到过，主要有两个方面的含义：(1) 理性的世俗化，即评判社会政治制度不以神意为本位，而应基于人的体验、人的眼光进行，要从世界本身去认识世界；(2) 理性的个人自觉，即评判社会政治制度要基于人的独立思考而找到的理论。

如果说上述两方面的含义还是表达了对理性的一种相对温和的主张的话，那么笛卡尔的主张就显得更激进一些。当然，激进也是他那个时代的主题。笛卡尔主张的是，怀疑是求知的根本前提，"如果我想要在科学上建立起某种坚定可靠、经久不变的东西的话，我就非在我有生之日认真地把我历来信以为真的一切见解统统清除出去，再从根本上重新开始不可"①。因此，笛卡尔提倡要用理性的尺度去怀疑和审视以往的一切知识；只有经过理性的怀疑和思考以后，对那些自己认为没有问题的东西（清晰、判然的观念）才能纳入知识的范围，并由此建构起整个理论体系。当然，从逻辑上说，怀疑必须要在某一处止住，这样才能产生积极的结果。这个让怀疑停止的点应该是无疑问的事实和无疑问的推理原则，是最简单最可靠的起点。笛卡尔的说法是这只能是"我思"，即自己的思维，因为若停止思维，"我"的存在便没有证据了。这也是笛卡尔的名言"我思故我在"的含义。

"我思故我在"使人的认识基础因人而异：对每个人来说，出发点是他自己的存在；这个出发点不是其他个人的存在，也不是社会的存在；如果由此建立的理论在自己看来是正确的，那就不应该向任何权威低头；对于自己的理论，他也不希望单纯依靠个人威望来强制别人接受，而指望人们根据普遍公认的真理标准来相信。启蒙运动时期的口号是，"有勇气运用你的理智"，正是笛卡尔主张的最好反映。而伏尔泰的夸张言论，"现在你们发抖吧，理性的日子来到了"，则是笛卡尔倡导的理性的最强音。基于对理性的这种高度自信，西欧社会政治制度在相当程度上得以重建，并进而诞生了现代国家。

不过，当历史发展到19世纪末20世纪初的时候，西方思想界却兴起了对理性的怀疑，爆发了一场"理性的危机"②。这一危机至少体现在以下两个方面。

第一，确定性的丧失。以笛卡尔为首的哲学家，他们在运用理性反思社会政治制度建构时，参照和模仿的对象是自然科学。在他们看来，自然科学及其结果是可靠的、确定的，由此形成的知识也是可靠的。但是，一方面哲学反思的结果发现，知识并不会因起点的可靠而得到保证，因为起点的可靠不能保证结果的可靠；另一方面，现代自然科学的发展说明，时间和空间是相对的，物质微粒的性质是推断出来的，特别是量子理论告诉人们，要获得外部世界的确切知识是不可能的。自然科学的确定性丧失了，那么以自然科学为榜样的社会科学，它原来提倡的那些价值和标准是否还具有可靠的保证？

第二，非理性的兴起。近代政治思想的基础是有理性的个人，启蒙运动也正是打着张

---

① 笛卡尔著：《第一哲学沉思录》，商务印书馆1986年版，第14页。
② 此处对理性危机的介绍参考了张汝伦著：《现代西方哲学十五讲》，北京大学出版社2003年版，第一讲。

扬理性的旗帜取得了胜利。但是,启蒙运动的哲学忽视了非理性的力量。非理性指的是人性中的无意识本能、直觉、情感、意志、欲望等。对理性的批判和对非理性的强调,在休谟、卢梭等人那里已有所反映;而到了19世纪末、20世纪初,在尼采、弗洛伊德等人那里对非理性的研究发展到了新高度。此后,许多哲学家纷纷指出,启蒙运动中的理性已发展成为技术理性,而技术理性压抑非理性是现代人性异化的根源。

二、哈耶克对两种理性观的区分:建构理性与演进理性

哈耶克并没有直接地回应上面说到的"理性的危机"问题。他根据自己的心智理论,提出了建构理性和演进理性两种理性观,这在一定程度上为现代社会政治制度奠定了适当的理性基础,侧面地、部分地回应了现代社会所遭遇的理性危机问题。

哈耶克的心智理论认为,人类心智永远不可能为自身完全理解;从逻辑上讲,心智既然是人类划分周围世界的方式,人就永远不能退回去,不能把心智自身视作一种感觉输入。人们至多能解释心智运作的某些规则,对感觉秩序提供一个原则性的解释,这种局限性使人不可能对世界做出一种完全理性的理解。

根据这一心智理论,哈耶克将思想史上相关学者对理性的看法划分为两大类,建立起两种理性观:建构理性观和演进理性观。在《致命的自负》一书中,哈耶克也运用了自己这一理论。虽然在这本书中,他并没有明确提出这一相互区分的概念,但明显地运用了这一概念体系所包含的内容。在书中,他提到了建构论理性主义(constructivist rationalism),但未明确提及演进理性观或演进理性主义,只是反复提到了进化论(演进和进化在英文中对应同一个词"evolution")。

1. 建构理性观

所谓建构理性观(哈耶克反复举出的代表人物就是我们说过的笛卡尔),其观点是,理性具有至高无上的地位,每个人生而具有知识与善,能够理解并把握事物的本质,个人理性可以为一切价值判断制定标准,人类能够根据审慎思考而建设社会制度。

哈耶克在书中说,持有他是所谓"社会主义"思想的知识分子,包含有如下的理论预设(第67—68页),这些理论预设实际上就是哈耶克赋予建构理性观的特征:(1)凡是不能得到科学证明或观察验证的事情,就没有理由遵守;(2)凡是没有理解的事情,就没有理由遵守;(3)对于一项具体的事业,除非对它的目标事先有充分的说明,否则就没有理由参与其中;(4)任何事情,除非不仅事先完全知道它的后果,并且还能充分观察到这种后果并能将它视为有益的,那就没有理由去做这件事情。

哈耶克说,这样一种建构主义理性观或"唯科学主义"的看法,"是病态思维的产物,是一种滥用理性的错误的科学学说和理性学说,最为重要的是,它不可避免地导致对人类各种制度的性质和发生做出错误的解释"(第51页)。哈耶克认为,这种从笛卡尔那儿传给现代的理性主义,带来的最终结论就是,不但可以而且应该抛弃传统,并依靠理性建立一个新世界、一种新道德、新法律,甚至能建立一种全新的纯洁语言(第52页)。

在哈耶克看来,以法国人为代表的知识分子所主张的社会契约理论,就典型地属于建构理性观。这是因为,这种社会契约论认为过去的社会是由一群纯粹意义上的个人达成

的契约,每个人的义务和权利都由这份契约规定;如果不喜欢这个契约,那就可以废除。哈耶克反复说,如此一批社会契约论者,总是对现存的社会传统采取忽视或藐视的态度,认为那是对个人自由的压抑和摧毁(如卢梭的经典名言"人是生而自由的,但却无往不在枷锁之中");面对未来时,他们认为可以通过审慎地观察和思考,凭借个人理性,根据所知道的社会成员的偏好,来设计出最美好最合理的未来社会制度,实现社会、政治、经济的完全平等。显然,哈耶克眼中的"社会主义"知识分子,就完全继承了这批社会契约主张者在理性问题上的建构论立场。

2. 演进理性观

所谓演进理性观(哈耶克推崇的代表人物是休谟),其观点是,反对任何形式的对理性的滥用,认为理性不可能获得关于自然和人的心智的绝对正确的知识,人类只能在传统的基础上运用理性作局部的(边际的)改造。哈耶克本人极力主张的是演进理性观,他反复警告人们,滥用理性来刻意设计未来十分危险。这是因为,没有一个人可以完全彻底地了解另一个人,传统的传承是大范围事件,是由许多人的心灵接受和传递下去的,人类的发展只能主要依靠习惯和不断积累的知识传统,人类文明是由不断试错、日益积累而艰难获致的结果,是人的行动的非意图的结果。

所以,哈耶克高度推崇自休谟以来英国知识分子对传统的珍视。在他的眼中,传统包含着超过了任何个人所能拥有的丰富经验,即使人们没有透彻地认识和把握它,也不会妨碍它帮助人们实现自己的目的。与此同时,哈耶克不认为尊重传统就意味着压抑创新,因为真正的创新必须怀着"不断演进"的态度,在边际上进行改进,如此个体理性的创新精神才能得到充分的发挥。相反,那些试图设计和改造人类未来的人,不但错在对理性抱了过高的期望(即理性犯了自负的错误),而且若真地按此设想实行,就会变成倾向于控制人们的思想。基于此,哈耶克反对人们运用理性肆意改变人类生存的规则(尤其是道德规则),反对人们改变长期历史发展过程中形成的习俗和传统。

哈耶克反复申明,只有这样的演进理性观才是"正确运用理性",它是承认自我局限性的理性,是进行自我教育的理性。他认为,"社会主义"者所反对的"资本主义"(他将其称为"人类合作中不断扩展的秩序"或简称"扩展秩序"),就是这种演进理性形成的结果;这种扩展秩序并不是人类的设计或有意造成的结果,而是自发的产物。

3. 哈耶克为演进理性观辩护

哈耶克用来为自己的演进理性观提供支持的理论,主要是生物心理学(即人的理智有一个成长过程而不是先天给定的)以及进化论。

在《致命的自负》一书中,哈耶克举出的相关生物心理学的证据并不多(这些证据主要反映在《感觉的秩序》一书中)。他只是一再强调,理性(智)并不比道德更高("创设我们道德的并不是我们的理智",第20页),理性(智)也不比文明更高("不是我们所谓的理智发展出了文明",第21页),相反,理性(智)是和道德、文明一起在人类交往关系中成长以来的,"是受着我们道德支配的人类交往,使得理性的成长以及同它结合在一起的各种能力成为可能"(第20页)。

在《致命的自负》中,哈耶克为论证演进理性观而动用的依据主要是进化论。按《哈耶克传》作者的说法,哈耶克有关进化的观念,来自于他从父亲那里学得的植物学知识。哈耶克自己在《致命的自负》中强调的是,经济学有高度重视进化的倾向(他说"达尔文是从经济学那儿得到了进化的基本观念",第23页)。哈耶克反复强调的观点是,一切进化,无论是文化的还是生物的,都是对不可预见的事情、无法预知的环境变化不断适应的过程。无论是生物进化还是文化进化,都不承认有什么进化规律或不可避免的历史发展规律。因此,在哈耶克看来,"社会主义"者宣称掌握了人类发展的规律是不符合进化论的;而资本主义秩序的优越之处不在于理性对它的认识,而在于"在这种秩序中,更为有效的相互协调使其成员即使十分盲目,也能够养活更多的人口并取代另一些群体"(第22页)。基于进化论,他最终的结论是,资本主义相对于其他秩序的优越之处在于"透过恰好遵循了这些做法的群体中的一个进化选择过程——人口和财富的相对增加——它们相当迅速地传播开来"(第1页)。

由此,哈耶克根据他所赞成的演进理性观,认为资本主义这种自发社会秩序所遵循的规则系统是进化的(或演进的)而非设计的产物,而且这种进化的过程乃是一种竞争和试错的过程;资本主义社会中的规则是这一进化过程的结果,该结果也优越于其他的规则系统。所以,基于演进基础上的资本主义规则系统及其理性,是目前为止最为正确的。这样的规则系统在未来当然可能会有所改变(哈耶克强调,没有理由认为"它在当代世界采取的具体形式就是最后的形式",第36页),但怎样改变并非人类理性可以纯然设计,而应通过无具体目标的边际改进,不断地进化下去。

钱德兰·库卡塔斯(Chandran Kukathas)曾就哈耶克的建构理性与演进理性提出一个著名的质疑,那就是:给定哈耶克依循休谟理路而认定个人理性在社会生活中只具有限的作用,那么哈耶克的理论又如何有可能在为自由主义提供系统捍卫的同时,而不沦为他所批判的唯理主义(即建构理性主义)的牺牲品[①]? 换言之,库卡塔斯的意思是,哈耶克是用建构理性的方法而提出"建构理性——演进理性"这一区分的,但他的结论却是演进理性是正确的。很显然,哈耶克运用进化论来为自己的理性观提供辩护,并不能完全消解库卡塔斯的质疑。

第三节 高度集权的政经体系的错误

如前所述,社会主义思想及其运动在现代国家成长过程中扮演着十分重要的角色。我们固然可以将社会主义在思想史上追溯得很远,但显而易见的是,直至18世纪末19世纪初工业革命发生后,社会主义才真正地在欧洲兴起。这一点,波兰尼也强调过。

学者们对社会主义的起源有诸多的解释。经典的马克思主义理论认为,这是社会化大生产与资本主义私人所有制的矛盾日益发展的结果。在上一讲,波兰尼的观点是,这是由于市场原则扩张到劳动力领域后,社会奋起反抗的结果。哈耶克给出的解释最为直接

[①] 哈耶克著:《自由秩序原理》,三联书店1997年版,译者序第65页

简单,他认为这是理性过度自负的结果。

这一节我们基于上一节的内容,来概述一下哈耶克在书中自问自答的一个问题,即"社会主义是个错误吗"(导论标题)。鉴于哈耶克所说的"社会主义"具有明确的内容指向,即它指的就是"高度集权的政经体系",所以本节从价值和事实两方面,来整理哈耶克所阐述的高度集权的政经体系所存在的问题。

一、从价值方面看高度集权的政经体系的问题

哈耶克说,高度集权的政经体系提倡者(即哈耶克所说"社会主义"者)宣扬要建立一种源于理性设计的新道德体系来代替现有的道德体系。比如说,"为使用而生产而不是为利润而生产",用平等分配来改变贫富差距,用人与人之间的友好合作来代替现在的恶性竞争等。对于这些主张,哈耶克认为,它们在道德上是高尚的(第119页的用词是"境界甚高"),愿望上是良好的(第5页用词是"出自一些良好的愿望"),但却是错误的。

通观《致命的自负》一书,哈耶克除了在导论中,还在全书多处涉及这一道德问题,他把对道德问题的讨论跟对其他问题的讨论融合在一起。事实上,将多个侧面、多种方法融为一体进行讨论,一直是哈耶克著作的特色。勉强加以分解,可以看到哈耶克大致从以下几个方面来评价他所谓的"社会主义"(即高度集权的政经体系)的道德问题。

1. 这一道德体系是理性设计的结果,但道德本身却不能用理性加以证明

哈耶克说,"传统道德等事情无法用理性加以证明,但是同样真实的是,任何可能的道德规则,包括社会主义者能够提出的那些规则,也无法用理性加以证明"(第76页)。哈耶克还用维科的名言来佐证自己的说法,"人变成了这个样子,但他并不理解这一过程"(第77页)。如果不是理性,那是什么造就了人的道德呢?是不是来自于某种直觉或者本能?哈耶克对此也不认同。在他看来,道德规则"一方面超越了本能,并且往往与它对立;另一方面它又不是理性能够创造或设计的"(第20页)。哈耶克解释说,道德规范是人类进化的结果,它"不是人的理性所创造,而是由文化进化赋予人类的一种独特的第二秉性"(第57页)。前面已经提到,哈耶克反复强调,在进化过程中,理性和道德同时诞生,因此绝不应当认为"理性是处在一个更高的检验者的位置上,只有那些得到理性认可的道德规则才是正确的"(第19页)。如此进化而诞生的道德规则(具体体现在习俗和传统中),"处在本能和理性之间"(第21页)。

哈耶克此处所谓的"在本能和理性之间",大致可以理解如下:(1)道德既非出自本能(反而是"对本能反应的限制"结果,第14页),又非出自理性;(2)与此同时,在一定程度上道德又有些像本能(这种通过学习获得的道德规则,"个人逐渐习惯于服从,甚至像遗传本能那样成了一种无意识行为",第14页),也一定程度上符合理性(如果理性能够了解现有的道德规则对于人类生存发展的重要性的话,不过"人们不可能彻底理解传统道德规则以及它们如何发挥作用",第79页)。

既然道德是进化的结果并且是保证进化进一步持续下去的条件,那么对于道德或者说"公正"(哈耶克理解的公正是指"符合对与错的先入之见、符合公共利益、符合过去已经获得的环境所提供的可能性",第82页)问题,哈耶克给出了一个可称之为终极的答案,那

就是,"进化过程向以前未知的领域的迈进不会表现出公正……进化不可能是公正的。坚持让一切未来的变化符合公正,这无异于要求终止进化过程"(第83页)。

就是说,在一定程度上,哈耶克消解了道德问题,因为他所理解的道德在相当程度上就等同于使资源配置效率最大化的规则。正因如此,他同意哈丁的说法"伦理学就是对资源分配的研究",并反复强调"进化的改变普遍趋向于最经济地利用资源","进化也是盲目地遵循着资源利用最大化的途径"(第12页)。

2. 这一道德观混淆了两种不同的道德要求

哈耶克将道德理解为协调人与人之间关系的规则("只有那些当人们根据自己的目标做出个人决定时必须予以考虑的普遍而抽象的规则,才担当得起道德之名",第72页),以此为起点区分出两种不同的道德要求(第8~9页):一种是小团体(微观组织)中的道德要求,一种是大范围群体中的道德要求。在小团体中适用的道德要求,指的是在家庭或朋友圈这样的小群体(或者在原始人中盛行的小部落)中通行的休戚与共的情感与利他主义的行为。在大范围群体中的道德要求,指的是在超出小团体之外的大范围群体中,运用市场机制进行合作时形成的规则(如不使用暴力进行强制、不使用欺诈的手段等)。

哈耶克反复强调,这两种道德要求不能相互混淆,人们必须学会同时在这两个世界里生活,"如果我们把微观组织中那种一成不变的、不加限制的规则,用于宏观组织(如我们更为广大的文明)……我们就会毁了它。但是,假如我们总是把扩展秩序中的规则用于我们较为亲密的群体,我们也会使它陷入四分五裂。"(第16页)在这两种不同道德规则约束下的人类行为也是不同的,"小群体的行为可以受一致同意的目标或其成员意志的引导,而同样作为一个社会的扩展秩序,它形成了一种协调的结构,却是因为其成员在追求不同的个人目标时,遵守着相同的行为规则"(第130页)。

哈耶克强调,将小团体结合在一起的这种利他主义道德往往源于本能直觉,这种本能直觉可能会对扩展秩序中的规则表示厌恶(第9页)。哈耶克觉得,他所谓的"社会主义"道德的产生正渊源于此,即混淆了两种不同范围的道德要求,将小团体中的道德规则运用到大范围群体中。哈耶克最终的结论是,在大范围群体中运用市场规则进行合作,如果不是从目标而是从结果来看的话,也是利他主义的,因为它有利于人类的生存和发展。所以他说,这种"利他主义非常不同于出自本能的利他主义。不再是被追求的目标,而是得到遵守的规则,决定着行为的善恶"(第90页)。

3. 这种道德观具有毁灭性的后果

在哈耶克看来,高度集权的政经体系要求根据人类理性设计某种道德原则并依此进行收入分配,可为了实现这种分配,就必须授权一个中央政府来支配现有资源的用途,如此必然带来的后果就是消灭生产资料的个人所有制(第2页),建立起生产资料的国家所有制。

哈耶克认为,该做法将带来两个毁灭性的后果。一个后果是,正如他在别处强调过的,控制着全部财产进而控制所有人的生存条件的国家,将会去控制人们思想的方式,这最终将导致一个社会所有成员的创造力的枯竭[①]。另一个后果是,"社会主义不可能做到

[①] 哈耶克:"社会主义的计算(三):作为一种'解决方法'的竞争",载于《个人主义与经济秩序》,三联书店2003年版。

它所许诺的事情"(第4页),因为这样的生产方式产量必然是低下的("除了让产品在竞争性市场中进行分配外,尚不知有什么其他方法能够告诉个人,他们该为各自的努力确定什么方向,才能为总产量做出最大限度的贡献",第2页),也无法进行公正的分配("即使通过集中支配生产资料所能生产出的集体产品,至少同我们现在所产生的数量一样多,如何进行公正的分配仍会是个严重的道德难题",第2页)。

哈耶克给出的结论是,这种高度集权的政经体系所推崇的道德,因其对资源配置的毁灭性影响而在后果上"威胁着我们现有人口中占很大比例的一部分人的生活水平,甚至他们的生命本身"(第5页)。

4. 哈耶克为人类合作扩展秩序的道德提供直接的辩护

哈耶克理解的人类合作的扩展秩序(有时他称为"资本主义"),即私有产权制度与市场经济秩序,他认为这二者符合道德。

就私有产权制度而言。首先,他认为私有产权制度标志着文明的开始,而规范财产权的规则似乎是一切道德的关键所在(第34页)。其次,在他看来,从结果看,私有产权制度也不是自私的制度,"它的好处是普遍的,因为它把生产的支配权,从少数不管如何自负知识毕竟有限的个人那儿,转移给了一个过程,即扩展秩序,它使所有人的知识得到了最大限度的利用,因此使没有财产的人得到几乎和有产者同样多的利益"(第87页)。

就市场经济秩序而言。首先,哈耶克认为市场秩序导致了良好的后果,人类在市场中"所做的许多好事,并不因为他们天性善良"(第17页),因为"市场是唯一已知的方法,它能够提供信息,使个人可以对他们直接有所了解的资源的不同用途的相对利益加以权衡"(第87页),由此带来积极的经济后果。其次,他承认市场秩序远非尽善尽美,甚至经常失效(第95页),但认为不能因这种失效而否定市场,而且失效往往"多是因为有人试图干涉甚至阻碍它的机制运行,或是想改进它的具体结果"(第95页)。他也承认市场会导致不平等,但他依然用效果来为市场不平等辩护,认为这种不平等的效果是好的,"没有不平等,人类既不可能达到也无法维持其现有的人口数量,而这种不平等既不受任何审慎的道德判断的左右,也与这样的判断不可调和"(第136页)。至于那些受到商业道德最残酷而明显打击的人,哈耶克的解释是,他们只是"尚未学会如何应付它们"(第149页)。

二、从事实方面看高度集权的政经体系的问题

以上是哈耶克从价值方面对高度集权的政经体系所做的评价,而他自己更为重视的是从事实方面来对此进行评价,就是说,他认为高度集权的政经体系的错误更多的是知识问题。

在他看来,就高度集权的政经体系而言,反对者和支持者之间的冲突,主要是知识的问题而不是价值的冲突。这种哈耶克所谓的"社会主义",在道德方面的目标很多时候是令人尊敬的,但它在社会配置资源的"知识如何产生、如何能够产生以及如何才能得到利用的问题上,犯下了事实方面的错误"(第2页)。因此,高度集权的政经体系的主要问题不是道德而是知识,一切道德体系都在教诲要向别人行善,可问题在于如何做到这一点,因为光有良好的愿望显然是不够的。虽然哈耶克在书中不赞成高度集权的政经体系所提倡的道德,但他依然强调,自己跟"社会主义"者的分歧并非出于意识形态或价值选择的对

立,而是由于对事实判断不同。就是说,对"社会主义"者所主张的高度集权的政经体系能否用它倡导的办法达到目标,哈耶克的看法不同,他说,"社会主义不可能做到它所许诺的事情"(第4页),因为知识的特性决定了像这种集中运用知识的体系是无法运转的。

1. 知识的特性

那么,所谓的知识的特性是什么呢?哈耶克对这一问题的讨论,主要集中于1945年那篇著名的论文"知识在社会中的运用"。在《致命的自负》这本书中,他没有多讨论。不过,在该书的不同场合,他也形容过知识的特性,如具有"高度的主观性、个体性和易变性"(第3页),"分散性、多样性和易变性"(第7页),具有私人性即"私人知识"(第7页),人类拥有的许多知识只是"知其然"的知识(第6页)等。

在哈耶克看来,虽然人类的一部分知识是科学知识,即可以由挑选出来的专家组成的某个权力机构掌握(即使如此如何挑选专家仍是问题),但绝大部分的知识并非如此,它们都是有关各种"情势的知识(the knowledge of the circumstances)",而非科学知识。这些情势的知识,它们的特性大致有以下几个方面。

(1) 高度主观性和私人性:他人难以或无法获得,自己也未必愿意对外披露;

(2) 高度分散性、不完全和多样性:"所有彼此独立的个人所掌握的不完全的而且还常常是相互矛盾的分散知识"①,数量庞大、种类繁多而分布广泛,人类没有能力加以集中并予以运用;

(3) 易变性和时效性:人类没有能力及时掌握或汇总,这样的知识即使能够集中也早已失去了有效性;

(4) 高度默会性:在人类掌握的知识中,有许多本人并不"知其然"(主要指可以通过学习和模仿而获得的有关行为模式方面的知识,但对这些模式本身的发生原因和一般效用本人可能茫然无知),或者说不需要知其然(哈耶克曾引用怀特海的名言说:"文明的进步,乃是通过增加我们毋需考虑便能运作的重大活动的数量而得以实现的")。

2. 知识的特性决定了高度集权的政经体系的问题无解

哈耶克坚持说,高度集权的政经体系用来配置资源的中央计划机制,根本没有能力掌握上述有关"情势的知识";掌握这种知识的个人,不能也不愿意对外披露("只有在个人可以按照自己的决定运用他的知识时,才有可能使任何个人所拥有的许多具体知识全部得到利用。没有任何人能够把自己的全部知识都传达给别人",第86页)。因此,中央计划当局无力也无法直接对具体时空中的情势进行考虑,它不得不运用其他方法,让掌握情势知识的"当事者"或"现场的人"能够根据具体时空中的情势进行决策。哈耶克说,在有关"情势的知识"存在的前提下,不可能指望按下述设想的方式解决:"先把所有这样的知识都传递给某个中央机构,并在这个中央机构整合了所有这类知识以后再发布命令"。

基于这样的原因,哈耶克说,如果社会经济问题"主要是一个迅速适应特定时空之情势的变化的问题","必须由那些熟悉这些特定情势的人——亦即那些直接了解相关变化

---

① 哈耶克:"知识在社会中的运用",载于《个人主义与经济秩序》,三联书店2003年版。在"二、从事实方面评价社会主义:知识问题"这部分,凡未注明出处的引文,皆来自该文。

以及即刻可以被用来应对这些变化的资源的人——做出最终的决策",那么这样的决策必然以分散的或者说非集权化的方式来进行。这是因为,只有这样"才能够确使那种有关特定时空之情势的知识得到及时的运用"。

不过,哈耶克指出,从事决策的当事人在决策时也不能"只根据自己所拥有的有关周遭环境之事实的有限但却直接的知识进行决策",他需要掌握更大经济系统中更多的知识或者信息。那么,这样的信息如何传递给有关决策的当事人呢?哈耶克的答案是,价格体系是"一种交流信息或沟通信息的机制",可以将各人掌握的分散信息集中反映为价格(及其波动),因而市场价格包含了所有必要的信息,并可成为决策时的依据。他说,"价格能够帮助不同的个人协调他们所采取的彼此独立的行动,就像主观价值可以帮助个人协调他所制定的计划的各个部分一样。"而且,在他看来,价格机制的运转所需依凭的知识很经济,就是说,"涉入这个体系之中的个人只需要知道很少的信息便能够采取正确的行动……惟有那些最关键的信息才会以一种极为简洁的方式(亦即通过某种符号的方式)传递给他人,而且只传递给有关的人士。"

由于知识具有上述的特性,哈耶克认定它"无法集中到一起"。这样的话,那些宣称"为用途而生产,不为利润而生产"的"社会主义"者,在道德境界上虽然看起来很高尚,但"在知识方面却表现得无知"(第119页)。因为他们不知道,若没有价格的指引和由此产生的利润的引导,就不会有知识的传递并进而带来生产能力的提高(哈耶克引用19世纪一位思想家的话说,"经营所需的有关成百上千个具体事物的琐细知识,也只有可以从中获利的人才会去学习",第11页)。在哈耶克看来,以价格体系为核心的市场必然建立在逐利的私有产权(或者说"分立的财产")基础上,并进而构成我们通常所说的"资本主义"。

因此,支持扩展秩序的主要理由来自于事实而非价值,"资本主义在利用分散的知识方面有着更为优越的能力,因此我们只能维护资本主义。"(第4页)。作为进化至今而形成的扩展秩序,代表了人类智力水平的高峰;不是因为它增加了每个人的私有知识,而因为它是一种有效地收集不同的分散信息的方式,并进而产生秩序、提高生产力(第90页)。对市场经济和私有产权,哈耶克还有进一步的论述,下面接着再说。

第四节 市场不受欢迎的原因

上一节概述的是哈耶克对高度集权的政经体系所作的评价,他的结论是,无论从价值方面还是从事实方面看,它都是一个错误。在《致命的自负》一书的不同部分,哈耶克还探讨了一个在思想史上非常重要的问题,那就是为什么会有人反对商业活动或者说市场?

在哈耶克看来,市场曾为人类生存和文明发展做出过巨大的贡献,可它为什么总是不受欢迎呢?国内学者秋风曾编辑过《知识分子为什么反对市场》(吉林人民出版社2011年版)一书,汇集了哈耶克、诺齐克、弗里德曼、斯蒂格勒、布坎南等学者对此问题的看法。事实上,对商业活动或市场的反对,不单单是现代知识分子的看法,在人类历史上它有根深蒂固的传统。正如我们在第二讲的《盐铁论》文本中，就看到文学贤良批评过商业活动，认为它会败坏社会风气，破坏社会的道德基础，"散敦厚之朴，成贪鄙之化"（《本议》）。我们在《欲望和利益》这一讲也说过，在西方古代思想中也有这样的传统，特别是基督教，在中世纪曾严厉批评过商业买卖和借贷生息。对商业活动或市场的反对意见，到了近现代更一度达到高潮，并特别反映在19至20世纪社会主义的思想与实践中。

哈耶克认为，这种对市场的反对，既基于某种本能，又出于理性的思考。前面已经提到过，哈耶克在《致命的自负》第一章以"在本能和理性之间"为标题，试图说明协调人类大范围活动的道德规则（在他看来大范围群体中的道德规则就是市场秩序中的规则）具有下述辩证关系：既非源出于本能（小团体中的道德来源于本能），也不能由人的理性刻意设计（这超出了人的理性能力范围）；与此同时，这样的道德规则又有些像本能（人类经过长期学习已将其内化为某种类似于本能的反应，如对某些行为会产生厌恶或不快的感觉），也部分地符合理性的要求（理性可以对此进行一定的理解并在边际上加以局部的改造）。在分析为什么市场不受欢迎时，哈耶克再次动用了本能/理性这一分析框架（其内容大致分布在第四、五和六章），以说明市场在本能和理性上都受到了反对。人类要发展，就必须同时克服这两种反对意见。

一、市场与本能

在哈耶克看来，对市场或扩展秩序的反对，首先来源于人的本能，"扩展秩序中的规则与把小团体结合在一起的本能直觉是相互冲突的"（第9页）。

1. 在本能上对市场的反感

从人类的历史看，人是从原始群落这样的小团体中发展而来的；从单个人的成长经历看，每个人都是从家庭这样的小团体中成长起来的。如前所述，哈耶克认为，在小团体中通行的道德原则是休戚与共的情感与利他主义的行为，人类的本能正是在这样的小团体中培养起来的，因此天然地亲近小团体中的道德规则。在原始群落，"野蛮人并不是孤立的人，他的本能是集体主义的"（第8页），因此世界各地都有类似于人与人之间相亲相爱的远古黄金时代的传说，这些都是对原始群落生活的一种本能的追忆。即使到了现代，大多数人也都是从不计利益、只讲感情的家庭环境中成长起来的，因而在本能上也渴望于家庭之外的更大范围中享受到亲如一家的温暖。因此，如果在超越小团体之外的大范围群体中，找不到这样的休戚与共的情感与利他主义的行为，人就会在本能上产生对这一群体的厌恶。自古以来对市场的反对，大都源出于此。

哈耶克至少从以下两个方面来描述这种源于本能的对市场的反对。

第一，由于与外人打交道而引起的本能的反感。这是因为，商业活动意味着，只有一部分人可以跟外人打交道而获得独有的、非集体的知识（因为能够获准和平地进入外邦人的领地"只有个人，而不是他的群体"，第44页），而且商业活动还会把小群体中有人需要的东西转给外人（"取走该群体拥有的必需物品让陌生人使用"，第41页）。这样一种与外邦人进行有利可图的商业活动，必然"使已经发生的与原始小群体中那种休戚与共、目标一致和集体主义的决裂得到进一步强化"（第44页）。

第二，商业活动的技巧让人本能上产生一种晦暗不明的反感。由于商业活动在表面上并未增加产品的数量，却能让人获利（"仅仅把物品转转手，就能为所有参与者带来价值收益"，第106页），对此人们可能"把它归入巫术之列"，或是"认为这种技巧所依靠的不过是设套行骗或狡猾的心计"（第106页）。即使在最低程度上，这样的商业技巧也会"受到人们的贬低"（第106页）。商业技巧还高度依赖于保密和不确定的知识，这不仅破坏了小群体中的那种信任感和共享性，而且会让人们意识到"我们得严重依赖我们无法了解或控制的人类努力，不管对于从事还是回避这种事的人，当然都是令人沮丧的"（第102页）。于是，自远古以来，商业活动就被人看作"不仅和物质生产判然有别，不仅混乱而多余，不仅是一种方法上的错误，并且是令人生疑的、低俗的、不诚实的和可耻的"（第102页）。

哈耶克认为，这种从本能上对市场表示的反对，在相当程度上也是许多宗教反叛的渊源。它不仅存在于传统社会的宗教（如《欲望与利益》那讲说到的，基督教对商业的反对）中，实际上也表现在现代社会的宗教中。他在这里主要指的是19世纪以来成千上万名新型的宗教革命家，认为"他们把自己的反对热情发泄到了财产和家庭头上，并且号召用原始本能来反对这些限制"（第55页）。

2. 必须信任市场，哪怕它超出我们的本能

在上述讨论的基础上，哈耶克得出了他的结论：必须信任市场秩序，哪怕它超出我们的道德本能。在他看来，人类正是在克服这种道德本能的前提下，才发展出市场秩序并取得文明的发展，"人类通过发展和学会遵守一些往往禁止他按本能行事的规则（先是在狭小的部落里，然后又扩展到更大的范围），从而不再依靠对事物的共同感受，由此建立了文明"（第8页）。原因很简单，那就是，跟小团体中的集体主义本能活动相比，市场的运行更为有效（即上节讨论的市场在汇集及处理信息方面的功效，即"使我们可以利用分散而难以全面了解的知识，由此形成了一种超越个人的模式"，第11页），市场秩序更有助于人类的发展（"市场秩序只是相对晚近的事物。这种秩序中的各种结构、传统、制度和其他成分，是在对各种行为习惯方式进行选择中逐渐产生的……遵守规则的群体能够更成功地繁衍生息，并且能够把外人也吸收进来"，第13页）。

因此，市场秩序产生后，"人们再无必要（像小团体那样）在统一的目标上求得一致，因为广泛分散的知识和技能，现在可以随时被用于各不相同的目标"（第11页）。不仅如此，哈耶克还反复强调，市场秩序下的规则虽然与人类源于小团体的集体主义本能相冲突，但并非不道德。这是因为，如前所述，"扩展秩序以一种单凭良好的愿望无法做到的方式，弥补了个人的无知，因而确实使我们的努力产生了利他主义的结果"（第90页）。正因如此，在本课程最后一讲中，我们将看到，布坎南把这样的市场秩序命名为"道德秩序"。当然，这样的秩序之所以被称为道德，不是说它跟出自本能的利他主义一样出于善良的目标，而是因为它会带来良好的结果，"不再是被追求的目标，而是得到遵守的规则，决定着行为的善恶"（第90页）。

二、理性与市场

在哈耶克看来，对于市场的反对，不仅仅来自于人类的本能，也来自于人类的理性。

这样的反对意见更多地出现于现代,并特别体现在前面提到过的持有建构理性观的知识分子身上。哈耶克《致命的自负》这本书所针对的,主要就是这样的理性。

1. 出于理性对市场的反对

哈耶克提出,要使一种习惯或发明得到维系,需要有两个条件,"首先,必须存在着能够使某些行为方式代代相传的条件,而这些行为方式的好处未必已经得到人们的理解或赞赏。其二,保留这些习惯的群体必须是取得了明确的优势,使他们能够比另一些群体更为迅速地扩张,并最终胜过(或同化)那些不具备类似习惯的群体"(第45页)。可市场秩序虽然已确保了西方世界的人群在生存竞争中具有优势,但由于市场秩序的好处未得到人们(尤其是许多知识分子)的理解,因而遭致他们从理性角度加以反对。

这种从理性出发对市场的反对,首先源于市场秩序自身的复杂性。"以货易货一旦被间接的货币交换所取代,易于理解的事情便消失了,由此开始了一个人与人之间的抽象过程,它大大超出了最聪明的个人的认知能力范围"(第116页)。在他们看来,凡是人类理性不能理解或不能加以证明的东西就应该抛弃,"除非有经验和推理——不管它是归纳的还是演绎的——的基础,一切信念都是不可接受的"(第66页)。这是前述建构理性观对传统制度的典型看法,而且越是受教育多的人,越不愿意屈从于一些不可理解的指示,如市场价格给出的信号。

从理性出发反对市场,其次源于知识分子对理性认识能力的过度自负上。哈耶克说,"理智的人倾向于过高地估计理智,倾向于认为我们必须把自己的文明所提供的优势和机会,一概归功于特意的设计而不是对传统规则的遵从,要不然就是认为,我们运用自己的理性,通过对我们的任务进行更为理智的思考,甚至是更为恰当的设计和理性的协调,就能消灭一切依然存在的不可取现象"(第58页)。这样一种思想倾向,会让人不由自主地赞成对经济实行集中计划和控制。

就是说,过度相信理性的知识分子,看不到在理性之外还有有用的知识。他们认为应该只凭借人类理性来建立制度,以取代理性无法把握的市场秩序。在他们看来,这样的理性制度可以"把我们重新带回天国,在那里我们的本能,而不是限制这些本能的通过学习得到的规则,将使我们有能力征服世界"(第53页)。哈耶克这里所谓的理性制度,指的就是代替市场与私有产权而由中央计划机构决定财产使用的制度。所以他说,这种理性主义的观点"影响既广且深","一个人越是聪明和有教养,他或她就不仅越有可能是理性主义者,而且还会持有社会主义观点"(第57页)。

哈耶克反复强调,这样的理性主义者或知识分子最大的问题是,以为"自己可以像设计部件一样对整体进行精心设计",这是一个米塞斯形容的"壮丽的……雄心勃勃的……崇高的……勇敢的"错误(第84页)。他们"无视理性在理论中的局限性,不考虑由历史信息和科学信息组成的世界,总是漠视生物科学和经济学之类有关人的科学"(第59页)。这些知识分子并不明白,人类"大部分知识的获得,并不是来自直接的经验或观察",而来自"一个对通过学习得到的传统进行筛选的不间断过程",而来自"一个对通过学习得到的传统进行筛选的不间断过程"(第84页)。在这个过程中,个人需要"承认并服从那些无法用传统理性学说加以证明的道德传统",而传统选择过程的产物"则是那些非理性的,或不如说是'未经证明的'信念",这些信念"超出任何人的知识范围和意图"(第84页)。就资源配置而言,"任何人都根本不可能知道人们在这种计划中所能够动员的资源总和,因此对这些资源不可能进行集中控制"(第96页)。

2. 必须坚守市场,哪怕它超出我们的理性

哈耶克呼吁,知识分子应该信任市场秩序,哪怕它超出了我们的理性。市场作为人类交往的扩展秩序,来自于一个大大超出人类的视野或设计能力的甄别和选择的变异过程。事实上,它处在人类的知识和理解范围之外。"现代市场秩序在不断进行自我调整时所针对的事件,当然是任何人都不可能全部掌握的"(第85页)。可是,不必因此对理性感到沮丧,更不必怀疑市场。

通过市场进行资源配置,"是由非人格的过程完成的,在这个过程中,为了自己的目标采取行动的个人,确实不知道而且不可能知道他们相互交往的净结果"(第80页)。市场这样的结构,倾向于利用"局部的和零散的信号,适应任何个人都不知道或预见的条件,即使这种适应绝没有达到完美的程度"(第85页)。市场的运行,是由经过环环相扣的众多个人来传播一些信号(譬如价格),"每个人都以不同的组合方式,传递着抽象的市场信号流"(第85页)。按照市场价格进行核算和分配,能够"使我们发现的资源得到集约化的运用,引导生产服务于各种生产者无法想到的目的,使每个人都能有效地参与生产交换"(第64页),这最终使受市场支配的人群繁荣兴旺。哈耶克告诫我们,就有效配置资源来说,除了市场之外,我们别无他法,"离开由竞争性市场形成的价格的指导,不可能对资源进行精心的合理分配"(第99页)。

当然,需要强调指出的是,哈耶克所说的市场秩序,一定是以私有产权(或者他所谓的"分立的财产")为基础的。只有承认个人有权支配自己的财产,才有利用自己的知识参与市场合作的条件(因为产权明确才会有有效的交易)与动力(只有对利润的追逐才能激励人们参与市场合作)。哈耶克的原话是,"我们的整个生产规模变得如此之大,完全是因为我们通过各有其主的财产的市场交换过程,能够利用广泛分布的有关具体事实的知识,来配置各有其主的资源"(第87页)。

3. 市场秩序是人类自由的保障

为了进一步地鼓励人们信任市场,哈耶克还反复强调市场秩序是人类自由的保障。自由就是允许个人追求他自己的目标,哈耶克说,"所谓自由的人,是一个在和平年代不再受其共同体具体的共同目标束缚的人"(第69页)。而要让这种追求的自由成为可能,就需要有规定明确的个人权利(例如财产权),并界定"每个人能够把自己所掌握的手段用于个人目标的范围"(第69页)。要让最大多数人尽可能地做到追求自己的目标,就应该用抽象规则对一切人的自由进行统一的保障。所谓抽象的规则,主要包括"禁止对所有其他人(或由他们)实施任意的或歧视性的强制,禁止对任何其他人自由领域的侵犯"(第70页)。此处提请注意,普遍的抽象规则是哈耶克的一个著名概念,在我们最后一讲《公共财政与公共选择》中,布坎南也反复地运用这个概念。

于是,在这里哈耶克重申了他过去的一个著名的论断,那就是要用"抽象规则代替共同的具体目标","政府的必要性仅仅在于实施这些抽象规则,以此保护个人的自由领域不

受他人的强制或侵犯"。这样一个抽象规则统治的世界,才是一个自由的世界。显而易见,只有市场规则支配下的秩序,才是一个抽象规则统治的、没有具体的共同目标并允许每个人追求自己目标的世界。哈耶克说,"像市场这种收集信息的制度,使我们可以利用分散而难以全面了解的知识,由此形成了一种超越个人的模式。在以这种模式为基础的制度和传统产生之后,人们再无必要(像小团体那样)在统一的目标上求得一致,因为广泛分散的知识和技能,现在可以随时被用于各不相同的目标"(第11页)。

《致命的自负》一书的译者,在"译者序"中引了哈耶克曾用过的"nomocracy"和"teleocracy"这两个有些古怪的概念(译者分别译为"规则的统治"和"目标的统治"),来说明哈耶克的上述想法。所谓"规则的统治",说的就是像市场秩序那样受抽象规则支配并进而可保障个人自由的状态;所谓"目标的统治",指的是受共同的具体目标支配、没有个人自由的集体主义秩序状态。在哈耶克看来,现代国家的统治应该用抽象规则代替共同的具体目标,政府的作用仅仅是实施这些抽象规则,"服从共同的抽象规则,则为最不同寻常的自由和多样性提供了空间"(第70页),而奴隶制"无非就是强制人们服从共同的具体目标"(第70页)。所以,受"规则的统治"支配的市场秩序,能够让人通过服从抽象规则而实现自由,并且是有秩序的自由。

要提醒注意的是,哈耶克事实上在此处提出了一个非常重要的理念,那就是"国家的无目标性",这一点中译者在译者序中也特别予以强调。这里的"国家",说的不是传统部落或传统国家,而是指现代国家;这里的"无目标",指的是没有整个共同体统一的目标,国家中的个体或小团体当然仍有自己的目标。因此,所谓国家的无目标性,是指现代国家已没有必要为整个共同体制定统一的目标,并集中财富去实现这一目标,它只需把自己的功能限制在保证公共安全、保障产权与公正规则的实施上。由此看来,市场秩序或者说"人类合作的扩展秩序",符合哈耶克要求的"国家的无目标性"。

第五节 从扩展秩序看人口增长

《致命的自负》一书第一至第六章的内容,主要从人类理性的局限性来评价哈耶克所谓的"社会主义",认为这一高度集权的政经体系之所以推翻市场秩序,主要是源于理性的过度自负。运用上述分析的结果,哈耶克在该书第七、八、九三章分别对社会科学中的语言、人口增长及宗教传统进行了探讨。鉴于人口计划在中国的重要性,我们接下来忽略其他问题,只看看哈耶克从扩展秩序的理论出发对人口增长发表的看法。

一、哈耶克对限制人口增长的看法

近300年来,西方世界的人口数量迅速增长、人口密度越来越高。这一现象被哈耶克当作进化论的证据,来证明西方世界所遵循的市场秩序的优越性(尽管它受到了来自本能和理性两方面的反对)。但是以马尔萨斯为代表的一大批西方知识分子,从他们的理性出发,却认为这样的人口膨胀会造成严重的后果("人口增长是人类现在和未来幸福的首要威胁",第140页)。

对这样的论断,哈耶克不以为然。在他看来,"人口增长会让全球陷入贫困,这一近代观念完全是错误的"(第140页)。哈耶克得出这一结论,至少出于以下两个方面的原因。

第一,人口增长源于扩展秩序的成功,而扩展秩序"很可能是宇宙间最复杂的结构"(第146页),人类理性事实上没有能力加以全部理解或掌握("人类并非能力无限",要"承认自己力量的局限性",第144页)。因此,他主张,要信任扩展秩序带来的人口增长这一结果,而不要运用理性去遏制人口增长,或者"凭着本能的冲动去消除遥远的不幸"(第144页)。哈耶克还特别提出,西方人口一直处于增长中,这种成功在于遵循了传统,而传统中最为重要的是一神教,因此应该重视宗教(哪怕理性无法理解)。他说,"有益的传统被保留下来并至少传递了足够长的时间,使遵循它们的群体的人口得以增加并有机会在自然或文化选择中扩张,我们认为这在一定程度上要归因于神秘主义和宗教信仰,而且我相信,尤其应归因于一神教信仰"(第158页)。进一步地,哈耶克认为,事实上人口增长的问题已趋于消失,因为在市场秩序比较成功的地方,"人口增长率正在接近或已经达到顶点,不会继续提高,而是会下降"(第147页)。

第二,要看到人口扩张带来的益处,它能够扩大市场范围并加强专业化分工,从而引发市场秩序的进一步扩展和经济增长率的提高。哈耶克说,"人口的增长呈现某种连锁反应的方式,土地居住密度越大,就越能给专业化提供新的机会,从而导致个人生产率的提高,这反过来又引起人口的进一步增长"(第145页)。当然,哈耶克也强调,要能达到这样的目的,还需要和平的条件和差异化的人类(马尔萨斯等人的一个错误是将劳动力假定为"同质的生产要素",第140页)。"与更多的人和平相处经常交往,即使仅有这样一个事实,也能够使可获得的资源得到更充分的利用","带来生产率提高的,不仅仅是更多的人,而且是更加不同的人"(第140页)。所以,哈耶克引用西蒙的话说,"不管现在还是过去,没有任何经验资料表明,人口的增长、规模或密度对生活水平造成了负面影响"(第145页)。

不过,哈耶克也清楚地认识到,对人口增长的支持也是有条件的。那就是,人口增长必须源于本地区人类合作秩序扩展的结果而不是来源于外界的援助("我们没有义务援助这种增长",第143页)。在他看来,不能从全球范围考虑人口的增长,"人口问题必须被看做是区域性的,在不同的地区呈现不同的态势"(第143页)。对一个特定地区而言,"只要人口的增长是由于该地区人口生产力的提高,或是更有效地利用了他们的资源,而不是因为外部对这种增长的人为支持,就不必为此感到担心"(第143页)。从哈耶克的眼光看,许多不发达国家的人口增长来自于发达国家外援的无意间刺激,这是不可取的。全球人口的增长,有很大的原因源于此;而发达国家的人口,如前所述,已经呈现出不断减少的趋势。

基于上述原因,哈耶克非常反对那些过度迷信理性的知识分子,因为他们劝告人类放弃发展的计划。哈耶克举出的例子就是曾经以《增长的极限》一书而在中国闻名的"罗马俱乐部",他认为"罗马俱乐部"劝告不发达国家减少人口,"不仅显得自以为是,道德上也难以成立"(第144页),而反对发达国家人口增长就更加没有道理。也有些天真的知识分子提议限制人口,是想把不发达民族居住地变为某种自然公园。哈耶克认为,这种提议是蛮不讲理的,同时也是纯粹的幻想,"以为享受着乡村贫困生活的幸福的原始人,会愉快地放弃发展,不在乎它能给他们许多人带来的那些他们已经意识到的文明的好处,这种田园诗般的景象,纯粹是建立在幻觉之上"(第145页)。

二、对人口计划的反思

自古以来,中国传统文化总体上是有利于人口生育的,尽管也有过像徐光启、洪亮吉这样的知识分子对人口增长表示担忧。中国的人口规模,事实上是中国一直为世界有影响大国的重要原因。在这方面,重视传宗接代的中国传统文化居功至伟,这在一定程度上验证了哈耶克的断言,"只有那些习惯于努力为子女和有可能根本见不到的后代提供需要的群体,才做到了日益扩展和兴旺发达"(第95页)。

自20世纪70年代末以来,中国实行了严格的人口计划,运用中央控制系统建立起全世界最为有效的计划生育制度。到2013年,这一生育制度开始有所松动(即"单独二孩"政策的实施),而在2015年国家卫计委公开表态正在研究全面放开二胎生育的政策。由此,社会上开始对人口计划展开了热议。事实上,学术界一直在对该问题进行探讨。支持人口计划的人,认为它控制了中国人口的过快增长,因而是人类文明史上的成就,实现了人类对自我的成功约束,这方面可参考汪涛的《生态社会人口论》一书(人民出版社2015年版)。呼吁调整或者不赞成人口计划的人(从扩展秩序理论出发的哈耶克肯定属于这类人),则从低生育率的现实、养老的压力、劳动力缺乏、人口规模的好处等多方面,呼吁调整相关的政策与制度,对此大家可以进一步阅读易富贤的《大国空巢——反思中国计划生育政策》一书(中国发展出版社2013年版)。

有一点比较明确,人口计划从学理上看纯属经济学性质,并不带有其他色彩。提出人口计划,无非是因为觉得在人多资源少的经济条件下,新增人口会给资源和环境造成过大的压力,因此需要控制人口增长。在经济学上,人口计划的主要依据实际上是拥挤成本理论,该理论认为,有一类产品,在达到消费拥挤临界点之前具有公共品的性质(即一个消费者在消费时不会影响另一个消费者),但在达到消费拥挤临界点之后因拥挤出现而失去了公共品性质,此时新增消费者会给其他消费者带来外部产本。在拥挤时消费产生的这种外部成本,就是"拥挤成本";在有拥挤成本存在的情况下,有效率的产品提供方式是,对消费者征收拥挤费,让消费者承担自己行为造成的外部成本。显然,实行至今的人口计划,运用的就是拥挤成本理论,而社会抚养费就是拥挤费。不得不指出的是,该计划在一定程度上误用了拥挤成本理论。这是因为,它忽略了人本身就是资源,是劳力资源与智力资源。就现代世界而言,智力资源才是最为重要的资源,因此"人多资源少"的说法有一定问题。另外,该计划还有一个问题,那就是以为人的生育意愿不会改变。正如前文哈耶克所指出并为世界人口发展史所验证的,随着经济条件的改善,人类生育意愿有大幅降低的趋势(当然还需要有避孕工具的配合)。

所以,如果用哈耶克的眼光看,限制人口增长的人口计划在一定程度上是理性过度自信地误用拥挤成本理论的结果。这一制度想象的"人口爆炸会使大多数人陷入贫穷的恐怖景象看来毫无根据"(第155页),而且该制度严重地违背了哈耶克提倡的"生命只以本身为目的"的发展目标,因为在哈耶克看来,政策设计也好,制度建构也好,其最为重要的目标应该是"在特定条件下能保障遵循它们的群体的生命并使其人口增长"(第153页)。当然,哈耶克的这一看法是否正确,见仁见智,需要大家进一步地去思考。

第六节 对哈耶克理论的简短评论

本课程的目的是为一些经典作品提供解读,因而重要的是让作品为自己说话,而不是主讲人做过多的个人评论。不过,鉴于哈耶克这本书的性质,此处还是要做一点评论,以便大家就该主题进行更深入的探讨。

我们可以看到,哈耶克运用本能/理性这一分析框架来肯定市场秩序、从价值和事实两个方面来评价高度集权的政经体系,所运用的知识资源是非常丰富的,其结论也是发人深省的,因而他的著作受到了广泛的阅读。不过,与此同时,理论界对哈耶克也有众多的批评,最激烈批评可能来自赫尔曼·芬纳的《通往反动之路》一书,该书认为哈耶克崇拜反动的人,哈耶克的思想逻辑错乱而且自以为是。

那么,怎样看待哈耶克的理论与我国社会主义市场经济建设的关系?我们至少可以从以下三个方面来思考。第一,我们可以在学术上吸取哈耶克就市场机制所阐述的合理思想,发展我国的社会主义市场经济,像中共十八届三中全会所号召的那样,进一步地在思想与实践中"使市场在资源配置中起决定性作用"。第二,正如本讲一开始强调的,我们必须认识到哈耶克所批评的"社会主义"是他自己立的靶子,即一种高度集权的政经体系,而这种体系早已为我国社会主义市场经济实践所否定。第三,就哈耶克思想本身而言,也存在许多的问题与漏洞,在观点上有极端与偏颇之处(本讲提到的库卡塔斯和芬纳对此进行了专门的研究),因而根本不必将哈耶克的思想尤其是一些具体结论当作不移的真理来看待。

对照波兰尼在前一讲的内容,我们至少可以发现哈耶克《致命的自负》一书中有以下三个问题始终没有涉及,或者说难以用他的理论来加以回答。

第一,市场秩序的生成问题。从历史来看,正如波兰尼所言,在近代来临之前,市场占主导地位的经济体系并不存在。哈耶克只是强调说市场秩序是自生自发而不断扩展出来的,但在世界绝大部分地区并没有自生自发出这样的秩序,即使在西方也是由政府权力创造出来的(正如波兰尼所言)。特别地,对广大发展中国家而言,一味地警告政府不要干预市场秩序的扩张、告诫知识分子不要过度相信理性的力量,恐怕是不够的。事实上,如果政府及相关知识分子不行动起来,市场秩序是不会在这些国家生根并顺利运转起来的。当然一旦市场秩序在该国经济中占据优势,哈耶克所要求的减少政府干预、相信市场配置资源的能力等,也就成为应有之义。

第二,市场规则的公正问题。哈耶克设想中的市场秩序,是与自由民主政治紧密结合在一起的。但在现实中很有可能出现的情况是,市场秩序在一个国家已经占据了优势,但这个国家在政治上却仍是非民主的。如此一来,该国的统治集团完全可能在承认市场秩序的前提下,利用手中的权力操纵市场规则,将市场创造的财富大量地攫为己有。这样,哈耶克设想中的扩展秩序会将财富分散出去、市场发展最终有利于穷人等结论,都不可能在现实中实现。当然,出现这样的问题并非市场的错误;但若在此时仍坚持相信市场秩序超出人的理解能力之外、人的理性只能做边际的改进而不应进行大的制度变革等,就显得严重保守了。

第三,变迁方向与变迁速度的问题。这是波兰尼提出来的重要问题,就是说,即使承认哈耶克所说的市场秩序扩展的方向是正确的,也不能忽视在此扩展过程中社会遭受的痛苦。哈耶克虽然强调说,遭受这种痛苦的人往往是因为还没有学会如何应对市场秩序,但是学习毕竟需要时间和过程。在此过程中,如果漠视社会因此遭受的痛苦,那么整个经济甚至国家都会崩溃。所以,要重视哈耶克对政府干预会带来不良后果的警告,但也不能因噎废食地彻底放弃对市场的干预。将市场秩序扩展的速度降到社会能承受的地步,保护社会免受市场不确定带来的过大风险,仍是政府应努力的方向。

本讲课程到这里,恐怕不得不正面回应一下社会主义运动对于现代国家转型的意义。虽然我们已经看到,哈耶克反对在欧美发达国家(特别是英国)出现的那种"社会主义",但他始终未谈及社会主义对于发展中国家的意义。虽然他提到了传统中国,认为政府过度干预导致了中国古典文明的衰落,但未直接说到社会主义对于中国国家转型的意义。作为中国人,我们不得不思考,社会主义为中国现代国家转型到底带来了什么?

当然,可以回答这个问题的视角有很多,为此形成的答案也可能非常多。此处仅就本课程的视角(即现代国家转型)来尝试着给出下面的回答。

首先,社会主义运动给中国带来了文明的独立性。中国是被强制性地带入现代文明的,在晚清民国期间,中国国家的现代化是在救亡图存的屈辱性背景下进行的。曾经优越的中华文明,为了获得国家生存的机会,被迫接受了西方的文明成果。在此过程中,西方的器物、制度和文化汹涌而入,虽然给整个中国带来了一定的现代化外观,但却使中国和中国人丧失了文明的主体性,即一种以我为主,吸取他物的精神。特别是第一次世界大战的爆发,更让中国人感觉到(如梁启超在《欧游心影录》中表达的),原来这个咱们被迫接受的西方老师,自己也不完善。于是,中国人就越加失落了。十月革命一声炮响,给我们送来一种反西方、超西方的西方思想——社会主义,它不仅接受西方全部物质文明成果,还以一种过来人的、优越的眼光看待西方文明。这意味着,只要接受社会主义,中国人就能以比西方更优越的地位、更高超的眼光,去学习西方文明成果并达到更高的境界。这样一种精神上已超越西方的感觉,给中国人提供了独立建设自己文明而不被西方文明融化的机会。今天的美洲文明,只是欧洲文明的一部分,当年的印第安文明早已彻底丧失了它的主体性。而以社会主义为旗帜的中国,迄今为止仍可以自己为主,来吸收其他文明;无论获得怎样的发展,得到壮大的始终都是中华文明自身。

其次,社会主义运动奠定了中国现代国家的物质基础与社会心理基础。现代国家的构建过程,往往也是该国从农业经济向工业经济过渡的时期。发展中国家在工业化过程中面临的最大问题是,如何突破"贫困陷阱"(即低收入导致低储蓄,低储蓄削弱了资本增长,资本不足限制了生产率迅速提高,生产率低下导致低收入),实现原始积累。社会主义运动及其现实制度,使中国的积累率在 1978 年以前始终保持在 30% 以上,从而相对顺利地完成了工业化,奠定了国家构建的经济基础。虽然在这过程中也存在种种问题,如消费率过低、工业企业效率不高等,这些问题需要在工业化初步完成后加以解决,但仍应肯定的是,工业发展所需积累的完成具有重要的历史意义。与此同时,在社会主义原则指导下的新中国社会经济改造,虽然消灭了包括资本家在内的剥削阶级,但并未消除现代社会所必需的利益原则合法化的要求(即第五讲所说的现代社会盛行的价值增值要求或者说资本法则的要求),反而以更强的动力去追求经济增长。例如,社会主义思想中的生产力/生产关系理论,最为强烈地指出了发展生产力的必要性("发展是硬道理"),这就让中国人获得了不断追求经济增长的内在心理基础。

社会主义还给中国国家转型带来了个人的主体性。现代社会不同于古代社会的另一个方面,就是个人的独立主体地位,或称笛卡尔主义。托克维尔曾在其名著《论美国的民主》中声称,作为民主模范的美国,是贯彻笛卡尔主义最好的国家。社会主义运动在中国反对君权、神权、族权、父权、夫权,运用相当大的力量消灭了这些当时被称为"封建关系和封建权力"的东西,从而以最强有力的手段,在中国塑造出原子化的个人。就是说,它以最简单、最直接的形式,消除了一切人身依附关系,让个人获得孤立的地位,让核心家庭成为基本的社会细胞,让社会进入现代。当然,这样的原子化个人一开始还不是现代社会中的独立个体,因为并没有被赋予权利,而是被强制性地整合在国有制单位中。但这种整合是脆弱的,它为政治权力所建立,也可轻易地为政治权力所解散。1978 年后中国的改革过程,无非是解散这些国有制单位,然后给原子化个人赋予权利,从而在此基础上塑造出个人的独立主体地位,并进而构建出现代社会。就此而言,1978 年后中国的发展,是人的解放与社会的重构过程,而这一过程正是在先前社会主义运动造就的基础上进行的。

本讲思考题

1. 作为术语,人类合作的"扩展秩序"比起"资本主义"或"市场经济"这样的术语,是否更好?
2. 你认为哈耶克区分"nomocracy"和"teleocracy"两个概念具有何种意义?你怎么看"国家的无目标性"?
3. 按照哈耶克的说法,市场秩序受到了人类本能和理性两方面的反对,那它是怎么发展起来的?有没有可能它也受到本能和理性两方面的支持?
4. 你认为,在市场秩序占优势的经济体中,是否存在着不公正?
5. 你怎么看知识的特性与市场经济的关系?
6. 结合哈耶克的看法,评价儒家传统对中国人的意义。

第八讲

《资本的秘密》：重视资本在现代国家发展中的作用

在现代国家的成长过程中，资本扮演的角色令人无法轻视。在前几讲中，我们已经看到，无论是社会心理层面上利益原则（资本法则）的合法化，还是政治经济发展过程中的双重运动，都有资本在其中的身影。第七讲我们运用哈耶克的文本探讨了社会主义运动，众所周知，该运动的目标就是消灭资本支配下的经济与政治秩序。但我们知道，社会主义运动虽然在传统的社会主义国家消灭了资产阶级，但并未消灭代表现代社会与现代国家本质特征的资本及其运行法则。这一讲，我们将借助于《资本的秘密》这一文本，来正面探讨一下什么是资本以及它与现代国家发展的关系。

相对于发达国家，资本问题对于发展中国家而言尤为重要。正如《资本的秘密》一书的作者德·索托所言，"资本主义为什么在西方取得了非凡成就，而在别处却基本上停滞不前？解答这个问题的时机已经成熟。随着所有看似合理的、能替代资本主义制度的选择都已无影无踪，对资本主义制度的分析也不再是用于冷战的武器，我们终于能够平心静气地仔细研究资本"（第12页）。当然，需要事先交代的是，"资本主义"一词在当代中国现实政治话语中仍是一个贬义词，但我们阅读该文本时应该注意，书中所说的"资本主义"，指向的就是本课程前面多次说过（也为当前中国政治话语承认）的市场秩序与私人产权这两个方面的内容。

相对于本课程的其他几本经典著作来说，德·索托的《资本的秘密》这本书大家应该更容易接受一些。这是因为，该书的作者是经济学家（也是本课程8本书作者中唯一活着的），文本内容也更接近经济学一些。这本书讨论的问题与今天中国遭遇到的很多现实困难更接近，中国人读起来会更感亲切一些。比如说，它可以告诉你：在外需不振、内需乏力的当今中国，经济持续发展的依靠力量是"穷人"而非那些巨商大贾，更非地方政府；当前中国城乡间的人口流动,私下里的土地交易,尤其是小产权房建设,不仅不是中国社会问题的根源,反而是未来解决问题的关键所在;当下中国伴随全球化程度加深和市场经济规模扩大所出现的"断裂"状况(即只有一小部分人享受到了富裕繁荣,而绝大多数人口受惠不大,似乎有一个"钟罩"将两者隔绝),不仅出现在世界上绝大多数发展中国家,而且也曾出现于历史上的西方国家。

要理解德·索托所讨论的问题,我们首先就必须了解他对"资本"这一概念的界定,弄清楚他所揭示的资本的秘密。接着,我们再来看看他是怎么描述资本在西方国家发展史上的作用的,并考察因此而发生的法律革命。之后,再看一看他是如何总结发展中国家有关资本创造方面的法律制度建设与成败经验的,并考察一下他给出的政策建议。最后,我们回到中国,思考中国现代国家建设中的资本问题。就是说,本讲的内容将跳出原书的顺序与结构,围绕以下几个问题进行:① 资本为什么重要?② 发达国家曾经做对了什么?③ 发展中国家未做而应做的是什么?④ 如何创造中国的"资本"?

第一节 作者与作品

我们先简单了解一下德·索托这个人和《资本的秘密》这本书,以便为阅读《资本的秘密》一书奠定基础。

一、德·索托其人

《资本的秘密》一书的作者,是秘鲁经济学家赫尔南多·德·索托(Hernando De Soto)。1941年6月3日,德·索托出生于秘鲁的阿雷基帕,父亲是秘鲁的一名外交官。1948年,秘鲁发生军事政变,德·索托的父亲带着妻子和两个孩子流亡在欧洲。因此,德·索托是在瑞士接受的教育,在日内瓦国际学校上学,并在日内瓦国际问题研究所(Graduate Institute of International Studies in Geneva)念研究生。到他38岁时,德·索托才得以返回秘鲁。德·索托的弟弟,子承父业,也成为了一名外交官。

德·索托主要以经济学家的身份而知名,与此同时还担任过多个其他职位,如GATT(WTO的前身)的经济专家、铜输出国组织执行委员会主席、通用工程公司执行董事、瑞士银行组织顾问团负责人、秘鲁中央储备银行总裁。值得重视的是,德·索托并不是一个只会"坐而论道"的学者,他具有积极的行动意愿与能力。他以自己创建并任主席、总部位于秘鲁利马市的"自由与民主研究所(Institute of Liberty and Democracy)"为依托,积极地在秘鲁以及很多第三世界国家推进所有权制度的改革,帮助不发达国家努力改进以所有权为核心的法律制度,以便将穷人目前拥有的非正式所有权融入到正式制度中。

"躬行实践"是德·索托研究的最大特色。比如我们即将读到的《资本的秘密》一书第17页提到,德·索托为了搞清楚在第三世界国家(比如秘鲁),办一个正式的企业要经历多少艰难的程序并花费多少成本,特地以普通人身份尝试在利马郊区开办一家小型服装加工企业。为了能够获得正式的企业执照,德·索托和他的研究小组成员,每天花六个小时填写表格、排队、坐公共汽车到市中心领取法律文书,最终花去了289天才把企业登记注册下来。尽管这家作坊只需一名工人就可经营,办理法律注册登记却花去了1 231美元,这笔钱是当地工人最低月薪的31倍。采用类似的办法,德·索托和他的研究小组,花了十年时间,对第三世界的5个城市(开罗、利马、马尼拉、墨西哥城和太子港)进行了广泛的调查,来估计不合法房地产的价值。德·索托这样的研究方法,是一般经济学家很少用的,也因此造就了他的成功。

在1988年至1995年间,德·索托和他的研究所为秘鲁经济制度改革提供了法律和行政管理方面的建议,主要是消除企业注册和所有权登记过程中的限制性条款与官僚主义作风,以便帮助120多万个家庭和38万个企业从原先的黑市经营者变成正式经济的成员。在此期间,作为秘鲁总统藤森(1990—2001年在位)的私人代表与首席顾问,德·索托积极支藤森的改革运动。他和自己的自由与民主研究所,共起草了400多份法案和法令,目的是使秘鲁的经济和政治制度现代化,让绝大多数人能参与到正式制度中。

美国卡图研究所和英国《经济学人》杂志都认为,德·索托的很多政策建议,事实上为长期被关在法律门外的秘鲁穷人提供了非暴力的替代性发展方案。比如说,给种植古柯的农民授予正式的土地所有权。这些做法最终削弱了以暴力革命为导向的"光辉道路"游击运动的力量,使他们失去了安全地、新成员和金钱来源。因此,德·索托和他的组织被"光辉道路"组织的领导人阿维马埃尔·古兹曼视为大敌,德·索托也被列入了暗杀名单。1992年7月,恐怖分子给自由与民主研究所在利马的总部施放了汽车炸弹,杀害了3人并让19人受伤。换个角度看,这一不幸事件未尝不是一个学者的最高荣耀。

德·索托和他的研究所,还在亚洲、中东和拉美地区广泛地推进旨在将穷人带入经济发展主潮流中的改革。他们在全球23个国家(特别是在萨尔瓦多、海地、坦桑尼亚和埃及等国)推进所有权制度的改革,为许多国家领导人提供改革所有权制度和促进经济繁荣的咨询建议。因此,德·索托及其研究所,在那些饱受内部冲突和不发达之苦的国家中赢得了广泛的影响。2009年开始,自由与民主研究所将注意力转回秘鲁,关注亚马逊丛林中土著的困境。作为向秘鲁总统加西亚提出的建议,自由与民主研究所发表了一个纪录短片"亚马逊丛林中土著人的资本之谜",来推动解决秘鲁土著人的产权问题。德·索托还作为荣誉联合主席,为全球司法工程(World Justice Project)效力,在全球范围内推进法治,以创造发展的机遇与公平。

德·索托在学术和政策方面的贡献得到了广泛的认可。他被《时代》杂志1999年5月"新千年的领导人"特刊评选为20世纪拉美地区5位主要的改革家之一。《经济学人》杂志认为,自由与民主研究所是全球第二重要的思想库。《福布斯》杂志在其八十五周年特刊中,将德·索托称为"改变你未来"的15名改革者之一。2005年10月,在英国《展望》杂志和美国《外交政策》杂志举行的联合调查中,德·索托被列为全球100名公共知识分子的第13位。因为在第三世界国家推进以所有权为核心的政治法律制度改革,德·索托还受到联合国的高度赞赏,并获得无数的荣誉(其中经济学界可能更重视的有2004年获得的米尔顿·弗里德曼奖以及2010年获得的哈耶克纪念奖章)。

除了本讲所用的文本《资本的秘密》外,德·索托还有一本著作是《另一条道路》。《另一条道路》的第一版于1986年出版(早于《资本的秘密》),并很快成为整个拉美最畅销的著作,并被翻译为十多种文字,其中英文版名列《华盛顿邮报》畅销书排行榜。《另一条道路》第一版的副标题为"第三世界看不见的革命",而在2002年新版本中,书名的副标题改为"针对恐怖主义的经济解答"。除了这两本著作外,德·索托还与弗朗西斯·切尼瓦(Francis Cheneval)合作在2006年主编了《瑞士人权书第1卷:实现所有权》。2008年,他与巴利·斯密合编了《资本之谜与社会实在的构建》一书。德·索托还发表了多篇论文,并在许多报刊上发表供大众阅读的文章,主题集中于所有权改革以及授予穷人法律上的正式所有权等问题。

二、《资本的秘密》这本书

《资本的秘密》一书,英文书名为 The Mystery of Capital: Why Capitalism Triumphs In the West and Fails Everywhere Else。原书出版于2000年,中文版由江苏人民出版社于2001年出版,译者为王晓冬。这本书自出版后,像《另一条道路》一样,被翻译为十多种文字,成为全球的畅销书。

德·索托著作中的主要观点,也是本讲重点阐述的内容是,如果一个国家不将非正式部门中记录的所有权和其他经济信息融入正式所有权制度中,那它就不可能建立起繁荣有力的市场经济。比如说,许多缺乏正式所有权的小企业,正从事着未被官方注意和记录的经济活动,它们难以获得信用,不能买卖企业,不能扩张,也因没有正式产权而不能在法庭上获得合法的补偿。政府也因为缺乏非正式部门的收入信息,不能对其征税,也不能为了公共福利而采取行动。

有很多政治家与学者称赞过这本书。如英国前首相撒切尔夫人说,它"足以导致一场全新的、能为人类带来巨大益处的革命,因为它充分揭示了资本主义在第三世界和前共产主义国家失败的根源,那就是,这些国家缺少一种支持私有财产权、提供理想创业环境的法律体系。它应该成为负责和管理'国家财富'的人的必读作品。"诺贝尔经济学奖获得者米尔顿·弗里德曼也称赞说,在这本书中,"德·索托证实,迄今为止,为缺乏所有权的资产发放所有权凭证,始终是促进社会经济发展的一条捷径。德·索托为政治家们提供了一项推广计划,它既可为人民造福,又能提高政治家自身的地位,可谓一举两得。"著名政治学者弗朗西斯·福山评论这本书说,"德·索托凭借一己之力,在第三世界挑起了一场革命……《资本的秘密》这本书记录了他在这一领域几十年的丰富经验与深刻洞察,为克服长期以来的贫穷提供了新颖的、天才的且充满希望的措施。"

全美图书馆协会(the American Library Association)的专业书评杂志《书目》(Booklist),也高度称赞这本书,评价说:"作者要解开的秘密是,为什么世界上有些民族能创造资本而有些不能。在西方国家之外,无论是俄国还是秘鲁这样的国家,阻碍资本主义扩散的,不是宗教、文化或者种族,而是缺乏能让产权制度发挥作用的正式法律程序。要建立资本主义秩序就要实行法律制度的改革,这与民众的信仰有关,但更多的是政治而非法律的责任。他相信,如果政府能够重视穷人对合法产权制度的要求,并通过改革将其容纳在内,就能将他们的工作和储蓄转化为资本。政治行动是必要的,以便确保政府官员能严肃地接受真实世界中民众间生存状况的不平等,从而接受社会契约、重塑法律制度。"

在看完别人对这本书的评价后,我们自己翻开《资本的秘密》一书。首先可以发现,这本书的结构还是相当简单清晰的。全书由七章构成,其中第一章事实上是导论,最后一章是结论,其余第二至第六章,分别按照第一章导论所揭示的资本呈现在现实世界的五个神秘之处展开。

所谓神秘之处,指的是在有关资本的认识中存在一些问题,以至于遮蔽了资本的重要性(即西方国家因创造出资本而成功,而第三世界国家因不能创造资本而失败)。德·索托的说法是,"西方经济进步中最基本的组成成分——资本——竟然最不引人注目"(第11页)。根据他自己对西方历史和发展中国家现实的研究,德·索托认为,这些问题有:① 资料遗漏的问题,即发展中国家没有人准确记录穷人积累资产的能力,这是由于普遍存在的所有权制度缺陷,让穷人积累的资产得不到准确的记录;② 对资本本质的认识问题,即必须超越物理学的界限去理解资本,资本并不是实物资产而是能创造价值的潜能,必须要有某种媒介(即正式所有权制度)才能将资产转化为资本;③ 政治意识问题,即之所以不能开发出潜在的财富,是因为在政治上没认识到,随着城市化和全球化的进展,不发达国家已发展出庞大的不合法社会部门及资产;④ 历史意识问题,即今天发展中国家出现的资料遗漏问题,同样出现于发达国家的过去,但今天无论发展中国家还是发达国家自己都没有认识到发达国家过去成功的经验;⑤ 法律制度问题,即发达国家的成功,是因为在法律上融合了不合法部门的"社会契约"而形成了一体化的正式所有权制度,发展中国家却往往因照抄发达国家现行的法律以至于无法创造资本。

至此我们可以看到,德·索托全书的结论还是很清楚的,那就是正式所有权的法律结构决定了资本的创造能力,世界经济的主要转型之路就在于所有权的法律改革,而法律改革的关键在于吸收不合法部门的"社会契约"。这里的"社会契约"不是洛克、卢梭他们的那个概念(尽管有所联系),简单点说,它指的就是在不合法部门中产生的种种非正式的所有权协议及其他安排(到后面再讨论)。

发达国家为什么能够成功?发展中国家为什么基本上不成功?这个折磨几乎所有发展中国家领导人的问题,德·索托在书中以丰富的材料、雄辩的语言和严密的逻辑,给出了答案,那就是创造"资本"是西方发达国家之所以成功的原因,也必将是发展中国家通向成功的唯一道路,"只有资本能够提供必要的手段来支持扩大化市场中的专业化分工和资产的生产、交换。资本才正是日益提高的生产力的源泉,因此也是国家财富的源泉"(第233页)。

第二节 资本为什么重要?

德·索托引用布罗代尔的一段名言,开始全书的论述,"关键问题是要查明,历史上的资本主义为什么好像生活在与世隔绝的钟罩里？它为什么无法扩张并占据整个社会？……（为什么）资本形成的巨大速度只可能出现在某些社会部门，而没有出现在当时的整个市场经济中？"（第1页）布罗代尔在这段话中的意思，主要是将资本主义与市场经济明确区分为两种不同的形式，并认为有难以突破的"钟罩"阻隔着二者。布罗代尔还曾经以中国为例来说明二者之间的区别，他说"中国之（商品）交换是一方无峰无丘、削平了的地盘"，只有数量庞大的小规模市场活动（以集市、店铺和商贩为特征），而没有高级复杂的具有支配性的资本主义经济。①

德·索托借用了布罗代尔的这个比喻，认为将平凡的市场经济与高级的资本主义隔开的这个"钟罩"就是资本。就是说，能否形成资本，决定了市场经济与资本主义的区分，进而事实上决定了一国经济能不能发展。这一说法构成德·索托全书立论的基础。那么，到底什么是资本呢？

一、什么是资本？

在《资本的秘密》全书中，德·索托反复强调，发达国家和发展中国家在发展状况方面的差距实在太大，这种差距不能用或者仅仅用文化上的理由来解释，"在保护资产和从事经济活动方面，西方国家和其他地方的文化没有多少差异"（第204页）；这种差别也不能仅从市场活动来解释，因为发展中国家的人民对市场也有充分的认识，事实上"市场和人类的历史一样久远"（第4页）。德·索托在该书前几章反复提到，造成发达国家与发展中国家差距的，主要是创造资本的能力。

（一）资本是创造价值的能力

什么是资本？在日常语言中说起"资本"，一般将其理解为实物性资产，或者把一定量的货币说成是资本。德·索托对此根本不赞成。首先，他不厌其烦地强调，"资本并非积累下来的资产"（第33页），它是一个抽象的经济范畴而不是一种物质性的存在。他强调，真正揭开这一秘密的是18、19世纪的一些伟大的古典经济学家。德·索托引用亚当·斯密对资本的定义（"为了生产用途而积累起来的资产储备"，第32页），解释说斯密强调的重点是资本的核心，即要把积累起来的资产变成活跃的资本，并用于调动附加的生产。德·索托还引用了萨伊对资本的定义并认为马克思也同意这个观点，那就是"资本本身就是非实质的事物，因为它和创造出的物质无关，而是和那一物质的价值有关，而价值是无形的"（第34页）。其次，他强调说资本也不是货币，资本的价值"不可能包容在那些金属片上"（第34页），更不会体现在现代的纸币上；只能说货币是一种计量单位，为衡量资本的价值提供参照标准。

德·索托强调，资本不是实物性存在也不是货币，它实际上是"蕴藏在资产中、能够开展新的生产的潜能"（第33页）。或者也可用马克思的经典说法来理解，它是能产生剩余价值的价值。这种能"开展新生产的潜能"或者创造增值的价值，当然是一种抽象的经济范畴；这就需要赋予它一个确定的、切实可见的形式，才能把它体现或开发出来。比如说

---

① 布罗代尔著：《资本主义的动力》，三联书店1997年版，第21—22页。

一间普通的房屋,只是一项实物性资产,要能从中分离出可创造新价值的价值,就必须要有某种形式或者说中介。为了说明这一点,德·索托打了一个比喻,那就是潜藏在资产中的资本,就像是高山湖水中蕴藏的动能。他说,"如同能量一样,资本是推动具体事物必不可少的力量,也促使人们去创造剩余价值。如果缺少产生并确认资本的关键机制,就无法创造出资本"(第39页)。从这个比喻出发,德·索托认为,需要有水渠、涡轮、发电机、变压器和水能系统中的电线,才能把湖水中的潜能转化成可利用的电能;同样需要有某种形式,才能将资产中的潜能释放出来,或者说"把资产转换成资本"(第37页)。德·索托说,这样一种类似于水渠、涡轮、发电机、变压器和电线的东西,在资产领域就是围绕所有权而发展起来的各种法律机制;通过这些机制,资产的潜能才能开发出来,才能创造新价值,或者说资产被转换成了资本。"就像湖水需要水电站才能产生可利用的能量一样,资产需要进入正规的所有权制度,才能产生出大量的剩余价值"(第37页),这就是资本的创造过程。

从文本上看,德·索托似乎给资本下了两种定义:一种定义强调资本的无形性,认为它是一种蕴含于实物资产中的潜能;另一种定义给予资本一定的物质形态,认为它就是潜能已被开发出来的实物资产。因为他书中存在类似这样的表述,有学者曾经批评德·索托这本著作不太像规范的学术著作。不过,这两个定义基本上还是可以统一的,其核心是强调创造新价值的能力:具备这种能力的资产就是资本,或者说它是创造新价值的抽象能力的具体化;不具备这种能力的仍旧是资产,或者用德·索托的名称说就是"僵化的资本"(第6页)。

(二) 资本的特性

能够创造新价值的资本,具有哪些方面的特性呢?德·索托在这本书中无数次地强调,只有受正规所有权制度保护的资产才是资本,它具有区别于单纯资产(或僵化的资本)的特征。因此,资本的特性,实际上是正式所有权制度所发挥出来的效应;只有具备了由正规所有权制度发挥出来的效应,资产才能被看作是"资本"。

德·索托认为,资本应该具备的特性或者说正式所有权制度产生的效应,有以下六个(第40—52页)。

(1) 经济潜能具有确定性,即通过所有权制度的书面表述(凭证、证券、合同或其他类似记录),资产被表述为一种经济概念,其中蕴含的经济潜能被明确地标示出来。这样,资产所有人可以将它方便地用作贷款抵押物或用作进入市场的保证。

(2) 信息具有综合性,即通过所有权制度,将相关资产的零星信息(地点、质量、权属等)综合为所有权信息,并使之成为标准化管理的信息。这样,人们不用接近实物性资产就能得到该资产的所有相关信息,资产的潜能由此也容易进行评估和交流。

(3) 所有者具有责任性,即全部资产的所有权在同一套正规法律体系的表述与约束下,相关利益主体可以方便地获取资产和资产所有人的资料,并可查验地址与所有权的客观记录。这样,资产所有者,在产生了信用记录的情况下若不承担契约义务,就会很容易被定位和归责。在无法隐姓埋名的情况下,资产所有人不得不成为担负责任的个体,这就鼓励甚至强制民众尊重市场交易规则。

(4) 资产具有互换性，即在正规所有权制度下，资产不再处于自然物理状态下，而成为一种经济概念性存在，可以用低廉的成本来衡量价值，可以方便地组合、分割、调动和交易，因而具备良好的互换性。这样的资产，能够在实际操作中以符合交易的任何形式出现。

(5) 人际关系具有网络性，即在正式所有权制度下，无论时间和空间如何变换，权利的全部记录始终都能找到并一直受到保护，资产所有者被转化成一个个可以单独识别和履行责任的商业伙伴；经过广泛的经济活动，这些商业伙伴就构成了复杂灵活的人际关系网络。在这样的网络中，普通人能拥有相应的工具，以便与政府及私营部门建立起创造性的联系，并获得额外的商品和服务。

(6) 交易具有安全性，即经过正规所有权制度的表述，表达资产特征的所有权文件、契约、有价证券和合同等，始终都能在公共记录系统和私营部门找到，并受到法律保护。这样，人们可以确认、移动和追踪相应资产，并方便、安全地创造剩余价值。

德·索托总结说，所有权制度的这些效应"构成了帮助西方人确认经济潜能并把经济潜能转化为资本的隐藏过程"(第40页)，这一隐藏过程事实上就是该书尝试解答的"资本的秘密"。这一过程"神秘莫测"，"隐藏在管理这一所有权制度的成千上万条法律、条例、规章和机制之中"(第39页)。要想解开这个秘密，就必须研究这个过程究竟怎样在发挥作用；而要研究这个过程，"惟一办法就是从制度以外着眼——从不合法的社会部门里进行观察"(第39页)。德·索托还援引法国思想家福柯的话来佐证自己："为了发现我们的社会在清醒时是什么样子，我们也许应该调查在不理智的地方发生的事，也就是说，要在非法的领域内体会法律"(第40页)。从这一判断出发，作者多年来在发展中国家对不合法部门展开实际的调查，并对西方历史上曾经的不合法部门进行考察，最终形成我们正在解读的这本书。

二、资本的重要性

说明了什么是资本后，事实上资本的重要性在理论上已经比较清楚了。为了进一步说明资本在经济增长过程中的作用，德·索托在书中反复运用了一个例子，那就是房产。相对于其他资产而言，房产自然地具有诸多优点，比如地点确定、明显可见、价值易估等，也因此房产具有可统计性和世界范围内的可比性。不过，德·索托强调，房产尤其是穷人的房产，在西方发达国家与发展中国家具有不同的地位，前者作为资产是能创造新价值的资本，而后者仅仅只是资产，是不能创造或者很难创造新价值的"僵化的资本"。

(一) 西方发达国家的资产与资本

在西方发达国家，由于拥有极为完善和系统的所有权制度，城市居民拥有的房产可以转化为资本。这是因为，房产的经济和社会方面的性质，能在一系列所有权机制中得到仔细的描述，相关信息被极富成效地组织、收录在所有权凭证中，并在公共记录系统中得到确认。在此基础上，西方国家居民将其作为公共设施服务的终点(诸如水电供应这样的记账和承担责任的地点)，可以将其作为偿还债务和纳税的记录地址，可以将其作为显示房屋所有人信用历史的工具，可以方便地将该资产的全部或一部分出售给任何人，或以之作为抵押来获得贷款用于开办新企业。德·索托举例说,美国用于开办新企业的资金,最重要的来源就是抵押企业家的房屋(第6页)。因此,在西方发达国家,房屋不仅仅是栖身之所,在正规所有权制度的帮助下,通过书面形式它还被转化为经济和社会性概念,"所有权并不是房屋本身,而是房屋在法律表述上(例如所有权凭证或其他记录)所包含的一个经济概念。这就是说,正规的所有权表述同它所代表的资产是分离的"(第41页)。基于此,德·索托用略带夸张的语言说道,"在西方国家,每一块土地、每一幢建筑物、每一件设备、每一件存货都在所有权文件中得到表述。这些资产和经济的其他方面紧密相联;所有权文件成为这个庞大的潜在联系过程的可见标志。由于这一表述过程,资产就能产生出与它们的物质存在相平行的一种不可见的存在方式"(第6页)。在这样的所有权制度下,"资产更加容易取得,从而使其能够用于创造剩余价值"(第48页),而且此种资产不同于自然状态下的资产,它"能方便地组合、分割、调动和用于促进商业交易"(第48页)。就是说,现实世界中的某"资产也许是一个不可分割的整体,但在概念化空间里,它的正规所有权表述能够被分割成任意数量的部分"(第49页)。

因此,以同一套正式所有权制度来将资产转化为资本,才是西方国家真正的过人之处,"使人们能掌握看不见的价值,能处理触摸不到的实物","通过以便于理解的形式对资产的经济特性进行表述,能大大地降低费用","极为方便地促进人们就如何利用资产进行创造和完善劳动分工达成一致意见"(第54页)。德·索托用赞美的语气谈到,"由于综合所有权制度的出现,发达国家的国民不必接近资产,就能得到关于所有资产的经济和社会性质的描述。人们不再需要走遍全国去查看每一件资产,访问每一位资产拥有者和他们的邻居;正规的所有权制度为他们提供了丰富的信息,告诉他们什么资产可以利用,有哪些创造剩余价值的机会。这就造成一个对人们大有助益的结果:资产的潜能变得容易评估和交流,资本的产出也得到了提高"(第45页)。由于有了合法的所有权制度,创造剩余价值的工具就交给了西方国家的民众,西方国家也因此超越了世界其他地方而率先成为发达国家(第42页)。这种正规所有权制度下的所有权表述,让西方国家的民众不仅仅能够通过物理上的了解,而且还可以通过对资产潜在的经济和社会性质的描述来思考资产。德·索托打了一个比喻说,"合法的所有权制度已经变成了一个阶梯,把这些国家从资产真正所处的、不加修饰的自然空间,带入资本的概念性空间中——在这一概念性空间中,人们能够全面地从创造性潜能的角度来看待资产"(第42页)。

除了上述正式所有权制度可创造资本外,德·索托事实上还指出了西方国家所有权制度的两个特别之处。其中一个特别之处是,西方国家的所有权制度事实上由两部分组成:一部分是正规的,由公共记录管理部门管理所有权文件,它们对资产的所有经济用途进行了恰当、准确的描述,并保证能够随时更新,便于查找;另一部分是不正规的,由许多私营部门参与帮助人们确认、移动和追踪资产的表述,这些部门包括对交易、担保和停业进行记录的私营实体、摘录员、评估师、负责所有权文件和担保的保险公司、抵押经纪人、信托服务部门和私营文件保管部门等。另外还有一个特别之处是,在西方国家,所有权管理部门的主要任务是强调保护交易,而不仅仅是保护所有权。他说,"尽管它们努力在保证所有权的安全和交易的安全两方面达到平衡,但很显然,政府的制度往往趋向于鼓励后者"(第53页)。就是说,西方国家所有权制度偏重于保护交易而非"资产所有人物主身份的保护",这种做法"允许人们只用很少的交易步骤就可以移动大量的资产"(第54页)。于是,人们能够方便地去"探索资产中的潜能,完成资本实现"(第54页),而不只是把有关资产及其所有者的文件累积起来。

值得注意的是,德·索托此处对"促进交易"的强调,事实上为他在后面针对打破"钟罩"而给出的改革建议埋下了伏笔,即他要求所有权改革偏向于那些已非法地掌握大量资产且正从事现实经济活动的穷人。德·索托的意思是,穷人非法占据的很多资产在正规所有权制度中虽然是另有其"主"的,但那些正式的所有者并没有将该资产投入到经济活动中去或者使用该资产比较低效;而穷人已在现实活动中对该资产加以有效地使用,并通过创造性的劳动使之增值。因此,所有权法律改革时,应该更多地考虑已使资产处于交易状态的穷人的利益(以便进一步地促进交易),而不是只考虑正式资产所有者的利益(即仅仅考虑资产的安全)。用经济学的术语来表达,那就是将资本尽可能配置给使用效率高的人。

(二)发展中国家的资产与资本

与发达国家相比,发展中国家像房产这样的资产,状况与西方发达国家根本不同。由于发展中国家城市穷人的房产往往是在非法占据的土地上建造的,没有正式的所有权制度的保护,因而不能像发达国家城市居民那样得到充分的利用。例如,这样的房产只能在直系亲属和邻居之间进行买卖,无法以之为凭与陌生人签订可产生利润的合同,不能将其作为公共设施服务的终点,不能作为显示信用历史的工具,也不能以之为抵押到银行贷款。于是,发展中国家的穷人企业家,无法获得足够的资金支持来创业。他们不但不能成为解决贫困问题的主体,反而成为制造贫困问题的根源。德·索托强调,由于发展中国家城市穷人占据的房产,缺乏正规的所有权制度保护,因此他们也就没有什么所有权可失去,不能成为可以负责任的主体,这就会使该国的经济发展到一定阶段后就陷入停滞。也就是说,这样的资产不是资本,只是一种"僵化的资本",不能加以运用或者说不能加以有效运用。

就房地产而言,德·索托及其研究小组推算出,"在第三世界国家和转型国家,大约85%的城市土地不能用于创造资本","40%—53%的农村土地也是僵化的资本"(第27页)。德·索托还特别举了几个具体的例子(第24—25页)。在菲律宾,57%的城市居民和67%的乡村居民的住房是僵化的资本。在秘鲁,53%的城市居民和81%的农村人口都居住在不受法律控制的住宅内。在海地,68%的城市居民和97%的农村居民的住宅,没有明确的所有权证明。在埃及,变成僵化资本的房屋为92%的城市居民和83%的农村人口提供了栖身之处。不是说在这些第三世界国家的城市中,这些住宅或房产不值钱,而是因为他们建造在公共土地或者他人土地上,没有正式的所有权而缺乏资本的六个特性,因而这些穷人创造的财富无法得以体现,也无法转化为进一步创造新财富的资本。德·索托他们根据长期的调查,并按最保守的方法计算,得到了一个惊人的结果,那就是在发展中国家由穷人掌握但并不合法的房地产,总值至少有9.3万亿美元。9.3万亿美元是多少呢?它"几乎是世界上20个最发达国家的主要股票市场里的全部上市公司的总值,是自1989年之后的10年间所有第三世界国家和转型国家所接受的外国直接投资总额的20多倍,是世界银行在过去30年里贷款总额的46倍,也是自那时起所有发达国家对第三世界的发展援助总额的93倍"(第27页)。具体到德·索托的故乡秘鲁,在城市和农村,没有正式所有权的房地产,总值至少达到740亿美元,这比利马股票市场在1998年前暴跌之前的总值大5倍,比有可能私有化的国有企业和设施的价值大11倍,是有历史以来外国在秘鲁所有直接投资总额的14倍(第25页)。德·索托感叹道,发展中国家人民"男男女女辛辛苦苦地进行储蓄,为自己和孩子建造住房"(第28页),但却不能转化为创造财富的资本;发展中国家的政府领导人,本来不必"花大量时间在各国的外交部长之间和国际金融组织的大门前周旋"去寻求外国投资,只要他们能把本国房地产市场中僵化的资本转化为活的资本,就有"上万亿的美元准备投入使用"(第28页)。

当然,除了房产以外,发展中国家还有其他形式的僵化资本。比如说不合法的企业所有权、不被正规所有权制度承认的采矿权等。这些我们在下面还会加以讨论。总之,发展中国家由于资本处于僵化状态,因而无法开发资产中包含的潜能,不能像西方国家那样获得发展的机会。

第三节　发达国家曾经做对了什么?

德·索托强调,全球200个国家中只有25个国家可称为发达或富裕国家,几乎全是西方国家(包括日本),而且一百多年来始终都是这些国家。其实,西蒙·库兹涅兹也早就进行过类似的观察,他说发达国家俱乐部成员自19世纪末以来几乎没有变化,只是在成员之间的位次上有所调整。为什么会这样?这些发达国家曾经做对了什么?德·索托的回答是,他们产生了足够的资本。由此带来的另一个问题是,为什么只有西方国家产生出足够的资本,而世界其他地方却做不到(或者产生出来的资本非常地少),德·索托认为,"这已经变成了一个谜"(第31页)。而德·索托要做的,就是借助于历史资料在这本书中解开这个谜。

一、西欧曾经的历史

为什么唯有西方国家做到了这一点?德·索托一再强调,这绝不是什么文化基因决定的,"西方国家的公民并非天生就尊重所有权和交易,这种尊重是可执行的正规所有权制度出现之后的结果"(第46页)。德·索托举了200多年前美国的例子,来说明在当时并不存在同一套遍及所有人的正规所有权制度,事实上存在着多种非正规的、甚至相互冲突的所有权安排或者所有权要求。比如说,在那时,同一块土地,可能是英国王室转让给某人的一大片土地中的一块,而另一个人声称这块地是他从一个印第安部落手里买来的,第三个人则说这是他用奴隶从州议会换来的土地,这三个人也许谁都没有亲眼看过这块地。来到美洲的移民,往往根本不去理会上述三人的权利声明,早早地就在这块土地上定居、耕田、修建房屋,甚至转让土地、建立信用。

之所以西方国家能够改变上述状况、建立起现在的正式所有权制度,是因为自19世纪以来,政府因应社会的变化与要求,通过艰苦的法律修订工作,不断地将分布在城市、乡村、住宅区和农场的所有权规则融入到一套制度中,将大多数资产综合到一套正规的表述制度中。这样的所有权制度,可以"把管理国民积累的财富的所有信息和规则全部放进了一个知识库"(第43页),从而使西方国家的经济主体能够发现和实现资产中的潜能。因此,19世纪是西方国家历史上的革命性时刻,"大多数西方国家的综合所有权制度大约100年前才出现;日本的综合制度则出现在50多年前"(第44页);在德国,正规所有权制度"直到1896年当施泰因、哈登贝格的改革达到高峰、用于记录土地交易的系统在全国范围内开始运作时,才完成全部综合过程"(第45页)。

为了说清楚上面的问题,德·索托特地在第四章中回顾了发达国家所有权变革的历史。在他看来,欧洲刚进行工业革命时,不仅经济发展状况与当今发展中国家相似,而且面临的社会问题也极为相似,如无法控制的人口迁移、不合法社会部门的发展、城市贫困和社会动荡不安(第86页),以及大量违法现象等。这些问题源自于农村人口因收入的诱惑而大量向城市迁移(就像今天的发展中国家),"向城市迁移的运动一开始,现行的政治制度就开始滞后于快速变化的现实状况"(第88页)。这是因为,在欧洲当时的行会制度和工业官方垄断的前提下,迁移到城市里的民众找不到合法的工作,只能着手开办非法的家庭工厂,"不合法的工作是他们收入的惟一来源。不合法的经济部门于是开始迅速蔓延"(第89页)。与不合法经济活动相伴生的,是大量的走私、诈骗、盗窃等非法活动。就像今天的发展中国家那样,欧洲国家的政府在当时也疲于应对这些层出不穷的问题,"直到它们创立了合法的所有权制度,加速了劳动分工,提高了穷人的劳动生产力,才使情况得以缓解"(第86页)。

但一开始,这些欧洲国家的政府,并没有调整过去的法律以适应这种新的城市现状,而是"制定出更多的法律和规章制度,试图对其进行压制。规章制度越多,违法现象也就越多——很快,政府又制定出新的法律来处罚那些违反了先前的法律的人。法律诉讼不断增加,走私和诈骗四处蔓延,政府就求助于暴力镇压"(第88页)。在此情况下,欧洲国家分别走了两条不同的道路。一条是政府继续坚持宣布不合法企业家为"非法",采取措施打击这些非法活动而不是调整现有制度以吸纳这些非法的企业,"这不仅阻碍了经济的发展,而且还会使社会动荡不安,最终演化成暴力冲突"(第93页),其中最为著名的就是法国大革命和俄国革命。另一条道路,像英国所走的道路,"政府制定了新的法案,使农村和郊区的企业合法化"(第92页),政府的主要行动是调整现有的法律制度,如所有权制度和政府对行业的管制措施,使非法企业家的产权合法化,最终整个国家和平地进入市场经济。

德·索托强调,多数西欧国家之所以在20世纪变成了发达国家,是因为从19世纪到20世纪初,大多数西欧国家都像英国那样改革了法律,以适应现实状况的发展。"那时欧洲人已经认识到,仅仅通过一些小的特别调整,根本不可能管理工业革命的发展和消除大量不合法现象"(第96页)。而政治家们正确地认识到(或者无奈地接受了)现实,那就是,问题的关键"不在于人而在于法律本身","正是法律在阻碍穷人变得更具有生产力"(第96页)。于是,这些欧洲国家"着手把具有排斥性的法律制度转变成能吸纳融合不合法企业的法律制度"(第96页),"通过倡导互相依赖、放宽取得正规所有权的限制、减少由过时的法律条文造成的法律阻碍、使政府和立法机关接受现实"(第96页)。就这样,欧洲的政治家们通过消除法律和经济制度中的矛盾,让自己的国家做好了走上经济发达之路的准备。

二、美国的两个例子

为了进一步说明发达国家在历史上是如何进行法律改革的,德·索托用这本书的第五章为我们描述了被人遗忘的美国历史经验,即在19世纪它是怎样建立起遍及全民的正式所有权制度的。德·索托在其中特别详细描述的,是美国土地法律调整和矿产法律变革这两个例子。德·索托强调,在这两个例子中,一开始,"就像今天发展中国家的政府一样,当时的美国政府也试图阻止不合法居民和不合法协定的快速蔓延"(第105页)。但与之不同的是,美国政府最终承认了旧的法律制度的无效性,并懂得"大规模改变法律的力量存在于法律制度之外"(第105页)。于是,在18—19世纪这一时期,美国"通过把在大规模人口迁移中产生的各种受欢迎的规则纳入法律,使法律为大众服务"(第108页),从而弥补了现有法律的缺陷,诞生了新法律。就是说,新法律是"法律开始努力追赶现实状况的发展"之结果(第96页),法律变革是通过融合旧的正式所有权制度与民间非正式所有权规则进行的,"法律一方面从整个社会的结构和习惯中向上发展,一方面从社会统治者的政策和价值观向下延伸"(第117页)。

(一) 美国土地法律改革

德·索托为我们举的第一个例子是美国的土地法律改革。

前面提到过,美国在殖民地时期,土地所有权制度非常复杂。同一块土地,可能英国王室、印第安部落或殖民地议会,都宣称拥有所有权。美国独立后,大量未开发土地特别是新获得的中西部土地的所有权,在法律上归联邦政府所有。可有一些州不管联邦政府的规定,制定了它们自己的关于所有权和土地分配的规章,目的在于保护现有的特权人士。这一切,加剧了土地所有权法律的混乱状况。来到新世界特别是进入到中西部地区的移民发现,不管自己走到哪里,"都会碰上大量算不上无主的土地、复杂的正规所有权法案、互相排斥的所有权权益、效率低下而又充满敌意的制度以及混乱无序的土地分配步骤"(第126页)。

于是,这些移民根本不管所谓的正式制度,纷纷涌入广大未开发的土地,建立起自己的住宅和农场。在政府看来,移民到公共土地上的这些"不合法居民",是"闯入者",甚至是歹徒。可移民们认为,自己所占据的土地,其价值是因自己的辛勤劳作而提高的,但现行正规所有权法律干脆不承认他们的劳动价值。因此,他们坚持道,"是他们的劳动,而不是什么正式的书面所有权文件或是随意划定的边界线,才为土地带来了价值和建立起固定的所有权"(第114页)。于是,在得不到正规所有权制度帮助的情况下,移民们把英美两国的法律传统和他们自己的常识融会在一起,开始制定属于他们自己的"法律"(第130

页),即建立一种属于他们自己的所有权制度。比如说,他们为自己希望拥有的土地做上记号以标明自己的权利:在树上刻上名字标明自己对这块土地有"斧头权",建造一座小屋以标明自己有"小屋权",种上一棵玉米标明自己有"玉米权"。通过这些行动以及相互间的共识,移民们确立了自己对土地的权利主张,并"在移民中间形成了根据共同的认可和共同的需要而产生的习惯法"(第114页)。

德·索托的意思很清楚,正是由于正规的所有权法律在现实中不能为土地的有效使用提供相应的指导,才在美国土地市场上出现了"两种法律和经济制度中的'既定所有权的大集合'——其中一种制度是编纂起来写在法令全书里,另一种制度则在实践中发挥作用"(第111页)。就像今天的许多发展中国家,18、19世纪初的美国,也存在着这种双重法律和经济制度,而大多数土地所有权和所有权协定由不合法的"法律"决定。居住在不合法所有权协定支配的土地上的移民,就成了不受法律支配的居民。这种不合法的"法律"或者说不合法所有权协定,尽管"不是由国家制定的,也不是来自法令全书,但它确实是一项法律。这项法律源于人们自己,由人们自己制定;它的命令同时也具有强制性"(第115页)。德·索托强调,"不合法居民们似乎并不想彻底更换现行的法律制度"(第115页),但由于"美国此时的所有权制度非常呆板,法律条文烦琐、过时,变成了移民们保护和稳定其财产所有权的主要绊脚石;这些移民于是脱离官方的法律制度,成为'不受法律管辖的不合法居民'"(第111页)。这些在现行所有权法律中处于不合法地位的居民们,被充满敌意的立法者、有产阶级的政治家们和持有所有权证书的特权人士所敌视。德·索托反复强调,这些人"根本不是罪犯;他们组织社区、建立学校、修建房屋、销售土地"(第116页),他们为经济增长、土地价值提升做出了杰出的贡献,而且遵循着自己的"法律"。

由于移民们自身的积极努力与抗争(德·索托以美国中西部的"权利要求协会"对协会成员权利的主张与保护为例来说明),由于越来越多的政治家们懂得把正式所有权出售给那些反正也赶不走的移民,既可获得大笔收入又可促进土地的有效开发,再加上美国民主制度的作用(数量不断增长的居民们通过选票要求当选官员保护他们的利益,以至于受选民制约的很多州政府,驳回了联邦最高法院有关不合法人口问题的大量决议),于是"在美国经济发展的关键时刻",美国政府承认了"真正的罪犯和不合法居民之间的差别",承认"土地制度从未和美国人获取土地的实际方式彻底吻合"(第117页),开始改革法律。法律上不断追赶现实发展的做法,主要就是在正式法律中融合大量的不合法的所有权协定。

1797—1820年,肯塔基州通过一系列立法行动所确立的两大原则,就表现出来这样的取向,"这两个原则一是土地占有人对土地增殖部分拥有权利;二是,如果某定居者在私有土地上定居超过7年而未引起争议,并一直缴纳税金,不管土地原所有人的所有权文件多么有力,该定居者都可以对土地拥有明确无误的所有权"(第147页)。这一取向还体现在美国联邦和许多州的法律确定的优先权原则,即在把某一块公共土地卖给普通大众之前,这块土地上不合法定居的人有权优先购买这块土地。不过如果土地价格过高的话,那这样的法律既不能充分保障移民对土地的权利,也不能体现他们为土地创造的增值。如1785年国会在公共土地出售的法律中规定,不合法定居者有权以每英亩1美元的优惠价格购买但必须一次性购买640英亩土地。在当时,640美元这个数目过于庞大,"超出开拓先锋们的支付能力",结果美国的移民们宁愿"选择不稳定的非法定居"(第134页),或者说情愿生活在非法状态下。美国政府疲于"排斥和惩罚非法获取土地的不合法居民",于是不得不在立法和司法两方面再次朝有利于定居移民的方向发展。1830年的法律规定,"1829年时占有公共土地并在上面耕作的每一位居民",有权以极优惠的价格购买160英亩的土地。到了最后,1862年颁布的《宅地法》直接承认了移民对非法占据土地的所有权。它规定,移民只要同意在现有土地上定居和发展5年,就可以免费获得160英亩的土地。

德·索托评论说,"《宅地法》可以被看做是把不合法的协定纳入法律的过程中一个重要的里程碑。正规法律最终接纳了移民们的许多不合法协定,并将其合法化——这成了美国大多数人的准则,而不是什么例外情况……《宅地法》标志着少数有产阶级的法律与大量的人口迁移和开放的、可持续的社会所需要的新秩序之间一场漫长的、精疲力竭的、痛苦的斗争的结束"(第162页)。用德·索托的语言来说就是,通过这样的法律建立起新的正式所有权制度,将土地从资产转化为"资本",从而极大地促进了美国公共土地的开发。当然,正如德·索托所强调的,1862年的《宅地法》,"与其说这是一个彰显当局的宽宏大量的法案,不如说是政府对政治既成事实的承认:新生的美国人已经在不合法协定的基础上,在土地上定居生活了几十年,也使土地的价值得以提高"(第105页)。

(二)美国矿产制度变革

德·索托还举了另一个例子就是美国矿产所有权的改革,这个例子涉及加利福尼亚淘金热这一历史事件及美国《采矿法》的诞生。

在加利福尼亚州发现黄金之前,当地许多土地是政府赠给墨西哥人的,或者性质上是公共土地,因而在正式法律上是有"主"的。自1848年该地发现黄金后,数十万名淘金者涌入加利福尼亚。在开采矿产的过程中,这些涌进来的移民们发现,有成百上千的人声称对他们已占据的土地有权利。"墨西哥人的赠予地、不见踪影的地主、渴望得到土地的定居者以及不健全的法律制度之间的矛盾一触即发,为新的加利福尼亚居民带来巨大的风险"(第126页)。为了确保自己辛勤开发获得的矿产权利并有利于进一步投资开发,加利福尼亚的淘金者们以及马萨诸塞、肯塔基等州的其他矿工们,急需以某种形式来确保自己的权利。

那些涌入加利福尼亚的矿工们,并没有坐等政府来颁布有关法律意见(事实上也等不到),他们纷纷根据风俗习惯("矿工们的法律")并参考现行法律来制定约束彼此的"矿区条例",以保障自己的权利要求。"根据矿工们的法律,发现矿山的人就是他自己的执行官,使他可以占有土地,为他自己颁发所有权凭证、划定疆界,并宣布自己为所有权人(第165页)"。制定出来的矿区条例,"为矿工们规定了如何识别他们的权利范围的方法,建立起记录员办公室、矿区的正式记录以及记录权利要求的办法"(第144页),还建立起用于解决纠纷的制度,即经常性的采矿协商机制与矿区行为准则。上述这些方法、规定、机制与行为准则,虽然是非正式的,但在现实中却有一定的效力,只是不为官方认可而已。矿工们跟前面说的占据土地的不合法居民一样,也成立了自己的组织,来规范他们的不合"法"的权利、确保每个人对自己所占据土地的责任。

有意思的是,美国大多数政治家对矿工权利表示支持,这一态度与他们早期对占据土地的不合法居民的态度不同。德·索托的猜测是,原因可能在于,矿区条例的"原则、立法思路和制定程序通常和现行法律没有太大的差别"(第164页),也可能跟当时的时代背景有关(如奴隶制问题争议、南部各州退出联邦等重大历史事件在此时发生),另外矿区的自治结构也符合当时的政治观点(第165页)。总之,到19世纪60年代,出于对资金的需求以及解决矿区冲突的需要,国会开始把矿工们自己制定的几千种"法律"纳入到一个统一的制度,依靠采矿者自己确立的权利凭证,建立起采矿者的正式土地所有权凭证。

德·索托告诉我们,到1866年,美国国会通过了第一份采矿法案,正式宣布开放全国的矿区让美国公民开采。法律清清楚楚地指出,开采矿产要根据不抵触美国法律的"地方风俗习惯或者若干个矿区的矿工们的规定"进行(第166页)。这一联邦采矿法案是美国法律制度上一个非凡的突破,它表明美国政府明白大方地承认了诞生于官方法律之外的民间协议具有合法性。1872年5月10日,国会通过了普遍的采矿法案,该法案奠定了今天美国采矿法基本的正式结构。这个法案保留了1866年采矿法案确立的两个重要的基本原则:"承认采矿法,承认矿工们对矿区进行增值后就有权以合理的价格向政府购买所有权凭证"(第167页)。就这样,在20多年时间里矿工们通过不合法途径产生的权利和协定,最终被融入到一个新的正规的所有权法律中。

到19世纪80年代,1872年《采矿法案》取得了彻底的胜利,"矿区条例和习惯在很大程度上已经变成了历史文物"(第168页)。矿工们在获得正式法律认可的所有权凭证之后,更加积极地花钱去挖掘代价昂贵的坑道、安装机械、建造房屋或勘探矿脉。他们还将矿藏的权益按小块出售以获取必要的资金,或者吸引更多的矿工加入。《采矿法》实施后矿工们的这些做法,实际上就是德·索托所谓的以正式所有权制度来创造资本的行动。

三、法律革命

以上美国的两个例子表明,与今天的发展中国家一样,在英属北美殖民地时期和美国建国后一百多年时间里,通过正式法律建立的所有权制度与民众自发创业建立起来的"非法"权利之间,存在着冲突。按照正式法律制度来衡量,在土地、矿产等领域的非法活动似乎是极其猖獗、极为普遍的。美国政府多次尝试按正式法律建立秩序(特别是在土地制度方面),打击非法移民在公共土地上的居住与开发行为以及其他权利要求。但跟今天世界上许多发展中国家政府的做法不同,美国政治家在当时逐渐认识到,这些占据公共土地或者其他有"主"土地的人"不是什么罪犯或者野蛮人;他们是高尚的先锋,他们保证了这个国家的快速增长和发展。如果他们违反了法律的书面文字,那他们也只是在完善法律的最终意图"(第149页)。因此,重要的不是打击这些具有非凡创业能力的人群,而应该致力于改变现有的法律规定,以法律革命来实现法律最终的意图。

(一)法律革命的目标是实现法律的最终意图

那么,在所有权方面,法律的最终意图是什么呢?那就是前文说过的,在兼顾资产的安全与资产的交易二者的平衡中,更倾向于后者;或者说,法律的重点是要确保资产能实现互换,能够通过创造性劳动而增值,而不是单纯地保障安全。这样一来,在现实中就存在两种各有侧重、互不相让的所有权概念:"一种概念与经济发展相联系,强调所有权动态的一面;另一种概念与所有权在快速变化中的安全性相联系,强调其静态的一面。"(第120页)。美国的政治家们用了一个多世纪的时间才真正明白,像美国这样蕴藏着巨大的、未开发的自然资源,且具有众多上进心强的移民和定居者的国家,所有权法律应该更多地侧重于动态;而侧重动态,意思是应该更多地考虑在经济发展过程中民众创造的有效的非正式所有权协议,而不应该僵硬地执行原有的法律制度。显然,只有侧重于动态的法律才能真正公平地对待已在此土地上劳作多年的"非法"居民,只有这样的法律才能进一步促进对土地的有效开发。

德·索托指出,这样的所有权法律,必须从民间经济活动(可能仍处于不合法状态)中吸取现实存在的种种所有权协议,才能为现有的法律注入生命,让正式所有权法律保持活力。前述美国国会通过的土地法案和采矿法,就是正式法律吸收非正式所有权协议而实现侧重于动态所有权的两个例子。德·索托把民间经济活动中形成的、可能仍处于不合法状态的协议和规定,统称为"社会契约"。德·索托在这里借用洛克、卢梭等经典作家用来解释国家诞生的"社会契约"一词,来说明没有国家权力支持的民间协议同样具有有效性甚至神圣性,它们"是由实实在在的人清清楚楚地记录下来的协定","人们能够实实在在地接触到这些社会契约,并且还能把他们组合成用于创造所有权和资本的制度。社会本身会承认并执行这一制度,因为这个新的制度将建立在社会中的大多数人都很满意的协定的基础上"(第184页)。由此形成的法律改革,能够及时地将所有权制度向底层民众开放,并在相当程度上以底层民众的"社会契约"为基础来重构所有权法律,从而将有关所有权的法律根植于人们已经忠实服从的社会契约,形成有利于穷人的统一的合法所有权制度。

德·索托进一步地说,在美国发生的这种法律变革,事实上构成了一场法律革命。说它是革命而不是普通的改革,是出于以下两点原因:第一,这样的法律在观念上是革命性的,即它体现的原则是"社会需要是赋予所有法律制度活力的本质内容"(第170页);第二,这样的法律在行动上也是革命的,它"以多种方式,以社会底层的美国人的经验和他们所创造的不合法协定为基础,为美国的法律制度注入了生命……美国的立法者和法学家创造出了一个更加符合有创造力的、动态的市场经济所需要的新法律制度"(第170页)。因此,"所有这些过程从本质上构成了一场革命,这场革命诞生于人民大众要把政府发展成为一个系统化的、专业化的正规结构的普遍期望"(第170页)。

结合前述西欧国家的情况,可以说这样的法律革命在西方国家的历史上是普遍性的。这些国家在19—20世纪的某个时候,都吸收了社会底层民众的经验和他们所创造的不合法所有权协定,为已经僵化的法律注入了生命。这场革命的关键,是改造正式所有权制度;而改造所有权制度的关键,又在于"渐渐地承认产生于官方法律制度之外的社会契约是法律的一个合法来源,然后又找到了把这些社会契约纳入法律范围的方法"(第103页)。德·索托断言,"西方所有重要的正规所有权制度的改革都是经过精心策划、制定一个新的政治制度的结果"(第211页)。当然,这场革命可能并不那么剧烈,更没那么血腥,是西方国家政府"用没有血腥的、不会中断的革命来实现法律的变革"(第211页)。

在西方,这样的法律革命为什么能够成功?归结德·索托在不同段落中的探讨,我们大致可发现有以下三个方面的原因。第一,处于不合法部门的民众及其组织进行了不屈不挠的抗争,"人民比法律专家拥有更大的权利去定义和解释规章制度"(第139页)。德·索托极力称赞"权利要求协会"及矿工组织,认为这些"不合法组织在定义美国的财产所有权和增加土地价值方面发挥了重要作用"(第139页)。第二,政府及政府领导人的开明。德·索托说,成功的西方各国"都有一些开明人士懂得,如果有很多人生活在某一法律制度之外,那么这个法律制度的存在就毫无意义。正是由于这些开明人士,西方国家才取得了所有权制度革命的成功"(第98页)。第三,已经存在的选举政治与民主制度的作用。无论是在美国还是在西欧,在所有权法律革命之前,选举政治和运行大致良好的国会已经存在,选票压力和议员活动,最终迫使国会或政府一步步地修改早已僵硬的所有权正式法律,使其向有利于穷人、有利于产生资本的方向变革。

当然,在此过程中政治领导人的作用是至关重要的。德·索托参照美国的经验,建议政治领导人进行类似的法律革命时,必须考虑三个因素:"找到真正的所有权社会契约、调整法律与这一契约相适应、研究出政治策略使这些变革成为现实"(第170页)。而可以汲取的主要经验教训是,"假装这些不合法协定不存在、或者不采取策略把它们纳入法律部门就试图将其废除是傻瓜的行为"(第121页)。

第四节　发展中国家未做而应做的是什么?

在解答了"什么是资本"、"发达国家做对了什么"之后,事实上我们已经可以预料到德·索托会怎样回答"发展中国家未做而应做的是什么"这一问题了。"未做的",是没有建立起正式所有权制度来创造资本;"应做的",是进行所有权制度的变革或者说"法律的革命"。不过理论上的明了,并不能代替对复杂现实的了解。下面我们结合德·索托分散在全书中的相关内容,来集中加以叙述。

一、发展中国家为什么贫穷?

德·索托告诉我们,为了成为发达国家,很多发展中国家已按西方国家政府及有关专家的建议,在宏观经济管理方面做了很多事情,诸如缩减政府开支、重组公共债务、抑制通货膨胀、推动贸易自由化等,但做这些似乎都未能让它们变成发达国家。特别是跟德·索托个人相关的拉美国家,自1820年以来它们至少四次尝试加入全球化,但都以失败告终。德·索托还提到,东欧国家和前苏联地区在转型过程中,也按西方国家及学者的建议进行了宏观经济改革,结果同样不顺利。"宏观经济改革并不足以创造财富"(第57页),不足以让发展中国家踏上发达之路,它们就像被"钟罩"隔绝在外。

(一)"钟罩"的三个侧面

德·索托在《资本的秘密》一书中多次用到布罗代尔的"钟罩"比喻,但在使用时含义不尽相同。此处我们归结一下,大致可从三个方面来理解德·索托所说的"钟罩"。

布罗代尔在使用"钟罩"一词时,本意指的是隔开资本主义与市场经济的某种障碍物,这种障碍物让"资本主义"这样的高级经济形式只局限在很小的范围,不能扩张到全部的市场经济活动中。若用德·索托的术语来理解布罗代尔说的"钟罩",那就可以说,这样的钟罩"不是玻璃做的,而是用法律做的"(第183页)。换言之,是现有的正式所有权法律形成了障碍,让一部分经济体能够创造资本而成为布罗代尔说的"资本主义",同时阻止了另一部分经济体创造资本,使其因缺乏资本而长期停留在低级的市场交换活动中。此时的钟罩作为障碍物,阻隔的是资本主义与市场经济。这是理解德·索托所说"钟罩"的第一个侧面。

德·索托在描述发展中国家始终无法成为发达国家时,也借用了这一比喻。他认为,发展中国家和发达国家之间也存在着"钟罩",阻碍着经济发达、社会繁荣的现象从现在的发达国家向发展中国家扩张,"资本主义已经为西方国家带来了财富,又是什么原因阻止它为世界上的大多数人带来同样的财富呢?为什么资本主义像是被封闭在钟罩里,只在西方国家发展起来了呢?"(第5页)。这样的"钟罩的存在把资本主义变成了一个私人俱乐部,只对少数有特权的人开放,使几十亿站在外面想进来的人愤怒不已"(第59页)。当然,德·索托并不赞成阴谋论或者类似的剥削论,因为"并不是某些西方国家阴谋制造垄断的结果"(第8页),而是因为发展中国家自己不能创造资本。显然,此时的钟罩不是有意制造的障碍物,而是发达国家有而发展中国家没有且隔开二者的正式所有权制度。这是理解德·索托所说"钟罩"的第二个侧面。

德·索托在全书运用布罗代尔的"钟罩",重点并不在于说明发达国家与发展中国家之间的某种阻隔现象,而在于强调发展中国家内部的阻隔或障碍问题。他说,在发展中国家内,其实并不缺乏兴旺发达的部分城市或者部门,也不缺乏拥有资本的少数本地人或者外国投资者("他们的资产或多或少也是综合在一起的,也可以互换,也形成了网络,也受到了正规所有权制度的保护",第59页),只是绝大多数地区、绝大多数人生活在贫困中,资产因缺乏可靠的正规所有权制度保护而不能转为资本,因而在一个国家内少数拥有资本的人与绝大多数不能拥有资本的人之间隔着布罗代尔的"钟罩"("到处都是巨大的阻碍",第59页)。德·索托说,"在'钟罩'内部,是少数借用西方国家的法律原则来掌握所有权的特权阶层;而'钟罩'之外是大多数人生活的地方,所有权被牢固地根植于不合法社会契约中的各种非正规协定的使用和保护"(第183页)。显然,此时的钟罩是有意或无意建立起来的只惠及少数人、少数地区的正式所有权制度,是实际存在的障碍物。这是理解德·索托所说"钟罩"的第三个侧面。

(二)发展中国家的问题源于不合法部门不能创造资本

虽然横向地与发达国家相比,大多数发展中国家总体而言仍处于经济落后、发展缓慢的状态中,但就自身纵向地对比,"在最近的40年里,发展中国家已经经历了历史上最具有深远影响的一些变革"(第68页),其中特别明显的是伴随工业革命而来的城市人口的急剧增长。与前述西方国家在工业革命时期的情况相似,城市人口的增长主要是因为农村居民向城市迁移;同样相似的是,官方原先制定的(或者从别国直接移植过来的)法律过于僵化,法律不能和经济社会的剧变保持同步发展,迫使来到城市的新移民不得不去从事大量的不合法活动,并创造出适应自己活动的不合法"法律"。

德·索托强调,这些城市移民,尽管"被迫变成了法律之外的难民",但"他们几乎并没有游手好闲地陷于失业状态"(第20页),事实上他们在积极地追求更美好的生活,"充满了艰苦的工作和大量无与伦比的独创性"(第20页)。由此带来的是,"在整个发展中国家的城市里,一种生气勃勃的、独立的、官方看不到的不合法经济正在逐渐发展"(第69页)。巨大的城市移民与富有生机的非正式经济活动,带来了两个后果:一个后果是,政府部门"放眼四望,却只看到了巨大的人口流动、非法劳工、疾病和犯罪的威胁"(第66页);另一个后果是,由于缺乏正式法律的保护,这些不合法的企业家被阻碍,难以"和陌生人进行接洽,阻碍了劳动分工,把未来的企业家局限在经济专业化水平和生产率都很低的小圈子里"(第63页)。

因此,在发展中国家中存在"不合法的社会部门根本不是一个小问题,而是一个大问题"(第69页),是当今发展中国家几乎所有社会与经济弊病的根源,并集中体现在前面所说的有资产无资本(或者说只有僵化资本)的问题。德·索托反复说道,虽然发展中国家的绝大多数居民占据了庞大的资产而且创造出巨大的财富,但是他们掌握资产的方式有很大缺陷,大多数资产没有被恰当地记录下来,不能被所有权管理机构跟踪记录。这样的资产在市场中是无形的,无法用来产生资本。于是,发展中国家多数居民对资产的使用,仅限于物质方面的用途,不能像西方国家居民那样将其转化为资本,不能用作抵押,或者"通过保证提供其他形式的信贷供应和公共设施服务,以获得更多的产出"(第30页)。这样的资产不具备资本的那六个特性,"资产的所有权难以查证,也不受法律所公认的一整套规定的管理;资本本身潜在的有价值的经济属性没有得到描述和组织;资产无法用于通过多重交易来换取剩余价值,因为有太多的误解、混淆、协议变更和错误的记忆"(第24页),他们"无法以使资产能够广泛地转让和互换的方式来表述资产,也就无法负担债务,无法使所有权人担负起经济上的责任"(第235页)。

因此,在发展中国家,"房屋建造在没有恰当的所有权记录的土地上;公司没有法人地位,没有明确的责任;企业处于金融家和投资者的范围之外。由于人们对财产的所有权没有恰当的文件证明,这些财产不能方便地转换成货币,不能在人们所处的互相了解和信任的狭隘地域范围之外进行交易,不能用作申请贷款的抵押品"(第6页)。这样一来,"资产全变成了僵化的资本"(第24页)。

(三)发展中国家缺乏资本是因为法律的背叛

德·索托一再强调,在发展中国家缺乏资本,并非因为这些国家缺乏正式所有权制度,只是因为"穷人们缺少的是通向所有权机制的便捷途径——这一机制可以合法地处理和确认他们资产中的潜能,使他们能够在扩大化市场中创造、获得或担保更大的价值"(第38—39页)。就是说,发展中国家目前僵化的、以维护少数人利益为目的的正式所有权法律,不能或者不方便将穷人已掌握的资产转化为资本。说"不能",是指他们掌握的资产

(比如盖房子的土地),在现行法律制度下产权往往为国有或者少数私人所有,穷人无权将其归为己有,只能通过非法手段强行占据,再通过自己的劳动将其转变为可用的资产(如可居住的房产)。说"不方便",是指穷人要将自己现在占据并增值的资产(如土地)转为正式的合法资产的法律程序虽然存在,但极其繁琐且代价高昂。

前面提到过,德·索托和他的研究小组,以普通人的身份申请在秘鲁开办一家合法的服装企业,竟然花了289天和1231美元。同样的,德·索托发现,在秘鲁,为了得到在国有土地上建造房屋的法律许可证,需要用六年零十一个月的时间,在52间政府办公室里履行207道行政手续(第18页)。私营公共汽车、小公共汽车和出租汽车司机为了得到官方对其营运线路的认可,需要面对长达26个月的官僚作风。他的研究同样表明,在其他发展中国家,类似的障碍不比秘鲁小,甚至更大。比如在菲律宾,若有人要在国有或私有土地上盖住宅,需要履行168道手续、同53个公共和私有机构打交道,最终花去13—25年的时间。可见,若要遵守正式的所有权法律,代价实在太高昂。这样的代价,迫使绝大多数普通人选择从事非法活动。德·索托说,"在我们调查过的城市里,几乎每一处住房都以某种方式脱离了合法的框架——脱离了本可以向他们提供创造资本所需的表述和制度的法律"(第24页),"在我们调查过的所有国家里,我们发现大约80%的土地得不到不断更新的财产记录的保护,或者不是由合法的责任人所拥有"(第77页)。

用不合正式所有权法律的方式从事经济活动,不仅会带来德·索托强调的僵化资本问题,而且还会因缺乏"促进性法律"而带来更严重的经济问题,如"缺少鼓励人们抓住经济和社会机遇、在市场范围内进行专业化分工的制度——如无法通过法庭强制执行合同,无法通过有限责任制度与保险制度减少交易的不确定,无法通过著作权法和专利权制度获得创新和保护创新的动力"(第76页)。另外,还有一些社会问题,比如说会带来很多犯罪集团欺诈勒索、政府官员腐败等。在秘鲁,经营不合法企业的企业家,每年要把10%—15%的年收入用于向政府行贿和交纳佣金,为了避免受罚也要付出很多费用(第76页)。

因此,发展中国家之所以贫困,是因为缺乏资本;而之所以缺乏资本,是因为"这些国家创造、尊重和实现应用于大多数国民的正规所有权制度的能力还有巨大的阻碍"(第66页)。这种障碍主要是由法律造成的,德·索托的说法是,"在我们调查过的每一个国家里,我们都发现,保持合法地位和取得合法地位几乎同样艰难。不可避免会出现的结果是:移民们没有违反法律,法律却背叛了他们"(第19页)。

可以看到,德·索托在这里给出了一个相当深刻的断言,那就是发展中国家的法律(主要指关于所有权的正式法律)背叛了大多数人(主要是穷人)。这是什么意思呢?按照德·索托的逻辑,这句话的意思是法律(有关所有权的正式法律)本来的目的应该是惠及所有人(法律真正的任务,"并非要保护现存的所有权制度,而是要让每个人都有权得到所有权",第183页);而要惠及所有人,就首先应该确保前述不合法的资产能顺利地转化为资本,以便不合法企业家能够创业,经济也能因此成长。可是现在的法律根本没有达到这样的目的,没有为绝大多数人的创业行为提供帮助,相反"这些国家中至少有80%的人口不能为他们的资产注入生命力,不能使资产创造出资本,因为法律把他们排斥在正规所有权制度之外"(第234页)。这样的法律,在创造资本方面背叛了大多数人,又因影响了全面的经济增长而背叛了所有的人。

可是,若按德·索托的意思,要把现在的不合法资产转为合法资产,那么被不合法活动占据土地(或其他资产)的原主人(私人或政府)不就吃亏了吗?谈何惠及所有人呢?

回答这个问题,首先可以从功利主义的思路来进行,就是说,由于不合法活动在发展中国家涉及的是大多数人且基本为穷人("在发达国家,'下层阶级'只代表了生活在社会边缘的一小部分人",但在发展中国家,"特别是在某些地区,不合法现象差不多已经变成了社会主流",第79页),那么这大多数人特别是穷人在产权方面的受益,从社会角度而言,完全能够抵消少数"用厚厚的规定和章程来保护自己的利益"(第16页)的特权人士的牺牲。德·索托明言的是,"同把资本带给穷人的国家利益相比,'重新整理树枝'对极少数人造成的不便是微不足道的"(第212页)。德·索托未明言的是,可能在他看来,政府在产权方面的"损失"根本就不算什么牺牲,因为政府本来就应该属于民众。

其次,这个问题也可以用德·索托已表明的逻辑来回答,那就是前文提到的,法律的目的应该更侧重于交易而非安全,将目前因不合法活动而增值的资产产权界定给不合法居民(就像美国这样的发达国家曾经做过的那样),显然更公平也更有利于经济增长。这样做,最终也会对现有产权人或特权阶层有利。对这一点,下面我们还要做一些讨论。

二、发展中国家该做什么?

说到这里,德·索托会给当今发展中国家政府提供什么建议就很清楚了,那就是发起一场所有权领域的法律革命,"有必要调整官方法律,使之适应于大量的不合法现象向全面的综合所有权制度发展这一现实"(第86页)。当然,要完成这样的法律革命,就要讲究政治策略。为此,德·索托在书中给出了不少政策建议。正因如此,德·索托这本书看起来就不太像纯粹的学术专著,而在一定程度上接近政策报告。

(一)发展中国家的法律革命

德·索托发现,发展中国家有关所有权的正式法律,要么零碎分散("它们的法律制度不是只有一套,而是有很多,事实上有几十套甚至几百套,分别由各种各样的、合法或不合法的机构进行管理",第44页)或者过时僵化,不能适应工业革命后的社会经济状况,要么直接借自西方国家,只保护特权阶层的资产,只让少数人掌握资本。这样的法律制度,成为保护少数人且隔离大多数人的"钟罩":"在'钟罩'内部,是少数借用西方国家的法律原则来掌握所有权的特权阶层;而'钟罩'之外是大多数人生活的地方"(第183页)。因此,有必要建立起一个全国范围内的"能表述所有资产的所有权制度,并用相互协调的标准化解释方法和机构来管理整个制度",产权协定"必须纳入到同一所有权制度中——只有这样才能从这一制度中提取具有普遍性的法律原则"(第185页)。

根据发达国家已有的历史经验,德·索托强烈建议,如果发展中国家政府要进行法律改革的话,不要去直接照抄西方国家的法律,也不要"雇佣德里、雅加达或者莫斯科的摩天大楼里的律师来起草新的法律"(第203页),而应该走上街头、深入田头,去发现"人民的法律"(第186页),了解在民间就所有权已经形成的动态的、富有生命力但仍不合法的协定(德·索托戏称为由"狗的叫声"所表明的权利边界)。这些不合法协定处于官方法律之外,由民众自己制定并有约束力,它们"来源于有选择地从官方法律系统借鉴而来的法令、特殊的临时章程、从原籍带来的或在当地形成的惯例"(第20页)。德·索托认为不合法协定最终"被'社会契约'凝聚在一起",而社会契约"受到整个社区的支持,由居民们选举出来的权威人士或机构加以执行"(第20页)。德·索托提醒道,"这些不合法的社会契约已经创造出一个生气勃勃但资本不足的社会部门,也创造出了穷人世界的中心"(第20页)。因此,法律改革必须在了解这些社会契约的基础上加以吸收(即承认穷人已经创造出的资产应具有正式所有权地位),以此建立起一套遍及所有人并更多地惠及穷人的正式所有权法律。"简而言之,正规法律制度之外的所有社会契约必须纳入到同一个全面的社会契约之中"(第185页)。

注意,德·索托对"社会契约"一词的运用,有他自己的含义。一方面,他不同于洛克和卢梭的用法,不是指用来形成国家的工具,而是指在民间社会中自发形成的具有约束力的协议关系。另一方面,他自己使用时,也有两种略有差别的意思:有时候他说的社会契约,就是指具体的存在于民间的非正式或者不合法协议,如"随着穷人们涌入城市,订立各种不合法的社会契约"(第97页);有时候他在更基础、更抽象的意义上使用"社会契约"(相当于民众普遍同意的原则性条款),认为它是非正式协议之所以能成立的基础,如不合法协定最终"被'社会契约'凝聚在一起"(第20页),"人们能够接触到支持着不合法的'法律'的社会契约"(第184页)。

总而言之,发展中国家要怎样做才能摆脱贫穷?德·索托反复强调,世界上没有足够的金钱让每个穷人都能摆脱贫困,发展中国家摆脱贫穷的根本办法是让穷人能够用自己的资产创造资本,通过自己的努力来摆脱贫困;要能将他们的资产转化为资本,关键在于创造法律上的条件,打破"钟罩",建立起遍及所有人的正式所有权制度;要建立起这样的所有权制度,就必须在广泛了解社会契约的基础上,以民间各种非正式规则为主体,然后融合已有的正式规则,创造出一种遍及所有人的新的法律制度。显然,这样的法律制度更有利于穷人,更有利于交易,从而也更有利于经济发展。

(二)法律革命需要政治行动

怎样才能完成这样的"法律革命"?德·索托强调,许多发展中国家在制定法律时,并不缺乏"把财产所有权交给大多数公民"的明确目的,在经济改革时也不缺少政治上的意愿、财政预算、国际性的帮助(第195页)。但在这些国家,这些法律和经济上的努力,并不能让大多数人进入扩大化的市场,钟罩以及因此形成的阶级对立依然存在,"一边是有益于能把自己的所有权书面化的少数特权阶层的资本主义市场经济,另一边是大量无法平衡自己的资产的资本不足的社会部门内的相对贫穷"(第236页)。为什么发展中国家至今不能打破这样的"钟罩",将正式所有权遍及所有的人与所有的资产,以完成必要的法律革命?在全书中,德·索托多次尝试着回答这一问题。归结起来,他的答案大概有以下三个方面。

第一,没有认识到资本的重要性,没有认识到只有正式所有权法律制度才能将资产转化为资本。即使那些积极自愿充当发展中国家导师的发达国家,虽然自己已经完成了法律革命,但它们并没有清晰地认识到资本的重要性,不明了自己在创造资本的道路上是如何成功的。德·索托在全书对资本重要性的强调无非是,只有合法的遍及所有人的所有权制度,才能为扩展市场、进而为大多数人创造资本准备好条件,"使人们摆脱了封闭社会所特有的耗时费力的地方性协定",让"他们现在能够控制自己的资产;更为有利的是,有了恰当的资产表述,他们就能专注于资产的经济潜能"(第198页)。

第二,忽视了在"钟罩"之外的社会契约。发展中国家的民众尤其是穷人已经根据这些不合法协定掌握了大量资产,他们的生活和工作已经有自己的法则,"当政府对现行的不合法社会契约不加考虑就起草所有权法案并颁发所有权凭证时,它始终不会成功"(第196页),这样的所有权法案和所有权凭证也就缺少合法性。可是,发展中国家大多数经济改革都"着重于处理经济总量",改革者"觉得没有必要去知道人们是否真的有办法加入到扩大化的市场体制中","忘记了人们才是改革的基本导火索,忘记了把重点放在穷人身上"(第236页)。很多时候,这些"经济改革家把穷人的所有权问题交给了对改变现状不感兴趣的保守的法律制定者"(第236页)。这是因为,改革者以为在穷人财产所有权问题上,"自己正在向一个'所有权真空地带'前进……在大多数情况下,根本就没有什么'所有权真空地带',政府面对的是地球上资本不足的社会部门,其中大多数人都通过不合法协定掌握着大量的所有权……穷人的资产也许位于正式的法律管辖范围之外,而他们对这些资产的权利是在他们自己制定的社会契约的管理之下。当强制性法律不能满足这些不合法协定的时候,制定这些不合法协定的人或组织注定会憎恨并抵制正规法律的干扰"(第195页)。所以,"如果不考虑支持着现行所有权协定的全部社会契约,任何要建立一个统一的所有权制度的努力,都会破坏大多数人所掌握的所有权的存在基础"(第196页)。

第三,发展中国家内部特权阶层的抵制。德·索托清楚地指出,"在发展中国家和前共产主义国家,所有权和创造资本的敌人既不是左派,也不是右派,而是一些拥护维持现状的'朋友'"(第185页)。在"钟罩"里住得很舒服的特权阶层,明白他们的利益依赖于维持现状,所以他们会采取行动反对法律制度的转变,"他们会在行动上联合起来,反对前资本主义时期法律制度的转变——而这一转变对成功地实现向资本主义社会的过渡必不可少"(第185页)。德·索托在书中举了秘鲁的一个例子(第190—192页)。1824年秘鲁颁布了第一部宪法,明确规定穷人(特别是土著居民)是土地的合法拥有者。可少数特权人士却想方设法霸占土著穷人的资产,比如他们和律师一起提交假的证明文件,让地方当局和公证人为自己颁发合法的所有权凭证。有鉴于此,1924年秘鲁政府把几千名土著人统一集中在农场上生活和耕作,明令禁止转让农场的土地权利,以此来保护土著人免受那些特权人士合法阴谋的伤害。这一做法,表面上看起来是在保护穷人,但却在不经意间剥夺了他们提高生产力和创造资本的基本工具(即可以自由交易的土地)。

以上三个问题在性质上各不相同,因而解决这些问题的方法也不同。大体上,第一、第二个问题相对容易解决,而第三个问题的解决则必须发起政治的行动,需要政治的策略。

先来看第一个问题,即对资本重要性的认识。这其实是一个知识问题,相对来说最容易解决。相信阅读了德·索托这本书的人,对资本的重要性及正式所有权制度的作用已经没有太大的疑问。德·索托指出,在世界范围内这也是共识性的意见,"享有所有权被认为是人类基本要求的主要部分"(第189页),"国际公法认为个人的财产所有权比国家主权更加神圣"(第190页),而且大多数发展中国家也认识到,"人们普遍拥有财产所有权"这一原则"既是政治上必不可少的因素,也是宏观经济和市场改革计划中必不可少的组成部分"(第190页)。这种意见的高度共识,既跟我们前几讲所说的西方国家主导的市场秩序的扩张有关,也跟德·索托说的"过去40年里,大规模的人口迁移"以及"全世界范围内的通讯革命"(第204页)有关。总之,在德·索托这里,知识问题不是个大问题(当然在哈耶克看来知识问题是大问题)。

第二个问题,即调查社会契约,则是一个管理问题。这需要极其艰苦的努力,特别是需要政府管理部门和有关律师的努力,但这一问题的解决没有太大的政治障碍。"法律必须来自于人民口中"(第197页),因此要进行所有权法律的改革,就必须广泛了解遍布城乡的惯例、规则和行为。这里的问题是,这些社会契约对所有权的表述,"没有充分地形成文字,不能互相交换,不能在其所处的地理范围之外大量投入应用"(第205页),虽然对于身处社会契约之中的人来说,"不合法的所有权制度非常稳定,具有深远的意义"(第205)。要建立完整的正式所有权法律,就"需要费心费力地把所有零星的资料集中起来"(第207页)。而要获得这些资料,"惟一方法就是和那些深深地参与其中的人取得联系"(第208页)。德·索托相信,"一旦政府知道了到哪里去寻找不合法的所有权表述并能接触到这些表述,它们就已经找到了通向非正规社会契约的阿里阿德涅之线"(第209页)。在获得大量不合法所有权的文献记录之后,政府"就能将其'分解',从中确认不合法社会契约的原则和规律"(第210页);然后,政府将其再和正规法律进行对照,"了解它们的协调程度和相异程度";最后,政府就能明白如何使二者互相调整以适应对方,从而"建立起一个关于所有权的调整性法律框架——这是面向所有公民的普遍性法律的基础"(第210页)。德·索托坚信由此建立起来的所有权法律框架,"完全合法,同时又可以执行,因为它反映了国家中合法与不合法的现实状况"(第210页)。当然,在此过程中,还需要发挥律师们的作用,需要鼓励他们"走出法律图书馆,走进不合法的社会部门","检查'人民的法律'并理解其逻辑"(第211页)。

相对而言,在德·索托眼中,上面两个问题还都容易解决,最难以解决的恐怕是特权阶层对变革的阻碍问题。德·索托警告说,"不要忘记,推行法律制度改革意味着要打破现状。这就变成了一个重要的政治任务"(第211页)。打破现状,显然就必须面对利益受损的特权阶层,那如何应对他们的阻碍呢?首先,德·索托劝告发展中国家的特权阶层,"对变革的抵制是无法接受的,因为要求变革的呼唤来自于人民大众"(第98页),他呼吁特权阶层不要无视人民对所有权法律变革的要求。其次,除了劝告外,德·索托也运用了利诱的方法。他向特权阶层说明,建立遍及全体国民的正式所有权制度,解放穷人的潜在资本,从整体上有益于社会,自然也有助于特权阶层财富的增加。他以穷人房屋建造、公共服务设施延伸、银行和保险部门业务增加等为例(第217页)来说明,穷人现在占有的不合法资产一旦获取正式的所有权,特权阶层的产业就会从中获取可观的回报;与此同时特权阶层的财产,也会受到更多的尊重和保护,会有更多的"法律和秩序"。因此,德·索托建议发展中国家政府,要让特权阶层支持改革,不要仅仅简单地呼吁他们的爱国主义或利他主义情绪,还要告诉他们"这样做能够增加他们的财富"(第215页)。

大体上,对发展中国家能够消除特权阶层的抵制并进行法律变革,德·索托充满了信心。他认为,特权阶层终究会认识到,让穷人的所有权正规化,"根本不是对穷人的慈善行为","创造出有秩序的市场、使权利所有人担负责任、使具有明确的所有权凭证的房屋值得给予财务援助,就会产生出一个扩大化市场,使货币进入多数特权阶层的口袋"(第219页)。在他看来,特权阶层只要认识到这一点,就会"变成拥护改革的积极分子"(第219页)。发展中国家的领导人也会乐意这么做,因为这样的法律改革,"会使政府得到合法地位,使人们尊重官方的法律"(第219页)。

最终,德·索托将发起法律革命的希望,寄托在发展中国家领导人特别是最高领导人(总统或首相)身上,呼吁他们承担起必要的责任去采取政治行动,因为"把法律的正规化当成一项普普通通的政治任务是不够的"(第212页)。他认为,"只有从这个高度,政府才能全面掌握从所有权制度革命中取得的成果;只有从最高政治阶层着手,改革才能得到全面的支持并消除惰性因素;只有政府的高层人士才能防止官僚内耗和政治矛盾来破坏改革进程"(第212页)。为此,德·索托给予这些最高领导人的建议是,"至少必须做到三件事:从穷人的角度看问题、吸收特权阶层、应付'钟罩'的管理(即处理法律和技术上的官僚作风)"(第213页)。总之,在他看来,只要使用"精心谋划的策略来攻击现实中的种种障碍","准备好了敏捷灵活的法案",就可以"使政府可以在大众的广泛支持下,用没有血腥的、不会中断的革命来实现法律的变革"(第211页)。

不过,考诸德·索托个人的经验(他所辅佐的从事法律革命的藤森总统,被军事政变推翻),以及世界上有太多的发展中国家难以发起(或不能成功进行)法律改革的事实,我们可以发表"事后诸葛亮"式的评论说,德·索托显然是过于乐观了。确实,在前面所说的三个问题中,第一、第二两个问题并非大问题,而第三个问题才是真正致命的。古往今来多少理性化改革,迄今绝大多数贫穷国家望"钟罩"而兴叹,大多源于特权阶层的阻碍。因此,克服特权阶层的阻碍不是一件容易的事情,德·索托所强调的对特权阶层进行利诱和最高领导人下定决心恐怕还是不够,需要更多的动力。

那当年西方国家是怎么做到的呢?我们前面提到,西方法律革命有三条成功经验(不合法部门民众的抗争、开明的政府领导人、选举政治或民主制度的存在)。对照西方的经验,在今天的发展中国家,不合法部门民众的抗争和开明的政府领导人并不鲜见;但是这些发展中国家之所以未能走上西方国家发达之路,恐怕更多的还是因为缺乏第三个条件,即选举政治或民主制度。一定程度上,这第三个条件是"路径依赖"条件(即道格拉斯·诺斯说的,在制度演进过程中,后面的选择依赖于前面选择所奠定的条件,因而一旦进入某一路径,行动者就会对这种路径产生依赖,乃至不断强化这种依赖);没有这样的条件,政府领导人就感受不到民众的压力也得不到真正有效的民意支持,如此他们既没有足够的动力也没有足够的能力去对抗特权阶层,以便完成法律革命。当然,各国国情和历史不同,个中原因极为复杂,此处不可能一一加以解说。

第五节　中国该做什么？

在结束本讲之前,我们来简单地说说,从《资本的秘密》这本书的视角出发,中国应该采取什么样的策略走上发达国家之路呢?

对中国人来说,德·索托有关资本问题所总结出来的如下启示对我们是非常有益的:"① 包括穷人在内的所有人都有能力积累资产;② 他们所缺乏的是能够把他们的资产转换成资本的综合所有权制度;③ 穷人不是问题的根源,而是解决问题的关键所在;④ 在西方国家的历史上,穷人也是解决问题的关键所在;⑤ 建立能够创造出资本的所有权制度需要和社会契约相联系,解放人民的手脚"(第251页)。

德·索托说得很对,"在经济繁荣时期,人们往往没有时间用于深入的思考。然而,各种危机能够突出头脑对秩序和困扰的解释的需要"(第238页)。在经济增长减速已成"新常态"的今天,确实是深入思考中国未来发展的良机。中国该做什么?显然不是简单地进一步对外扩大开放,因为"继续呼吁开放经济而不面对现行的经济改革,只是为少数特权阶层开放了门户"(第251页),肯定也不是简单地依靠科技发展或者私有化,因为那样获得的好处依然归少数人所有。

那应该做什么呢?用德·索托的语言来回答就是,"创造资本"!如果说,1978年以来的改革开放是在创造市场交易机会的话,那么自今而后的任务主要应该是创造资本。如何创造资本?德·索托说得很清楚,那就是打破"钟罩",破除所有权隔离,创造出有利于穷人而不是特权阶层的法律制度,以保护全部国民的正式所有权。如何打破钟罩?关键在于,"使那些根据不合法协定掌握资产的普通人能够进入合法的所有权制度"(第103页)。就是说,政府必须在吸收和融合社会中大量非正式甚至不合法的所有权协议基础上,将现行所有权法律制度改造成遍及所有人的正规的所有权制度。

因此,按德·索托的说法,当前中国进一步发展的关键应该是,认清将民间(特别是穷人)根据不合法协定掌握的资产转化为资本的重要性,然后进行法律制度的变革将这些不合法协定融入正式所有权制度中,从而创造出资本来引导经济进一步的发展。不要再对那些存在于正规所有权制度之外的资产视而不见,这些"表面上的不合法现象并非犯罪,而是社会底层的'立法部门'和社会上层的立法机关相互抵触"(第104页)。一国发展不可能让大量人口长期生活在法律制度之外,任由他们的所有权受非正式规则调节。德·索托可能会给出的建议是,中国必须像当年的西方国家那样,进行所有权制度革命,把种种不合法协定与正式法律制度结合在一起,"建立起一座法律和政治上的结构、一座桥梁,使其与人们自己制定出的不合法协定相连,让人们能高高兴兴地跨过这座桥梁,进入包罗万象的新正规社会契约"(第196页)。

如果用德·索托的眼光来考察中国,可以发现中国在正规所有权制度之外、不能转化为资本的资产,至少有以下几种。

（1）人力资源。在当前歧视性的户口、居住、福利、社保等制度隔离下，多数国民尤其是农民的人力资源，并不能顺利地转化资本，不能在统一的、遍及所有人的劳动力市场上得到合理的估价。这是中国特有的现象，德·索托没有提及，但完全符合他的理论。

（2）农村土地。农村居民占有的土地，不能买卖、抵押，无法以之为基础获得资金用于进一步发展。因而，这样的土地只是僵死的资本，不能充分产生剩余价值。相形之下，城市土地在一定程度上已成为资本，只是土地使用权的批发权垄断于政府之手，并有"70年"使用期的限制。

（3）小产权房。德·索托一再强调的城市穷人房产，在中国最为现实的体现就是城市周边的小产权房。由于其土地权利名义上属于集体所有，不能成为可以进一步创造剩余价值的资本。

（4）资源性矿山。在正式所有权制度下，全部矿山都为国有。但在实践中，大量矿山实际上为私人非法占有，由此导致大量的乱采行为和普遍的官商勾结。在这样的所有权制度下，资源不能得到有效开发，国家无法有效征税，只是让少数特权阶层获利。

（5）非法或非正式企业。在严格的登记与退出制度的隔离下，大量企业处于非法或至少非正式的状态。遍布城市大街、像游击队一样东奔西走的摊贩，即是明证。他们缺乏正式所有权制度的保护，资产不能转化为资本。

当然，在中国，僵化的资本可能还有其他的表现形式。可以相信，如果按照德·索托的说法进行中国的法律制度变革，将上述资产转化为资本，将穷人解放出来，中国经济未来的发展就会有充足的动力。试想，仅仅是将目前僵化在农民手中的土地转化为资本，让农民获得有法律保障的所有权，就会为中国增添多少资本？愿意继续种田的农民，可以以土地为抵押从银行获得资金，银行也乐意从事这样低风险的放贷；农民可以在权利清晰的基础上，进行相互的合作，如通过股权合作实现土地的集中或公司化经营（现实中已有基于非正式所有权协议而发生的此类行为）；不愿意种田的农民，可以通过出售土地而获得在城市创业的资金。这一过程，事实上也正是波兰尼或者哈耶克所说的，市场原则在土地领域的扩张。

不过，需要交代的是，以上的说法是从《资本的秘密》一书的逻辑出发，就中国在创造资本、改革资产所有权方面可能得到的建议。由于历史和国情的不同，中国在现代国家建设过程中可以参考但不必照搬德·索托的建议。归根到底，中国只能走自己的道路。

本讲思考题

1. 为什么说资本既是一个抽象的概念又具有实际的动能？
2. 你认为，有必要区分资本主义与市场经济吗？怎么认识中国经济史学界过去对明清资本主义萌芽的研究？
3. 所有权制度偏重于保护交易而非资产所有人的物主身份有什么重要性？该如何

在制度中体现这一原则?

4. 穷人为什么在创造资本过程中更值得重视?怎么理解"穷人不是问题的根源,而是解决问题的关键所在"?

5. 为什么说当前"发展中国家的法律背叛了大多数人"?

6. 你认为怎样才能在中国完成法律革命?

第九讲

《公共财政与公共选择》：
现代国家中的财政制度选择

本课程的目的是从国家转型的视角来思考财政问题,通过有关文本的解读,我们一起考察了中国从帝国向现代国家转型过程中财政基本制度与运行原则的变化,也看到了世界范围内的国家转型活动及现代制度的运行。前面有几讲的内容,表面上看起来与财政关系不大,但它们却是理解现代财政制度运行的基础。正如我们已经看到的,现代财政运行所依托的市场经济与私人产权这两种基本制度,曾经遭受过特别严重的质疑,包括财政制度在内的全部国家制度也曾尝试依托于相反的制度(即计划经济与国有制)进行重构。时至今日,在中国乃至全世界,就现代国家建设而言,基本上已终止了这种尝试。但是,对这种尝试的理论反思,仍需进一步地进行。相信前几讲提供的文本解读,可以为大家进行这样的反思提供点帮助。

本讲选择的文本是《公共财政与公共选择》,相对于前几讲的文本来说,主题更集中在财政税收问题上。不过,需要交代的是,这本书探讨的财政问题,在相当程度上是针对欧美这样的现代国家来说的,就是说已经完成国家转型的国家,该如何选择必要的财政制度来治理现实中的社会问题?

针对这一问题,思考的路径大致上有两个方面：一个方面是给出理想的财政目标和财政手段,要求政府遵此奉行；另一个方面是给出合理的规则程序而不是具体的目标,要求政府按规则行事,让社会产生结果。前者在一定程度上是结果为先,后者一定程度上是规则优先。在本讲的文本中,正如书名所显示的,分别将这两种思路称为马斯格雷夫所代表的"公共财政"和布坎南所代表的"公共选择"。在这本书中,马斯格雷夫概括了有关公共品提供的两种模型(第30—31页),也大体反映出这样两种路径：一种是假设一个仲裁者掌握人们的偏好,在此基础上考虑公共品有效供给的效率条件,这实际上是马斯格雷夫开创并由萨缪尔森加以完善的模型;另一种是维克塞尔创立的,运用投票表决程序代替市场以解决公共品有效提供问题,布坎南很大程度上运用的就是这一模型。当然,这两种思路并非全然抵触,在很多具体的政策和制度上二者的看法事实上是相通的,彼此的批评也促进了财政学的进一步发展。

在一定意义上,选择《公共财政与公共选择》这一文本作为本课程的结束,呼应了选择《盐铁论》文本为本课程的开始。这两本书具有以下的相似性:二者形式上都是对话录;讨论的都是相对纯粹的财政问题;提供的有关财政问题的基本结论和思考路径,构成了指导财政行为的长期原则。正如布坎南在比较社会科学和自然科学的不同时强调的,社会科学致力于选择制度,努力构建更为美好的现实世界,"对物理学家而言,最重要的任务就是解释现实为什么如其所是,几乎不去注意其他可供选择的结构。对于社会学家而言则恰恰相反,由于强调预先假定社会现实本身具有人为性而不是纯自然形成的,大量努力的背后的诱导力量就在于人们认为现实世界也许应被重建或改革,这样我们的世界将更加美好"(第10页)。这两本书都在思考如何选择和建构基本的财政制度乃至国家制度,只不过《盐铁论》告诉我们的是,在一个帝国如何选择财政制度,而《公共财政与公共选择》一书告诉我们的是,在现代国家怎么选择财政制度。

《公共财政与公共选择》这本书,文本上是按两位财政学大师马斯格雷夫和布坎南在一次研讨会上的议程编排的,有着非常丰富的内容,特别是涉及20世纪许多具体的财税政策设计。本讲在解读时不可能按照这一顺序进行,更不可能讲解所有的内容,只能围绕几个比较重要的、与财政制度选择相关的主题来讲解,并交代主讲人个人的一些意见。这些问题有:① 重视财政学中的欧陆传统;② 用财政来控制政府;③ 财政学中的道德观。

第一节 作者与著作简介

《公共财政与公共选择》这本书,是在为期一周的会议文献基础上编排而成的。严格地说,这书并不是一本标准的学术著作,称其为经典文献也有些过誉。可是,参与本次对话的马斯格雷夫和布坎南两人,实在是太经典了。事实上,若排除掉这两个人,20世纪的财政思想史就不知该如何写就了。基于此,两位大师在会议上对自己学术经历与学术思想的介绍,尤其是二人在财政基本问题上的交锋,也不能不变得"经典"起来。特别地,对于阅读者而言,通过阅读二者的对话录来了解他们的思想,文字上也相对容易一些,内容上也更全面一点。这是本课程最终选择该文本的理由所在。

一、人物介绍

我们先来看一看这本书的主要对话者之一马斯格雷夫教授。

马斯格雷夫(Richard Abel Musgrave,1910—2007),20世纪最重要的财政学家之一,公共经济学的主要奠基者,也被一些学者称为现代财政学之父。

在第一天的会议上，本次会议的主持人介绍了这位大师，马斯格雷夫本人也叙述了自己的部分经历。我们在这里再简单地提一提。马斯格雷夫出生于德国的柯尼希施泰因（Königstein），父亲的职业是药剂师（chemist），同时也是一位作家和翻译家，爷爷是语言学教授，母亲的家族从犹太教改信为天主教（马斯格雷夫因此而有犹太血统）。在慕尼黑大学学习期间，马斯格雷夫从文学领域（他曾梦想成为舞台指导）转到经济学领域，并于1931年转到海德堡大学学习，第二年获得经济学硕士学位。1933年，他交流到美国罗切斯特大学学习，在此获得了第二个硕士学位。1937年，马斯格雷夫从哈佛大学获得了经济学博士学位并在这里一直工作到1941年。然后作为在华盛顿的联邦储备委员会的经济学家，从事研究工作到1947年。在此之后，他先后任教于美国几所著名的大学，像密歇根大学、约翰斯·霍普金斯大学、普林斯顿大学、哈佛大学。与此同时，马斯格雷夫还多次担任美国政府的顾问，并担任了玻利维亚、韩国等很多国家的经济顾问。他是美国人文和科学院院士、美国经济学会成员、财政学国际学会荣誉主席，还获得了包括"弗兰克·塞德曼（Frank E. Seidman）政治经济学奖"在内的多项荣誉，以及多所大学的荣誉博士学位。"财政学国际学会"还以他和他夫人的名字，于2003年创设了一项奖项，以表彰他的贡献。马斯格雷夫1981年退休，并于2007年去世。

马斯格雷夫教学与研究的领域，集中于财政学基础理论、税收政策与经济发展、税制改革等。马斯格雷夫的一生，为财政学发展做出了杰出的贡献。他的著作《财政学理论》(1959)为财政学奠定了基本的理论框架，"在过去的几十年内已成为财政学领域的里程碑式的经典名著"（第4页）。他与妻子佩吉·马斯格雷夫合作编写的教材《财政理论与实践》(1973)，多年来在美国高校中广泛使用。著名财政学家马丁·费尔德斯坦在2007年1月20日《纽约时报》的评论中，将马斯格雷夫的主要贡献概括为，于20世纪五六十年代，创造性地将财政学从描述性的和制度性的研究，转化为使用微观经济学和凯恩斯宏观经济学工具的研究。马斯格雷夫的论文《财政学的自愿交换理论》(1939)是财政学公共产品理论的奠基作，也是财政职能三分的起源处。他的论文《预算决定的多重理论》(1957)奠定了财政学中优值品理论的基础，该理论至今仍在财政学中被广泛讨论，当然也激起了很多批评，在我们文本中可以看到布坎南也有批评。他与多玛（Evsey Domar）合作发表的论文《比例税与风险承担》(1944)，可能是经济思想史上被引用得最为频繁的文章。马斯格雷夫也是倡导政府积极干预主义的主要学者，在我们选择的文本中，大家可以看到他始终认为政府应该是实现社会正义和有效经济增长的工具。

接下来我们看看本书的另一位主要对话者布坎南教授。

詹姆斯·布坎南（James McGill Buchanan, Jr., 1919—2013），生于美国田纳西州默弗里斯伯勒（Murfreesboro），是20世纪最主要的财政学家之一，公共选择理论的主要创始人，他也因此获得了1986年的诺贝尔经济学奖。他的研究和著作集中于公共财政，并在公债、投票、宪政经济学和自由理论方面贡献颇多。

布坎南出生于美国内战中战败的南方，祖父辈对于战争刻骨铭心的痛苦感受深深影响了他，这是他对政府权力终身保持怀疑和警惕的成长背景。虽然出身名门（他的祖父曾任民选的田纳西州州长），布坎南却家境贫困，负担不起更高的学费，只能就读本州的师范学院。1940年布坎南大学毕业,获得数学、英语文学和社会科学(含经济学)三个学位。一年后,他从田纳西大学获得科学硕士学位。二战期间,布坎南从军服务。战后他回归学术,在弗兰克·奈特指导下,于1948年从芝加哥大学获博士学位(博士论文为"联邦国家中的财政公平")。布坎南先后任教于弗吉尼亚大学、加利福尼亚大学(洛杉矶分校)和弗吉尼亚综合理工学院,1983年后受聘为乔治·梅森大学的教授。他是前面提到过的哈耶克所组建的"朝圣山学社"成员(一度担任过主席)、卡图研究所的资深成员,并获得过无数的荣誉(当然最有名的是诺贝尔经济学奖)。

在布坎南成长的环境中,平民主义思想的氛围一直非常浓厚。这种思想痛恨东部(以首都华盛顿为中心)的当权派,反对强盗般的工业巨头和金融寡头(以纽约为中心),布坎南鄙视东海岸知识精英的情绪正来自于此。他坚信,针对个人自由的政治约束应该降到最低限度(但不能降到无)。在奈特的市场运行自发协调原理、维克塞尔对假设政府为仁慈君主的批评以及对集体决策规则的强调等思想影响下,布坎南开始了自己的学术生涯。特别是在1955—1956年期间,布坎南作为富布莱特学者访问了意大利,奠定了他关注财政决策的政治结构、政治学模型化的终身学术取向。布坎南一生著述颇丰,有20多本著作,300多篇文章,主题集中于财政学领域,但涉及许多方面。他的主要著作几乎都已翻译成中文,如《公共财政与公共选择》文本中提到的《同意的计算》《征税的权力》和《规则的理由》(合集在中文版《宪政经济学》中)、《自由的界限》《赤字中的民主》《原则政治,而非利益政治》等,以及文本中未提及的如《民主过程中的财政》《宪政秩序的经济学与伦理学》《宪政的经济学阐释》《成本与选择》等。他的自传性文集《胜过耕田》(1992),为我们提供了有关他的生平与著作的进一步信息,此处不再多说。

布坎南是以"公共选择理论"的主要创始人而闻名于世的,而公共选择理论又被进一步地理解为运用经济学分析方法来研究政治问题的一个派别,或者说是"政治经济学的维吉尼亚学派"。在经济学(特别是财政学)领域,过去通常将政府假定为坐等经济学家提供政策建议的仁慈君主,即社会福利最大化的天然追求者。这样一种假设虽然受到维克塞尔和一些意大利学者的批评,但布坎南发现,直到他的时代,该假设仍占主流地位。于是,他在学术上呼吁,要摒弃将政府作为社会福利最大化者的假设,坚持将经济人分析方法贯彻到研究政治家和官僚的行为中去(他认为这些人行为的合力才构成政府的行为)。在他的影响下,经济学广泛兴起了对投票、选举、官僚政治等行为的研究,探索在个人效用最大化的假设基础上,政府行为(或集体行为)是如何从个人行为合力中产生的。加上在科斯影响下企业理论的进展(即企业也非天然的利润最大化追求者,企业行为是企业内主体追求个人效用最大化的合力结果),经济人假定这一分析工具统一了对市场、企业和政府三方行为的研究。

不过,对公共选择理论集中于探讨制度内的选择行为,布坎南在后期越来越不满意。在他看来投票人、政治家或官僚的行为最终决定于制度,而制度本身是可以选择的。只研究制度内的选择而不研究对制度的选择,忽视了规则或程序在政治中的意义。"对制度的选择"事实上是一种立宪行为,因而后来布坎南对公共选择理论的研究,更多地侧重于探讨规则和制度得以选择或者产生的过程,他将其称为"宪政经济学"或者"财政立宪主义"。

在他的影响下，加利福尼亚州和美国其他地方的公民，兴起了平衡预算宪法修正案的运动（即在宪法中加入强制性预算平衡的条款，以约束政府的行为）。

二、文本介绍

《公共财政与公共选择：两种截然不同的国家观》一书的英文名为 Public Finance and Public Choice: Two Contrasting Visions of the State，英文版出版于1999年，中译本由中国财政经济出版社于2000年出版，译者为类成曜。将英文版副标题所用的"Contrasting"一词译为"截然不同的"，可能不太准确，因为马斯格雷夫与布坎南在国家问题上看法差异虽较大，但并没有大到"截然不同"的地步。所以，此处若将该英文单词译为"对比鲜明的"或者"差异极大的"，可能更为准确。

1998年3月23至27日，在德国慕尼黑路德维希·马克西米利安大学（即慕尼黑大学）的经济研究中心（该中心由马斯格雷夫帮助创建），举办了一场为期五天的讨论会。本次讨论会的程序如下：布坎南和马斯格雷夫分别提交论文，然后二人针对对方论文进行评论，最后再与其他参会者一起共同讨论。在整理论文稿件与讨论录音的基础上，整理人再将稿件送交原作者和录音当事人核对，由此形成的文字最后结集出版，得到我们这一讲的文本。这样的条件可比桓宽那个时代强多了，他在整理盐铁会议"议文"时没这些条件，所以千百年后我们总是要问，哪些是发言者的文字？哪些是桓宽的"臆造"？

这本书在文本的编排上，按五天的会议时间顺序进行。在第一天，先由主持人汉斯—沃纳·新对两位对话者进行介绍，这形成了该书的导论；然后两位大师分别介绍自己的思想渊源与学术经历，并特别地跟大家一起分享对财政学基本问题的思考（尤其应注意布坎南对普遍性规则的强调和马斯格雷夫对公共品供应两种模型的说明）；最后是有听众一起共同参与的讨论。除了第一天外，其他四天，有两天先由马斯格雷夫宣读论文、然后布坎南答复，另外两天则换成布坎南宣读论文、马斯格雷夫答复，每天的最后环节都是有听众参与的讨论。注意，会议参与者有很多也是著名的财政学者，如佩吉·马斯格雷夫、尼斯卡宁等人。听众参与所讲述的内容，也基本上被收录到文本中来。

在第二天至第五天，马斯格雷夫和布坎南探讨的主题有以下几个。

（1）"财政的任务"，即财政职能问题。这一天由马斯格雷夫来宣读论文，重点探讨财政在公共品提供、转移支付、宏观调控等方面可以发挥的职能。这几个方面，对应了他一直以来提倡的财政职能三分框架（效率、公平和稳定）。另外，他还顺带谈论了公共部门规模和税收改革等问题。布坎南在答复时提到，他与马斯格雷夫在财政职能方面有分歧，根源在于"马斯格雷夫信任政治家，我们不信任政治家"（第68页），而这又与前述二人成长的环境有关。

（2）"对政治行动的约束"，即财政宪法问题。这一天由布坎南来宣读论文，其内容主要集中于如何选择恰当的规则来约束政府的行动（尤其是关于公共品或预算规模的决策），其最终结论是应该在宪法层次上用普遍性规则来规定集体行动的范围。马斯格雷夫在答复中强调规则的约束作用不仅针对国家行动也应针对个人行动、布坎南已经从只重视规则而轻视结果变成开始重视部分结果，他还强调在民主社会中行动的主体是由个人组成的集体。

（3）"财政联邦制"，即财政事务的空间布局。这一天由马斯格雷夫宣读论文，他分别阐述了单一制国家和联邦制国家中央政府和地方政府如何在公共品供应、收入分配和宏观稳定方面展开分工和合作，以及地方政府间的相互作用等问题。布坎南在答复中强调自己是从政治哲学而非财政学家的视角来研究联邦制问题，因而更多地重视联邦制下政府竞争对政府权力的约束作用。

（4）"道德、政治和制度改革：诊断和处方"，即财政学中的道德问题。这一天由布坎南宣读论文，他主要是构建道德的三个模型（道德无政府状态、道德共同体和道德秩序），重点强调道德秩序（实际上指的就是哈耶克说的扩展秩序中的道德状态），认为目前过于扩张的公共部门伤害了道德（或者说社会资本）。马斯格雷夫在答复中批评布坎南夸大了公共部门对道德的伤害，并强调说公民个人履行共同的义务这一必不可少的道德要求被布坎南的模型忽略了。

以上这些主题都是财政学中极为重要的问题，也是两位学者终身关注的话题。当然，我们也知道，这些话题在现在的财政学特别是在中国财政学中关注得极为不够。这也是本课程主讲人倡导"财政政治学"的原因所在，即呼吁把财政学研究的重点转到类似这样的问题上来。二位大师在阐述与反驳过程中，也为我们展现了他们的逻辑力量及其对现实问题的深刻洞察。在讨论环节中，听众的参与也颇有看点，很多时候可以激发我们进一步去思考。

接下来我们对这本书的解读，将打破上面的顺序，主要按本讲设定的几个主题逐一地进行，部分内容有可能散布在全书的范围中。

第二节 重视财政学中的欧陆传统

20世纪80年代以来，中国财政学界翻译了大量美国、英国的财政学教材与专著，推动了中国财政学的发展。但遗憾的是，学界对财政学的欧陆传统重视得明显不够。阅读《公共财政与公共选择》这本书，可以给我们一个印象，那就是无论中国财政学科要发展，还是中国现实政治经济要发展，都需要重视财政学中的欧陆传统，要从这个传统中汲取我们所需要的学术养分。

一、马斯格雷夫和布坎南的欧陆财政学背景

在《公共财政与公共选择》文本中，通过马斯格雷夫和布坎南自己的介绍，以及相关与会者给予的信息，我们可以看出，这两位大师的思想都有深厚的欧陆传统。在某种意义上可以说，正是欧陆财政学思想的背景造就了两位大师。

这本书的开始，主持人在介绍马斯格雷夫和布坎南二人时，就强调用德语写作的瑞典学者维克塞尔的影响，"威克塞尔是联系两位大师的桥梁，如果我们将他称为这棵不断演

进的公共经济学大树的共同先驱也绝非过誉之辞"(第5页)。(注意,这里的威克塞尔就是我们前面提到的维克塞尔(Knut Wicksell),中译本在前面译成威克塞尔,而到后面又译成维克塞尔,如第193页上"我们的两位学者由于维克塞尔而走到了一起"。本讲在引中译文时遵从原文用词,但主讲人自己行文时统一用"维克塞尔"。)为什么说维克塞尔是联系两位大师的桥梁呢?这是因为,从维克塞尔1896年发表的《财政理论考察》那篇论文中,"布坎南发现了个人主义方法论、经济人的原理以及他一生的著作都充满了的最具特色的将政治视为交易的观点",而马斯格雷夫在维克塞尔和他的学生林达尔那里发现了自愿交换的观点和政府职能的划分(第5页)。主持人在结束为期五天的讨论时,再次强调了维克塞尔给二位大师理论体系上造成的影响,只不过又强调二人分别继承了维克塞尔思想的不同方面:布坎南继承的是"作为交易过程的政治"这种思想,认为它"体现了独立存在的个人走到一起只是为了做那些互惠互利的事情",而马斯格雷夫更多继承的是维克塞尔"对公共产品的研究方法以及根据这种研究方法维克塞尔推导出来的公共产品应该免费供应的结果"(第193页)。这两种区分,也就是本讲开始说的侧重规则和侧重结果的不同方面。

  从两个人的成长背景看,欧陆国家的政治实践与学术思想的影响也是非常关键的。布坎南学习了德语和意大利语,曾在意大利访学,可以直接阅读德文、意大利文的原著,并将维克塞尔的论文翻译为英语。他是这样来描述自己的知识背景的,"奈特对于经济秩序结构特征的强调,威克塞尔对于集体决策规则能被调整以产生没有剥削的普遍偏好的结果的论证以及对经济学家们含糊不清的政府模型的批评,意大利经济学家对政治家动机的实事求是的研究——这些因素与我自己对自由主义的支持,对经济学家对政治现实的视而不见的反对以及我对阿罗不可能定理的观点融合在一起,构成了我研究和探索的知识背景"(第15页)。特别是维克塞尔的观点,对布坎南的影响颇深,正如他强调说,"威克塞尔的异议对我的思想就像真正的音乐一样,在我关于政治经济学的基本思想形成的几个影响因素中,威克塞尔占有重要的地位"(第14页)。与布坎南相比,马斯格雷夫受欧陆财政学的影响就更明显了。他本人就是德国人,在德国成长并在海德堡大学获经济学硕士学位。在成长过程中,马斯格雷夫深受魏玛共和国政治理想的影响,他对曾用最美好的政治理想来设计的魏玛共和国评价说,这"是人类历史中的一次创举",并追问"如果没有魏玛共和国,德国的历史将会怎样"(第23页)。而且,他一直浸染在德国财政学的传统中,特别是阿道夫·瓦格纳"一贯赞成的政府部门的职能对社会有益"(第4页)的观点始终是马斯格雷夫著作中的特色。在德国国家现代化历程中,"高效和运行良好的财政当局的形象一直保持着"并发挥了巨大的历史作用,特别是在19世纪的最后十年(即在德国财政学的全盛时期)中。这一历史印象,深深影响了马斯格雷夫对政府形象和财政职能的设定。所以,他竭力反对以布坎南为代表的学者给政府设定的另一种形象,认为"在懒散的官僚、追求自我权力膨胀以及腐败的官员的假设下建立的政府模型却描绘了一幅充满偏见的景象",并抱怨说"这种模型的传播对于民主社会中的好政府具有破坏性"(第27页)。

  这两位学者从欧陆财政学传统中学到的并决定二人成为财政学大师级人物的因素,还有就是对财政学超越经济学的支持(虽然他俩都以经济学家的名头为世人所知)。在欧陆传统中的财政学，与政治学、伦理学、历史学等高度结合在一起，因而受欧陆传统影响的二位大师，也都身体力行地将财政研究扩展到经济学之外。比如，马斯格雷夫终其一身的研究，都受到起源于德奥学者如葛德雪和熊彼特等人的"财政社会学"的影响，特别重视社会学和历史学。马斯格雷夫自己就说，"我醉心于一个涵盖了经济学、政治学和社会伦理学等许多学科的涉及面很广的研究领域"（第22页），"我的思想深深扎根于一种丰富多彩的思想体系……这种混合的学术体系对我而言大有裨益，并且使我多少有点与众不同（第22页）"。之所以如此，是因为，他始终觉得社会秩序不仅包括资源配置的帕累托状态，"也包括社会共存的其他关键方面——分配公平、个人权利的平衡以及有意义的自由概念建立其上的义务。认为只要达到了帕累托最优状态就万事大吉的财政学观点，忽略了这些社会共存的必要组成部分，从规范和实证两方面都是失败的。不考虑社会正义观，我们无法给好的社会下定义，民主社会也无法运作"（第24页）。所以，在对话时马斯格雷夫"对经济学家的帝国主义感到不安"，因为他认为"经济学工具对于一些领域是合适的，例如侵权行为，但是对于涉及正义和权利的概念的领域就不合适"（第42页）。而作为大师级财政学家，布坎南表示，"我不在意我是作为一个经济学家还是政治学家或者是社会学家行事，如果一个问题看起来有趣而且有可能对这个问题说出点什么的话，我也不在乎这个问题可能是什么。我从未过多地注意作为什么问题可能值得研究的约束条件的学科界限"（第42页）。对于部分经济学家试图以经济人分析工具统一社会科学研究的企图，布坎南评论说，"你可以说标准的经济人假设令你对许多行为有了一个非常重要的洞察力。但是仅凭这点就说经济人假设向你提供了唯一的洞察力就有点言过其实了"（第42页）。

二、欧陆财政学的传统

正像马斯格雷夫反复强调的，像今天财政学这样集中于经济学的研究，以为"只要达到了帕累托最优状态就万事大吉"（第24页）的观点，是不足取的。因此，就学科发展而言，中国财政学若想取得发展并成为指导治国的利器，应该继承欧陆学者奠定的古典财政学基础。

那么，所谓的欧陆传统的财政学，到底有些什么呢？要回答这个问题，可能需要写出厚厚一本书才行。下面我们只从三个方面，来简单概括一下欧陆财政学为当今财政学发展奠定的基础，以便大家今后进一步地阅读和思考。

第一，欧陆传统财政学思想发展和完善了公共品理论。公共品理论意味着，国家不仅具有消费性，它还具有生产性（即提供公共品）。在19世纪80年代以前，英语国家的经济学家们（包括斯密、密尔等人）在讨论公共支出时，限于对国家消费性的认识，关注的核心问题是，在政府消费越少越好的国家，该如何筹集税收。这些学者也讨论了消费性国家应该有哪些职能或该承担哪些公共支出，但对于最优的公共支出数量应该是多少，他们没有也无法回答。直到1939年，英语国家学者才注意到公共品和公共支出数量等问题。与此形成鲜明对照的是，早在19世纪70年代边际效用分析工具出现后，欧陆学者就已开始讨论公共品与公共支出最优数量问题。在这些人中，有《公共财政与公共选择》提到的一些学者（如萨克斯、马佐拉），还有其他一些人。欧陆学者运用公共品概念进行研究得出来的核心结论是,如果消费者的偏好既定,那么当每个人从国家提供的公共品中获得的边际效用等于个人为之支付的价格(即税收)时,社会福利就达到最大,公共品的数量与公共支出数量就达到最优。公共品理论在从马佐拉到林达尔之间,有一条比较清晰的发展轨迹,并特别地体现为将边际效用分析方法用于研究公共支出的努力。将公共支出与消费者评价联系起来,正如马斯格雷夫所言:"为现代公共产品理论打下了基础"①。萨缪尔森正是在这些欧陆学者研究的基础上,基于一般均衡框架才推导出公共品有效提供的条件(即著名的萨缪尔森条件)。而欧陆学者之所以能早于英语学者提出公共品理论,是因为当时他们的国家在发展过程中对国家的生产性提出了要求,即要求国家不再局限于古典自由主义经济学界定的消费性职能,而要为国家经济发展、社会矛盾化解履行积极的职能;这种积极的职能具有生产性,衡量其是否合适,要看为此发生的支出是否对得起民众承担的税收牺牲(即在边际上公共支出带来的效用是否等于税收造成的福利牺牲)。因此,公共品理论虽然在今天已经成为经济学的一部分,但它起源于政治和社会问题,也极具政治学的含义。

第二,欧陆传统财政学为公共选择学派提供了思想资源。作为公共选择学派的开创者,布坎南在《公共财政和公共选择》一书中,一再承认意大利财政学家以及维克塞尔等德语学者对他的影响。由于公共品的不可分割性,所有的消费者都可以消费相同数量的公共品,即便有消费者分文不付时也是如此,这就引起了公共品消费的"搭便车"问题。因此,如何筹集资金以有效地提供公共品就成为必须解决的问题。有一种方法是通过市场机制来解决,然而如何显示不同消费者对公共品的不同偏好就成为一个难题,而这却是消费者按受益程度支付公共品价格的前提。潘塔莱奥尼、马佐拉等意大利学者意识到了这一问题,他们转而寻求另一种方法,即通过政治程序来解决公共品的筹资问题。维克塞尔继承并发展了这一分析思路。同时,维克塞尔对当时的财政学者把政府抽象化为一个开明、仁慈的君主提出了尖锐批评,他所主张的是一种自利主义的方法论。而将自利主义的方法论用于分析政治决策,正是后来公共选择理论的核心特征。可见,虽然在今天公共选择理论也是经济学的一部分,但其起源依然是政治问题。而且,对于公共选择理论过分经济学(或者说数学化)的倾向,布坎南作为创始人多次表达过不满,并进而提出"宪政经济学"这一新名称来加以补充并尝试纠偏。对公共选择理论未来的发展,马斯格雷夫给出的建议是,"公共选择学派应该看一看马克思、韦伯和熊彼特这些学者论述的社会如何运转以及联合体如何盛行起来"(第101页)。他建议阅读的这些作家,在今天的学科体系下主要由政治学加以介绍,一般的经济学者对此事实上并不关注。

第三,欧陆传统财政学对于当前财政学的未来发展提供了视角转换或方法论选择的基础。欧陆财政学者所著财政学文献,大多数在分析方法上异于今天的经济学论文,当然这也是那个时代学科界限未严格区分的典型反映。如在提出公共支出不断增长定律也即瓦格纳法则时,瓦格纳采用的是历史归纳的方法。斯坦因在论证税收这一财政收入形式

---

① 阿兰·J·奥尔巴克、马丁·费尔德斯坦主编:《公共经济学手册》(第1卷),经济科学出版社2005年版,第8页。

的发展以及税与捐的区分时,采用的是历史的和哲学的分析法。维克塞尔、勒鲁瓦-博利厄、巴罗内、里彻尔等人的论著,也充斥着历史的、制度的及哲学的分析方法。葛德雪和熊彼特等人的研究(对此马斯格雷夫高度重视),采用了社会学方法来分析财政问题。这些分析方法,在今天的经济学研究中不太可能看得到,但财政学研究应该加以综合的运用。由于从经济学取向来研究财政问题很难运用上述方法,因而本课程主讲人才提出应该采用"财政政治学"这一名称,并依此设定相应的研究方式。

三、中国的发展需要重视财政学的欧陆传统

对于当下中国财政制度的发展乃至中国政治的现代化来说,这些欧陆学者的财政学思想同样具有重要的意义。

举例而言。近年来,在中国从中央到地方,各政府部门普遍地通过邀请专家来对公共支出的绩效进行评价,而2014年8月修订通过的《预算法》第五十七条第三款也将绩效评价上升到法律层面。政府部门对公共支出效果的重视,从纵向看是一种值得肯定的进步。不过,在以维克塞尔为首的欧陆财政学者的眼光看来,这样的做法不符合正义税收所要求的受益原则。这是因为,支出的受益与税收的牺牲是高度主观性的事情,不可能由所谓的专家在密闭的房间内通过打分来决定。正确的绩效评价做法,应该是将公共支出带来的效用和民众因此承担的税负牺牲,交由民众自己进行主观地衡量。那么,如何由民众来做出这种评价?正如马佐拉和维克塞尔等欧陆学者一再强调的那样,需要通过政治过程,由消费者自身或其选出的代表来表达他们的偏好并做出决策。也就是说,让民众运用投票程序来衡量自己缴纳的税收是否物有所值。

当前,在中国有很多纳税人对税负表示出相当程度的不满。这种不满与其说真实地反映了中国的宏观税负状况,不如说反映了一种情绪,即认为当前享受到的公共服务配不上税收给个人带来的牺牲。换言之,当前中国的宏观税负到底是GDP的22%还是35%,这一数字并没有那么重要,重要的是纳税人觉得付出那么多税收却没有"买"到相应的服务。因此,要确知某种公共支出的效果,关键不在于引入专家评价机制,用所谓的"科学"机制来代替"民主"机制,而是要发展和完善我国的民主制度,让民众或其代表发挥民意表达和预算决策功能,这才是治本之策。

第三节 用财政来控制政府

公共部门正在逐渐变大,这是一个自阿道夫·瓦格纳以来所有财政学家的共识。但是在公共部门是否已变得过大、该用怎样的方式来控制公共部门(或政府)等问题上,财政学者的意见并不一致。在这本书中,马斯格雷夫、布坎南两位大师也对该问题发表了看法。当然,以布坎南为首的学者所提倡的宪政经济学或财政立宪主义,对这一问题关注得更多。

一、公共部门是不是已经变得过大?

一百年多年来,以政府为核心的公共部门,无论从就业人数看还是从支出规模看,都处于不断膨胀的状态。工业化国家的财政支出规模,在20世纪初大约为国民收入的10%,到20世纪末上升为平均40%左右。19世纪末瓦格纳提出的"公共支出不断增长定律",至此已被经验证明是正确的。可是,对于公共部门是否已变得过大这一问题,布坎南和马斯格雷夫两位大师的意见呈现出严重分歧的状态。

(一) 布坎南的肯定回答

布坎南对公共部门是否已经过大这一问题,给出了非常肯定的回答。在他看来,公共部门过大是由二战后巨大的社会福利开支带来的。就是说,养老、医疗、社会救济等福利开支(财政上表现为转移支出),在相当程度上已经成为美国这样的民主国家中民众的"天赋权利"。这是因为,在民主制度下,由于中低收入阶层人数多,掌握着选票的力量,因而决定了福利开支成为不可剥夺的权利。可是,中低收入阶层在累进税制下很少承担或几乎不承担税收负担,由此造成原来以税收牺牲控制支出欲望的想法落空,财政谨慎原则也因此被抛弃,"民主政体抛弃财政谨慎的原则似乎是不负责任的财政最明显的原因"(第17页)。

布坎南说的是什么意思呢?如前所述,在德、意学者那里有一个简单的想法,那就是在财政方面,可以由民众自行衡量"公共支出带来的效用和自己因此承担的税负牺牲"是否相称(即税收的"受益原则"),以便决定是否进行公共支出或者税收是否物有所值。可是,在现代普选民主制度下,民众一方面要求社会福利性的转移支出,另一方面又不愿意缴纳税收,即"一方面是要求转移支付,另一方面又抵制税收"(第157页),由此带来现代国家内在的深刻危机:"政府面临着无穷无尽的人们认为是应该得到的各种各样的要求权,同时政府无法获得足够的税收收入去满足这种要求权,政府甚至不能满足最低水平的建设基础设施的需要"(第168页)。基于此,在现实中要么高收入阶层被剥削,要么就是赤字和公债兴起。布坎南强调,这样的危机,主要是由"目的性强的分配目标引起而不是由出于对公正或正义的一般性考虑引起。现代福利民主国家中发生的财政危机在很大程度上都是由这种矛盾造成"(第157页)。

对公共部门的膨胀,布坎南表示深深的忧虑,认为美国这样的民主国家"好像正在同时从不同的方向陷入无政府的混乱以及失控的庞大的政府机构给我们带来的强制。民主制度好像无力控制本身被滥用"(第17页)。由此带来最为突出的后果,就是下面将说到的道德问题,"在私人行为和公共行为中我们观察到的大量道德败坏现象,究其根源就是相对于整个经济公共部门规模过度膨胀"(第163页)。

(二) 马斯格雷夫的反对意见

对于布坎南上述比较悲观的看法,马斯格雷夫极不赞同。

首先,在他看来,公共部门增长有合理的理由。它的"扩张并不是偶然形成的,也不是一种就像通过简单更换火花塞就能修理好的技术故障"(第175页)。他说,"政府支出的增长,如瓦格纳论证的,并不是一个随机事件,而是一个'法则',其原因可追溯至三个主要因素：经济中的结构性变革、社会的民主化和对社会正义的日益增加的关注"（第48页）。当然，政治权力分配和制度的变化，包括社会态度的变化，都是可以用来解释公共支出增长现象的合理因素。在他看来，公共部门的扩张更基本的因素是，它"反映了由于大众民主程度的提高导致的人们需要的改变，也反映了公众愿望和阶层的变化"（第175页）。马斯格雷夫不赞成用民主制（即多数投票机制）来解释公共支出的扩大，他认为"多数裁定原则既可能导致规模太小的预算也可能导致规模太大的预算"（第49页）。

其次，马斯格雷夫延续了欧陆学者对国家生产性的看法，认为政府并非仅仅是消费性的，因而不应过分地限制政府的支出，更不能简单的追求预算平衡。他说，"将政府作为'支出者'或消费者而将私人部门作为储蓄者和投资者的这种流行的论点是错误的，特别是如果将政府对教育或健康这种人力资本的投资也包括进来的话，典型的这类政府投资在政府支出中的份额往往超过私人支出中的投资份额。再说，一定的公共投资例如交通、教育和科学研究从本质上看对于经济增长具有特别重要的战略意义"（第50页）。基于对政府支出（至少是相当部分的支出）具有生产性的认识，马斯格雷夫主张"将预算程序划分成经常性支出和资本性支出预算是十分重要的"；相应地，对不同类别的支出也应有不同的约束规则，"经常性支出应当服从现收现付制的财务制度，而经济逻辑要求资本预算应由贷款的方式融资，除资产在整个使用期内的折旧之外"（第50页）。因此，布坎南所主张的"整个预算的平衡法则是个坏的经济学法则"（第50页）。马斯格雷夫主张，在财政支出规模的问题上，解决问题的"目标应该是改善预算的表现而不是削减预算"（第50页）。

最后，马斯格雷夫认为，社会的发展、国家的繁荣离不开政府的积极活动和大规模的财政支出。他说，"为保持社会的繁荣，市场和一个合理的强大的公共部门都是必须的，二者缺一不可"（第49页）。布坎南"他将公共部门增长作为道德崩溃的原因，这种评价确实太夸张了"，因为"要考虑到公共部门导致了文明生活并促进了生产效率提高，包括教育和公共保健的改善"（第174页）。在有庞大公共部门存在的现代国家，"虽然并不是一切都尽善尽美，但是将所有的这些坏的方面全都归咎于公共部门的增长未免有些牵强附会"（第174页）。

二、怎样运用财政规则来控制政府？

在怎样控制政府的问题上，布坎南基本秉承了将政府看作"必要的恶"这一古典自由主义的观点，认为关键的是要运用规则的强制性约束作用，将政府控制在一定范围内（尤其是要将支出控制在适当范围内）。而马斯格雷夫则更看重政府带来的积极作用，强调规则的能动作用，认为与其消极地控制政府规模、硬性规定具体的支出大小，不如告诉它去做正确的事、改善它的表现。

（一）布坎南对规则约束作用的强调

布坎南显然对政府充满着不信任，认为他与马斯格雷夫的差别就在于自己不信任政治家而对方信任（第68页）。前面说过，这与他个人的成长经历有一定关系。

从不信任政治家出发，布坎南不赞成马斯格雷夫从结果主义出发对政府能够发挥积极职能的强调。虽然他也看到政府的必要作用，但认为"政府有益职能的美好理论在现实中却没有一个美好的经验基础。例如,公共产品仅仅解释了GDP的10%"(第194页),可政府支出在GDP中往往占30%以上。与此同时,他反对马斯格雷夫提出的优值品(Merit Goods,本书中译为有益物品)概念,即消费者对该产品的评价低于其应有价值的产品。他评价马斯格雷夫这一概念说,"我一直没有理解他的有益物品的概念"(第65页),因为政府实际上可以将这种家长主义的观点作为依据,为它想干预的任何事情(如消费补贴或福利计划)辩护。

正因为不信任政治家,布坎南高度赞成维克塞尔对经济学家同行的尖锐批评,那就是毫无疑义地接受这样的假设,把政府模式化为"一个仁慈的君主,简单地等待经济学家的建议"(第14页)。与此同时,他也批评阿罗他们"好像在某种程度上想将规范的价值赋予一些不能自圆其说的'公共利益'或'社会福利'等虚幻的概念,这些概念与组成团体的个人的偏好毫不相关",并质疑"社会福利函数"概念的意义(第14页)。布坎南认为,正是在结果主义或者社会福利函数指引下,"在政治生活领域,各地的政府,社会主义者和非社会主义者,总是不自量力地想干一些自己力所不能及的事,他们许下的诺言都以失败而告终"(第17页)。更有甚者,政府的许多行动,事实上是政府部门内部的行动者或社会特殊利益集团的寻租行为,政府行动的后果是在财政上剥削或歧视了社会中的其他人。布坎南举了一个例子,即他曾经运用公共选择理论,准确预测了1986年美国税制改革的结果,这证明用寻租动机来解释国会税制改革行为是正确的(第67页)。

所以,基于对政治家的不信任和对市场运行机制的信任,布坎南得出了有关约束政府的主张。在他看来,在现代民主政治中有两类约束:"一种约束形式是影响为进行集体决策而确立的规则(因此本质上是程序性的),另一种约束的形式是影响一系列准许的结果或解决方法,这些结果或方法按照任何一种同意的程序都可能被准许(因此,本质上是范围限制)"(第89页)。布坎南后来又再次表述了这两类不同的约束,"一类约束可能对服务于集体选择的规则或程序起作用,另一类约束则可能直接作用于在任何决策规则下产生的一系列结果或状况"(第94页)。布坎南遵从维克塞尔的教导,将重点放在规则或程序上(尽管后期他也对部分结果进行强调)。从规则方面约束政府,这样的想法后来演变成相对完整的财政立宪主义主张。

布坎南认为,之所以需要财政立宪,是因为只有在立宪阶段,人们才能超脱于一时一地之争,而专注于规则的公平和正义。换言之,在此时达成的有关政府财政收支的规则,才能真正发挥约束政府行为的目的,而不受制于一时一地的状况影响。

布坎南所主张的财政立宪思想,内容上大致包括以下几个方面。

(1) 平衡预算的宪法约束。布坎南强烈反对周期平衡和"充分就业平衡"的凯恩斯主义政策,主张保持预算年度平衡,以财政收入的有限性来约束政府的行为。他指出,目前的政治运作过程更倾向于创造赤字。为了弥补赤字,政府常用的手段是发行公债。而政府发行公债,受益者是当前的人,偿还负担却由未来的人承担,政府行为缺乏真正的有效约束。因此,必须在宪法上增加要求预算平衡的条款。与此同时,还应设立能起特殊调节作用的具体规则,一旦支出与税收的变化超出平衡界限,这个机制便会自动反应促使预算恢复平衡。在我们的文本中,布坎南介绍,自己在《赤字中的民主》一书中,"推导出的规范性结论就是支持在美国实施预算平衡的宪法修正案"(第18页)。

（2）税制的立宪选择。财政支出的构成与规模决策,应在财政决策的日常运行过程中做出;而税收结构与水平的决策,应在立宪阶段就做出,一旦确定就应相对稳定,从而为之后所有的公共支出提供资金。税制在立宪阶段确立,既可以使纳税人有较准确的预期,又可以防止特殊利益集团操纵日常决策程序而剥削他人。这是因为,在个人对未来无知的立宪阶段,纳税人才会公正地支持一个最佳税收结构方案,这样的税制也才是公正合理的。布坎南引用哈耶克的理论"按照普遍性原则制定的法律制度是自由社会的必要特征"(第20页)来加以论证,声称"如果大多数政治决策,包括与税收和财政支出有关的政治决策,普遍适用于——也就是无歧视——政治社会中所有的阶层和团体,那么现代分配政策被极度滥用的现象也许会销声匿迹"(第21页)。

（3）税收与支出的限制。现在的财政制度,没能将税收和支出控制在必要的限度内,也不能反映选民的意愿。由于财政制度对税收与支出缺乏必要的限制,税收方面就会出现财政剥削。因此,布坎南建议对财政收支进行限制,这种限制不是具体的逐一限制,而应是立宪的限制,包括程序限制（通过决策过程间接限制财政结果）和数量限制（直接限制财政结果）两个方面。在程序限制中,布坎南提出特殊的多数决策规则（即超多数同意或一致同意规则,第19—20页）、支出与税收同时决策、预算平衡（第20页）、各级政府税收来源和政府职能划分等方法,来避免财政剥削、减弱政府的过度支出倾向。数量限制包括规定支出与税收在GDP中所占的份额（他建议为"25%",第165页）、税基限制和特定税率的直接立宪限制等。

基于对普遍性约束规则的信仰,布坎南坚决反对累进性个人所得税,认为它给了政治家太多的寻租机会。根据普遍性原则,布坎南设计了一种"平税与等补"方案,即"对所有的收入征收统一税率税或比例税,同时以人均等额拨款的形式进行转移支付",他认为"这种做法看起来大体上满足普遍性准则的定义要求"(第93页)。前面说过,基于公共选择理论中的寻租理论,布坎南曾经正确预测到1986年美国累进性所得税制改革的结果,这一结果也支持了他对累进税制的反对。他说,"按照公共选择的观点我推测国会已经榨干了租金,国会已经将这些由税法漏洞产生的租金销售出去而获得收入。因此国会能够将所有的漏洞清除干净并且削减税率,然后在更宽的税基上立即开始再次提高税率,这样国会就有机会增加更多的收入,这正是国会所做的事情。第二也是更重要的,一旦国会将过去所有的租金用完,它就能再次销售新租金"(第67页)。

除了以上观点之外,布坎南还高度赞成通过财政竞争来达到约束政府行为的目的。他首先赞成欧洲联合走向联邦制,认为"事实上向联邦制或联邦方向的发展会限制或可能严格限制他们自己国家政治家和官僚将成本强加在他们头上的权力"(第136页)。其次,他认为地方政府之间的竞争也是有益的,"在一定的意义上,财政竞争正在给予人们,个人,作为资源的所有者和作为居民,一种退出权。如果拥有一种退出权,如果有机会离开,那么必定对于那些想通过政治结构或官僚结构对你进行剥削的人施加纪律上的约束"(第136页)。

（二）马斯格雷夫对规则能动作用的强调

前面说过,德国财政当局在德国国家成长过程中的良好表现以及魏玛共和国的理想,促使马斯格雷夫信任政治家,相信政府能够发挥有益的作用。从这样的起点出发,马斯格雷夫的观点与布坎南的就有很多的不同。

不过,我们要说,就像前面交代过的,马斯格雷夫与布坎南的观点并没有达到截然不同的地步,至少在以下几个方面二者有相同的地方。

第一,二者都认为国家能够发挥积极的作用,只是在作用程度上两个人有差别。在本次会议主持人对布坎南的介绍中,说他"对价格机制的最优资源配置功能这点深信不疑"(第5页)是对的,但说他"具有反国家、反政府和反权威的思想倾向"(第4页)则有些过了。事实上,布坎南并不反国家,正如他形容自己"从来就不是一个宣称政府应无所作为的无政府资本主义者"(第64页)。相反,布坎南深刻认识到政府所具有的积极作用,因此他"从来也没有否认社会性机构的提高效率的作用",他认为"显然必须建立合法的框架,为财产和契约提供保护,这种保护只能由社会性机构提供",同时"需要保证货币价值一定程度的可预测性以及维持竞争性市场的运行"(第64页)。他说,在以上内容方面,他"和马斯格雷夫之间完全没有争论"(第64页),同时对国家既能做许多好事也能施加负面影响这样的看法,二人的观点也没什么差异。

第二,在应该运用基本制度来约束政府或民选官员方面,二人肯定是一致的。"几乎所有的人都认为对政治权力的运用进行某种约束对于维持正常的社会秩序是必要的",布坎南说:"在这点上我和马斯格雷夫不可能有什么分歧"(第82页)。就民主制度应该包含以下内容,二人也不会有很大的争论,"集体性机构必须定期举行选举而且有可能被其他的机构取代,允许所有的公民都拥有平等的投票权,对于在政府机构任职的资格几乎不做限制,对代表的选举和在立法会议上的决策制定确立明确的投票规则,对授予非选举产生的官僚和法官的权力要加以限制"(第82页)。当然,相比之下,布坎南表示自己更重视对议会施加约束,"不仅需要对议会的行为设置界限,使其行为在可接受的范围内,而且这种约束不少于甚至应多于对非民选的统治者的约束"(第83页)。

第三,在约束政府的方法上,二人虽然有比较大的差异(如我们这本书的书名所显示的),但仍有共同之处。比较广泛的看法认为,马斯格雷夫是结果主义者(只重视结果而不问规则),而布坎南是规则主义者(只重视规则而不管结果),但马斯格雷夫认为,"我们两个都认为社会的运转必须有规则",并觉得布坎南接受了他的如下观点,即"不得不设计规则以便产生结果,这些结果不能从规则中得到"(第40页)。而布坎南则明确地说,"结构和规则不得不建立在一些关于结果和方式的预测的基础上。所以在某种意义上我们永远都不能摆脱结果主义"(第41页)。而且,跟布坎南反对将政府看成是仁慈君主的看法相似,马斯格雷夫也不赞成将政府看作是"开明专制者"。他说,"国家也不能被看成将个人同化为一个'整体'的组织单位,或被当作一个了解并满足他的臣民需要的仁慈的独裁者。相反,我认为国家可被看成是个人参加而结成的合作联盟,形成该联盟就是为了解决社会共存的问题并且按照民主和公平的方式解决问题。简而言之,国家是以个人成员的共同利益为基础并且要反映这种共同利益的契约性组织"(第22—23页)。就二人都"真正地从作为集体生活的参与者个人的角度出发考虑所有的事情"(第40页),布坎南将自己与马斯格雷夫都称为"契约论者"。

说完了相似之处,我们不得不说,这两个人确实是有差异的。相对于布坎南,马斯格雷夫更赞成政府积极干预市场,这源于他对"规则的功能"的理解。因为他不仅看到了规则具有布坎南强调的约束行动者的功能,也有给规则之下的行动者赋予能力或动力的作用,所以他说,"我不同意规则的功能仅仅是限制这种观点;它既有限制的功能也有能动的功能。问题是如何实现两者的平衡"(第40页)。马斯格雷夫强调,有些结果是好的,需要加以界定并"设计规则以便产生结果",或者"制定规则以确定可接受的结果的范围"(第40页)。马斯格雷夫指出,有一些结果人们是不能忽略的,比如说提供公共品("在公共物品方面需要国家的行动",第28页),还有纠正外部性("社会共存必然产生外部性,市场无法解决外部性,需要政治程序——称之为国家——作为有效的解决之道",第24页)等。

为此,马斯格雷夫主张确立应有的规则,以赋予政府必要的动能来通过预算实现这些结果。在马斯格雷夫看来,通过预算程序的模式来解决这些问题的效率比较高,虽然市场模式在解决另一些问题时更胜一筹,因此"预算程序这只看得见的手与市场这只看不见的手相比,并不显得更不自然"(第24页)。所以,多年来马斯格雷夫"一直认为,定义好的财政体制,应该是我们的首要任务,并不是因为没有政策失误而是因为最重要的事情要先做"(第63页)。要定义好的财政体制,就必须弄清楚"好的公共部门管理到底是由哪些因素构成的"(第63页)。马斯格雷夫始终坚持,不应该将政府妖魔化,应该"构造一个表现良好的公共部门应该看起来像什么的规范性模型"(第39页)。这是因为,"想象一个完善的公共部门如何运行也有助于研究。虽然表现良好的公共部门(或市场)的想象中的结果仍然是规范性的抽象结果,但也是必不可少的。如果没有拿出正确的解决方法作为标准,实际运行结果的缺点和失败就甚至不可能被找出。以自身作为标准的实用主义观点对于指导公共政策没有意义。不论对于市场还是对于公共部门,理论上最优的解决方法对于确定可行的次优解决方法是不可或缺的"(第27页)。

就这样,出于对规则能动作用的强调,马斯格雷夫从以下两个方面来探讨好的财政体制应该是什么样子的。一方面,他将财政职能划分为三种,以便给政府如何行动提供指引。就是说,这种划分"不仅是服务于解释性的教科书目的……而且可作为区分一些重要问题的分析性框架,也就是说,公共物品的本质以及为什么需要供应公共物品,在财政体制的设计中公平和分配正义的位置以及在宏观经济运行中预算的作用"(第28页)。另一方面,他努力探索好的财税体制和预算程序是什么。在他看来,好的税收是,"覆盖广泛的、税基不断增长的和累进的个人所得税。公司税应与对个人征收的税合二为一。一般的消费税(例如零售税或者是增值税)并不被人看重,财产税被当作地方政府筹资的工具"(第58页)。他坚决反对布坎南基于普遍性原则而提出的"平税等补方案",原因是他怀疑单一规则的适用性,"社会问题很复杂,我们应该对简单的规则持怀疑态度,尽管这些规则看起来非常优美。情况相同的人应该受到相同的对待,这是一个值得追求的目标,为了这个目标我们这一代的税收改革者已经辩论了几十年。但是情况不同的人则应该受到适当的区别对待,尽管这很难定义,也是一个值得追求的目标。"(第176页)。因此,他赞成继续保持目前的累进性个人所得税,"为了令高收入阶层承担适当的税负,递增的等级税率应该被保留"(第61页)。在预算方面,他不赞成布坎南将预算规模固定化的设想或其他类似的计划,认为"严格要求持续的预算平衡,或者是固定的3%预算差额的规则,不是好的经济学"(第63页)。

在此基础上,对于布坎南想通过研究集体行动的决策过程(特别是投票选择过程)来寻求预算正确规模的做法,马斯格雷夫虽然不反对,但是他自己从另一个方向来探索正确的预算规模,那就是认为"集体行动的规模由一套'客观'因素决定,如消费者偏好、资源和技术——也就是说,由公共产品的规模、外部性的范围、社会福利函数的形式决定,所有的这些因素告诉我们预算的'正确'规模"(第98页)。这是马斯格雷夫肯定的方向,只要能得出这样的正确规模,我们就可以制定适当的"规则",让政府在此规则下以及这样的预算规模及预算结构上行动,这自然能实现社会的最优。显然,马斯格雷夫在这里有一个关于社会福利函数存在的假定(布坎南对此是反对的);只不过他并不认为该函数先天地存在,而认为应该通过罗尔斯的路径(即在无知之幕遮蔽下)来推导社会福利函数,但反对罗尔斯对风险回避的假定(第36页)。马斯格雷夫的看法是,分配平等和财产权这两个标准是重要的,但最终"作为社会政策工具的社会福利函数的形式仍需通过民主过程决定"(第37页)。

在约束政府权力方面,马斯格雷夫也反对布坎南有关以财政竞争约束政府权力的观点。他的看法很明确,即不能用企业竞争模型去分析政府间的竞争。这是因为,"税收不再以受益为基础……税基和公共产品的消费者都是流动的,两者并不一定一致。税收的基础,能用脚投票的纳税人总是尽力避免财政责任而不是努力获得有效率的公共服务。政府间在提供高质量的公共产品方面的竞争,可能会让位于提供低税率目的在于吸引流动要素方面的竞争"(第129页)。

第四节 财政学中的道德观

如果将财政学仅仅视为经济学的分支,那恐怕就不太容易理解,为什么两位大师在这样一场财政学盛会上大谈特谈道德问题。不仅作为公共选择学派主要创始人的布坎南重视道德问题,而且作为相对纯粹的经济学家的马斯格雷夫也多次谈到道德问题。通过这本书的阅读,我们可以知道,暂且不论经济学是否可如樊纲所言"不讲道德"[①],但财政学不能不讲道德。这是因为,财政涉及的是政府对公共资金的筹集和使用,"履行国家职能需要财政资源,财政资源提供的方式决定了个人和国家的关系"(第23页)。在财政资金使用过程中,充满着价值的判断和评估。没有道德评价在其中发挥作用,财政学是无法解释和指导财政活动的。

这里稍微交代一下,在文本上这本书基本上使用"道德"一词,只在偶然的情况下采用了"伦理"一词(如第19页),而且对二者未作明确的区分。因此,本讲在使用"道德"这个词时,也遵从这本书的习惯,将书中凡有关价值标准、道德、伦理等内容,都放在"道德"这

---

① 樊纲:"'不道德'的经济学",http://www.china-review.com/sao.asp?id=1922。

一术语下讨论。

一、布坎南和马斯格雷夫在道德问题上的争论

在道德问题上,布坎南发表的意见比马斯格雷夫要多得多。不过马斯格雷夫也表示,自己重视正义、公平等价值判断性概念在财政学中的意义,"我们关注的经济学不应该仅仅是个技术性的问题,而应该从更广阔的视角研究经济学,包括研究经济学与道德问题的关系"(第186页)。通过对文本的阅读,我们看到,马斯格雷夫跟布坎南在道德问题上有很多不同的意见,双方为此展开了精彩的辩论。

(一)布坎南的意见

布坎南高度重视道德的作用,这已远远超出一般经济学家的角色。当然作为财政学家的布坎南,并不觉得这样做是"逾界"。他在叙述自己学术经历时,特地将"伦理经济学"作为标题,来阐述自己学术发展的一个阶段(第19页)。需要交代的是,布坎南不认为伦理学和经济学有什么矛盾之处,因为"伦理因素对经济福利必将产生积极的影响",虽然他也承认"这个结论不可能轻易地与正统的新古典经济理论融合为一体"(第19页)。尽管如此,布坎南依然坚持认为,"对行为的正式约束条件,例如像法律和宪法结构所施加的约束条件,从来不能单独保证社会秩序的可行性。一套内在的伦理规范或标准似乎是必不可少的,尽管我们认识到,正式或非正式的约束条件在一些调整领域可互相替代"(第19页)。

对于在标准财政学研究中很重视且马斯格雷夫也多次提及的"公平"问题,布坎南秉承了一贯的规则至上主义或者说程序主义的习惯来讨论:"问题不是我们强行灌输我们的概念而是人们如何认识公平……你可以通过正义的程序的结果定义正义"(第44页)。对于现实世界中的公平问题,他也承认"人们心目中的公平是什么在一定程度上是经验问题"(第44页),或者说一定程度上来自于传统。

在道德问题上,布坎南的贡献是,在哈耶克理论的基础上界定了三种道德模型(第157—158页)。第一种是道德无政府状态,在此状态中所有人或者大部分人都表现出狭义上的机会主义自利行为,普遍地将他人简单地当作自然界的一部分,而不是彼此相互尊重和信任的独立个人。第二种是道德共同体状态,在这种状态下,具有典型意义的人(至少许许多多的人)将共同体中的他人当作自己的扩展部分,范围广泛的共同体就好像是一个关系密切的道德单位,共同体内部没有个人冲突,而共同体本身则代表了个人更高的利益。第三种是道德秩序状态,在此状态下,人们不将别人的利益当作自己的利益,但对他人在道德上也并非漠不关心,每个人都将他人当作人类一员,认为在广义交换中通过共同受益的相互作用,他人能成为自己互惠互利的交易伙伴,每个人对他人表示尊重并能宽容其他人,每个人都遵守具有普遍性的规则,反对机会主义的剥削和歧视。

显然,道德无政府状态是一种没有道德的状态。道德共同体状态是在传统道德中宣扬的最高理想状态,即人人(或至少大多数人)爱人如己、社会亲如一家。道德秩序,实际上就是第七讲哈耶克所说的"人类合作的扩展秩序"(即市场秩序)。在这三种状态中,布坎南推崇的是道德秩序,高度赞成哈耶克对市场有道德的看法,其原因在于它的结果,即可为绝大多数人的生存发展提供条件(哈耶克称之为进化原则)。对于传统道德中视为最

高理想的道德共同体状态,布坎南却持否定的态度。他说,"作为抽象模式的道德秩序所描绘的道德立场具有较高的效率。我在各种场合一再指出'道德无政府状态'的危险性,在任何场合我都没有指望真正的道德共同体的出现,道德共同体不是具有可能的称心如意的特征就是具有不合意的特征"(第159页)。

如果用哈耶克的术语体系来理解布坎南所说的道德共同体,就可以发现它就是将哈耶克所说的小团体中的道德要求扩张到大范围群体中的结果。与哈耶克一样,布坎南也反对将小团体中的道德要求扩张到大范围群体中,不赞成由此形成的道德共同体状态,因为"从最坏的角度说,道德无政府状态也比最恶毒形式的道德共同体强,在后一种形式的道德共同体中是通过信仰被发现的真理确定其成员资格。在这样的一个环境中,不论是私人还是集体行为,都不是从互相合作以获得经济利益的角度出发,而是目的在于破坏,甚至不惜以牺牲经济利益为代价。狂热的谋杀者总是化名为被发现的真理。"(第162页)。事实上,在现实世界中,若想要实现道德共同体,就离不开大规模的强制,而大规模强制在现代国家是不可接受的。因此,布坎南认为"道德共同体推动力量的衰落在古典自由的理想中是现代性的一个值得赞扬的特征……在一定程度上,道德共同体的推动力量已经有效地被道德秩序的推动力量代替了"(第161页)。他追问,"正是这些道德共同体因素使人们将民族国家的利益、民族集合体的利益融入自己的灵魂深处。冷战结束了,外部敌人没有了,民族国家还有什么存在的理由?"(第159页)

在道德问题上,前面已提及,布坎南还有一个著名的判断,那就是公共部门的扩大导致了道德的衰落,"在私人行为和公共行为中我们观察到的大量道德败坏现象,究其根源就是相对于整个经济公共部门规模过度膨胀"(第163页);而且他认为缩小政府规模和其他恰当的制度变革,将有助于提升社会的道德水平。布坎南用"社会资本"来指称私人的道德,他说:"这些宝贵的社会资本体现在这样的态度上,个人独立、遵纪守法、自强自立、勤奋工作、自信、永恒感、信任、互相尊重和宽容等"(第166页)。但是,由于公共部门的日益扩大,道德因而衰落并表现为"这些社会资本被侵蚀后,取而代之的是这样的一些态度,不负责任、依赖性增强、不公正的剥削、采取机会主义行为谋求利益、及时享乐、法律上投机取巧、动不动就打官司、不信任和不宽容,特别是'政治上不正确'"(第166页)。因此,他认为通过制度性改革(尤其是财政改革)来对政府加强约束,可以提升社会的道德水平,"现代社会面临的基本问题是道德,制度性的改革对于态度和行为模式的改变将产生影响。特别是,我已经指出削减进行社会合作的公共部门的相对规模至少可以实现某种所需要的转型"(第164页)。特别地,他对自己提倡的立宪层次的改革有信心,认为"通过目的在于约束集体化部门的制度——立宪改革,不但能创造更多的经济价值,而且还可能提高道德—伦理水平"(第164页)。

(二)马斯格雷夫的意见

作为财政学家的马斯格雷夫,显然高度赞同布坎南强调道德在财政制度与财政政策中的意义,也同样不满足于仅仅从经济人角度来理解财政学,不同意"一些学者因为分配的问题超出了更易处理的帕累托王国的范围之外而倾向于将它排除",因为"不研究分配问题将置财政模型于不完整的境地"(第33—34页)。他强调说,"自我利益并不是全部问题,以自我利益为唯一的基础,好的社会也无法建立起来……只有加上不侵害其他人的利益这个限制条件,自由的概念才有意义"(第25页)。因此,马斯格雷夫在研究中始终坚持,财政活动既要重视效率,更要重视正义,而正义显然更多的是道德的要求。他说,为了使最终的税收——支出的制度安排既是正义的又有效率,"收入的基础分配必须是正义的"(第34页)。他引用维克塞尔的原话说,"合理的纳税是以合法的收入、合法的财产以及合理的收入分配为前提,这是毋庸置疑的事实"(第34页)。

那到底什么是正义呢?在这本书的文本中,马斯格雷夫并未给出长篇大论,只是谈了自己的理解,认为它不仅仅包括经济学同样重视的结果公平,还包括人权、财产权等要素。在相当程度上,他接受罗尔斯推导出来的结果,即分配应尽可能地有利于境况最差的人。他说,"经济学研究的大部分公平是收入和财富的公平……公平的问题目前出现在这么多不同的方面,例如对待种族、性和性偏爱的态度等,这些方面的问题不属于收入分配的问题……公平因此是一个很普遍的问题。从一般的意义上讲,我大体上同意罗尔斯所说的只有一种不平等的分配有利于每一人时这种不平等才是公平的。但是我也认为财产权,洛克的和斯密的传统,自有其价值"(第43页)。构成对比的是,布坎南同意罗尔斯的推导过程但不认可罗尔斯给出的具体结果,认为罗尔斯"他不该推导出一个具体的结果"(第44页)。

不过,在道德问题上,马斯格雷夫显然与布坎南也有尖锐的分歧,"这一次我实在是无法同意布坎南教授的大部分论点"(第169页)。马斯格雷夫坚决反对布坎南将道德秩序(或者说市场秩序)作为唯一可取的大范围合作中的道德状态,在他看来这甚至不是一种道德状态(至少不是传统意义上的道德),因为它排除了人与人之间相互关心的基本道德部分。他说,"市场虽然有效率并且有助益,但是自身却不能构成一个道德秩序。仅仅建立在自利基础上的道德观是不合适的。道德水平高的好社会这个概念不能仅仅建立在自利或便利的基础上,这种社会是由关系密切的个人组成的,人和人之间的关系也应是符合道德标准的"(第176页)。

于是,马斯格雷夫定义了自己的关于大范围群体中的道德,这是一种义务或责任意识,以作为布坎南道德模型的补充。他说,这是第四种道德模型,即"作为社会公民的个人履行共同的义务,在日常的行为中,包括他们在公共部门的行为,都要履行这种义务"(第177页)。他强调,在这种道德状态下,"个人不仅接受道德状态的信条,而且还要有作为共同体的成员的感觉和对共同体的责任感"(第190页)。马斯格雷夫还特别提到,当今知识分子对于社会发展应该有特别的责任感,"在这个电视的时代,知识分子的作用与使用蜡烛时代的知识分子的作用已经有天壤之别了。这种情况应该引起知识分子领导者的高度重视,知识分子应该采取负责任的行动"(第173页)。

与此同时,前文已提及,马斯格雷夫同样坚决反对布坎南将公共部门增长作为道德崩溃的原因,甚至在相当程度上他也不同意当今社会总体上道德衰落的判断。他认为布坎南"将公共部门增长作为道德崩溃的原因,这种评价确实太夸张了"(第174页),这是因为"要考虑到公共部门导致了文明生活并促进了生产效率提高,包括教育和公共保健的改善……虽然并不是一切都尽善尽美,但是将所有的这些坏的方面全都归咎于公共部门的增长未免有些牵强附会"(第174页)。他认为,虽然"随着文明的政府的财富和设施的增加和改善,一些清教徒式的美德有可能失去……但是作为一个社会,我们还算是沿着正确的道路在发展"(第174页)。

二、从道德的三个世界看公职人员的道德评价

关于道德和道德评价,在第七讲中曾经说过哈耶克的"道德的两个世界",即适用于小团体中的道德和适用于大范围群体中的市场规则。小团体中的道德,指的是在家庭或朋友圈这样的小团体中所通行的在情感上的休戚与共、在行为上的利他主义。大范围群体中的规则,指的是在超出小团体之外的大范围群体中,运用市场机制进行合作时形成的规则要求,即不使用暴力进行强制、不使用欺诈的手段等。当时我们引用了哈耶克反复强调的内容,即两种道德要求不能相互混淆,人们必须学会同时在这两个世界里生活。刚才我们已提到,布坎南命名的道德状态的三种模型(道德无政府状态、道德共同体状态和道德秩序状态),是从哈耶克道德的两个世界发展而来的:道德无政府状态是指没有道德的状态,道德共同体状态就是将小团体中的道德要求扩张到大范围群体中的状态,道德秩序状态就是哈耶克所说的在大范围群体中运用市场规则进行交易与合作的状态(布坎南认为是唯一真正的道德状态)。

不过,马斯格雷夫不同意布坎南的说法,他认为,在大范围群体中的合作,除了市场规则外,还需要有作为共同体的成员的感觉和对共同体的责任感,或者说对社会公共事务的适当参与及对国家政治责任的担当。没有这种责任意识,仅靠市场规则,这样的社会是没有"道德"的,事实上它也无法运转。因此,如果套用哈耶克的说法,那么马斯格雷夫的意思是,我们不仅要在哈耶克所说的"两个世界"中生活,而且应该在"三个世界"中生存:在小团体中依靠休戚与共的感情与利他主义的行为;在大范围群体中依靠排除欺诈与暴力的市场交易规则;在社会和政治领域中依靠对社会和对国家的责任的自觉担当。

(一)从道德的三个维度来评价公职人员的道德

上述哈耶克、布坎南和马斯格雷夫的说法,虽然彼此并不完全一致,但综合来看却指出了三个不同维度的道德要求,构成了道德的"三个世界"。这三个维度之间的边界虽然不能截然分开,但其核心内容却是彼此有别的。为了简化起见,此处将这三个维度的道德要求都以"道德"来命名,由此就形成了道德评价的三个维度,或者说形成了不同层次的道德要求,分别有不同的褒贬或奖惩措施。这三个层次的道德要求或者说道德的三个维度可表述如下。

(1)在小团体(家庭、亲族圈与朋友圈)中的道德要求是休戚与共的感情与利他主义的行为。这一道德要求,可命名为"个人私德"。在传统道德中称赞的"父慈子孝、兄友弟恭"状况,就是这样的道德要求。相反,若在小团体中不能达到这样的要求,就会被人认为缺乏个人私德。在现代社会,这样的道德评价,一般由行为者周边(家族、朋友圈、邻里)人通过声誉的褒贬来进行,不太会由社会公共舆论来进行,更不会通过法律来强制。

(2)大范围群体中对遵循市场规则的要求。用布坎南在多个场合中说过的话来概括,就是不得欺诈(诚信守纪)、不使用暴力(自愿合作)等要求。比如说,在劳动力市场上,

劳动力提供者要具备必要的劳动技能和称职的工作态度,在商品市场上,商品出售者不得销售假冒伪劣产品、不得强买强卖等。由于在市场中合作的主体主要以职业的角色(供给者或需求者)出现,因而此处用普遍性的说法"职业道德"一词来概括这一道德要求(虽然马斯格雷夫不认为这是一种道德)。显然,与个人私德不同,职业道德的要求一般是强制的,由单位纪律和国家法律来进行奖惩。例如,在市场上销售假冒伪劣产品,并非个人私德问题,而是破坏市场规则的欺诈行为,应受法律的制裁;而一国国民在经济建设、重大活动中表现出来的敬业与认真,也不是个人私德问题,只是遵循市场规则的职业道德问题。

(3) 社会共同体和国家共同体中的责任意识。比如说,为不是自己小团体中的陌生人提供帮助(慈善行为),积极参与(和个人切身利益关系极小的)选举或其他政治活动等。这样一种责任意识,显然不同于市场过程中的履约责任,而是一种超越市场的、对共同体义务的自觉担当。像中国古代士人"以天下为己任"的责任意识,就是如此。为了与前面的术语相联系并彼此区分,此处将其称为"公共道德"。显然,公共道德一般来说不应是强制性的,主要由社会公共舆论来进行褒贬。一个从不捐款给慈善事业或从不参与选举等政治活动的人,并不意味着缺乏个人私德,也不违反市场规则,只是不具备公共道德。

上述三个层次不同的道德要求,形成了道德评价的三维,并进而形成了一个道德评价的体系。当然,道德评价体系可能会有其他的维度,但这三个维度应该是最为基本的。每一个人都可以用这三个维度来评价,只有同时在这三个维度中得到良好评价的人,才是完整的有道德的"好人",并因此得到自我的肯定与社会的赞扬。若非如此,就可能被评价为道德上有缺陷的人,分别或同时在自己周边、单位纪律或国家法律、社会舆论中接受负面评价。

上述道德评价的三个维度可以用于每一个人。不过,在当今中国的道德评价中,我们更关注公共管理过程中的公职人员。显然,评价公职人员的道德也可按照这一体系来进行。由于公职人员最为突出的是其职业特性,因而首先应关注的是职业道德的要求。需要探讨的问题是,评价公职人员的标准是不是应与普通人相同呢? 这就涉及公职人员的职业特性是否与其他人的职业特性相同的问题。更准确地说,应予以追问的是,公职人员与其雇佣单位之间的关系是不是普通的劳动契约关系呢?

在西方国家行政法学中,有两种理论来描述公职人员与其雇佣单位之间的关系:一种是曾通行于 1945 年以前的德国和日本的"特殊权力关系学说",该学说认为二者之间不是普通的市场雇佣关系;另一种是英美法学中的"劳动契约关系学说",该学说认为二者是普通劳动契约关系,公职人员与普通劳动者没什么差别。第二次世界大战以后,德国、日本等国的行政法学已放弃了"特殊权力关系学说",而采用了"劳动契约关系学说"。就是说,今天西方国家公职人员与雇佣单位之间的关系就是普通的劳动契约关系,在职业上公职人员与一般劳动者没什么不同,对其道德评价也与普通人基本相同。

不过,将公职人员与雇佣单位之间的关系视为普通劳动契约关系,显然是对普通公职人员而言的。对于高级公职人员的道德要求,还是应该有所不同的。根据道德评价的三个维度以及公职人员间的区分,可以从以下两方面对公职人员进行道德评价。

(1) 对普通公职人员。普通公职人员指那些从事普通公务的一般工作人员。对普通公职人员的道德评价与普通人相似,即从道德评价的三个维度来分别进行。就是说,应首先进行职业道德的评价,由其所在单位及相关法律机构根据职业技能、职场纪律与法律的要求(包括对职业过程中贪污受贿行为的禁止)来进行;然后是与普通人相似的对个人私德和公共道德的评价,主要由周边人与公共舆论来进行。

(2) 对高级公职人员。高级公职人员包括经选举产生的公职人员和职位较高的事务官员。显然,这样的公职人员除了按单位纪律与法律规定的职业道德要求进行评价外,社会公众对他们的个人私德与公共道德的期待要远高于普通人。对高级公职人员的个人私德和公共道德评价,一般由公共舆论进行,同时还会受到选民的约束和所在政党组织纪律的约束等。

(二) 民间话语系统对中国公职人员道德评价低的原因

在当今中国的民间话语系统中,对公职人员的道德评价普遍较低。这种道德评价,当然反映了一定的社会现实,但之所以如此低,却是因为在相当程度上混淆了不同维度的道德要求的结果。比如说,批评公职人员的生活作风或者相信迷信等,这是对个人私德的评价;批评公职人员权力意识膨胀、贪污腐败、假造政绩等,这显然是对职业道德的评价;批评公职人员庸碌无为,这是公共道德维度的评价(即不符合人们对公职人员责任意识的期待)。目前对公职人员的道德评价,往往是从这三个维度全面进行的,如此当然会得出公职人员道德水平低的评价。这样的评价也混淆了普通公职人员与高级公职人员的不同要求,混淆了国家公职与政党纪律的不同要求。如前所述,对公职人员的道德评价,应主要根据职业道德来进行,对为数众多的普通公职人员来说,不应在个人私德和公共道德方面作过多的要求;只有对人数较少的高级公职人员,才在个人私德与公共道德方面有较多的要求。若按照这一框架来进行评价,那么中国公职人员的道德水平不至于像民间话语系统反映得这样低,至少不会低于普通国人。

为什么民间话语体系会从三个维度来全面要求中国公职人员的道德水平?这主要是源于当前中国转型期的特点,即在自觉与不自觉中将今天的中国公职人员与传统的在朝士人相类比,并用传统对在朝士人的道德要求来评价今天的公职人员。

在中国古代,在朝士人至少有三重身份:一是国家公职人员,被雇用来从事某种以公务为内容的职业,以此获取报酬;二是百姓教化者,以自己个人的道德水平和模范行为感化治下百姓、提升社会整体道德水平,并降低治理成本;三是公共利益承担者,即承担起促进公共利益实现的责任(如传承文化、改革不良规则等)。在一定意义上,在朝士人的上述三重身份对道德的要求,对应着本文前述的道德评价的三个维度:职业道德、个人私德与公共道德。就是说,传统上对在朝士人有高标准的道德要求(事实上采用了前述"特殊权力关系学说"来看国家与公职人员间的关系),既要有职业道德,又要有个人私德,还要有"以天下为己任"的公共道德。随着古代帝国日益稳定,国家职能趋于消极,对在朝士人的职业道德的要求越来越低(如对他们的职业能力不作强调),但是对他们个人私德的要求至少在制度上从未降低。同时,无论是民间的期待还是自我的期许,对士人的公共道德要求始终高调地存在。

相对于古代的在朝士人来说,在一个成熟的现代国家,占据人数绝对大份额的普通公职人员只有第一重身份,即作为从事公务的职业人士,对其进行道德评价主要按职业道德标准,在职业上对他们的个人私德与公共道德没有要求或要求并不高(该看法是从前述的"劳动契约关系学说"来看国家与公职人员的关系)。只是在针对人数较少的高级公职人员进行道德评价时,才会在职业道德之外还有相应的个人私德与公共道德的要求。

不过,由于当前的中国仍处于向现代国家的转型过程中,对公职人员的道德要求既非传统帝国的要求,又不是完全成熟的现代国家的要求。具体而言就是:一方面对公职人员职业道德的要求,比起帝国时期来大大提高,这是现代国家职能扩张、专业化程度不断加深的后果;另一方面对公职人员的私德要求至少在制度上并未降低,这在相当程度上是传统的延续;与此同时,对于公职人员的公共道德仍有高度的要求,社会普遍期待公职人员具备"以天下为己任"的责任意识,并特别表现在要求他们能"敢为天下先",即主动地突破既有规则、创造新局面。比如说,在"庸官比贪官更可恨"这一广为流传的说法中,不仅表达了对公职人员违反职业道德("贪")的评价,而且表达了对不符合公共道德期待("庸")的强烈批评。因此,中国当前这一转型期的特点,决定了前述对公职人员在三个维度的全面道德要求,并造成对公职人员道德评价低的后果。

(三) 理解"大范围腐败行为与大规模经济增长并行"的问题

对中国公职人员进行道德评价,一个回避不了的民间话语系统的说法是"腐败横行"。可是,如果真的腐败横行的话,那怎么解释中国至今取得的大规模经济增长呢?当然,在一个国家转型时期,在特定时间内可能会出现腐败与繁荣并行的现象,但这一现象持续的时间不会很长,正如政治学界过去对"印度病"的研究所揭示的。但在中国,大规模经济增长已持续了三十多年,在现实中也确实存在着公职人员腐败行为;不过若腐败行为真的像民间话语系统说的那么严重的话,那中国的经济增长能力早就被破坏殆尽了。因此,对这一问题仍需进一步地考虑。

公职人员的行为,大体可分为在规则内的行为和突破规则的行为两大类。前者是一种职业行为,对这一行为的道德评价应限于前述的职业道德。极端点说,就职业道德的要求而言,只要不违反纪律和法律,"庸官"是允许存在的。后者需要突破现有的规则进行制度创新,在一定程度上这种行为已不是职业道德的要求,而是公共道德的要求。公共道德的要求是不允许"庸官"存在的,这就要求公职人员去改革现行的制度,以奠定国家共同体未来发展的基础。

一般来说,突破既有规则进行制度创新是要承担风险的,承担这样的风险其动力可能来自于两个:一个源自获取经济利益的市场动机,另一个源自无个人利益动机的公共道德要求。前者只是一种经济行为动机,以承担风险为代价来获取利益(风险补偿);后者则是值得肯定的公共道德动机,即自觉主动地承担起改革的风险。

对既定规则突破的要求,尤其体现在转型时期的中国。1978年以来中国的发展,正是不断地突破正式的计划经济制度的结果。由于摒弃了自愿交易的市场,计划经济制度阻碍了中国经济的成长。因此,对计划经济制度任何一点的改革,都可能带来自愿交易行为的增加而有利于整体经济的成长。显然,改革的发生,不可能坐等正式制度的整体改变,而寄希望于有人率先从微观方面实行突破。这种突破可能来自于民间,也可能来自于

公职人员。此处单论后者,即公职人员主动行动起来,突破僵化的旧制度并创造出新的市场机会。举例而言,大致上有如下几种:

(1)促进资源市场化,就是说把政府手中掌握的非市场化资源,想方设法地突破制度规定以投入到市场中去,获得估价和增值的机会;

(2)扩大市场规模,即突破制度限制,积极主动地扩大市场交易规模、增加交易品种,从而增强市场分工与经济活力;

(3)降低交易成本,即运用个人影响,减少交易环节、降低交易障碍,使市场交易能以更低的成本进行等。

公职人员上述突破旧规则并创造市场的行为,如果毫无私人利益动机,那当然是值得肯定的符合公共道德的行为。但是这样的行为,似乎让个人承担了过大的风险而不给予补偿,往往会因为个人收益与风险不匹配而出现所谓的悲情英雄。如果公职人员通过突破不利于市场秩序的现有规则,创造出市场或生产性机会来促进经济成长,并在此过程中分享利润,则不符合公共道德的要求,尤其不符合中华传统中"以天下为己任"的责任意识,因而在实践中往往被认为是不道德的腐败行为。

布坎南曾经区分两种追求利益的行为,一是在有秩序的市场结构中寻求利润的行为,二是破坏市场结构或秩序的寻求租金的行为(如寻求由政府来制造人为的稀缺)①。第一种行为因创造了社会剩余而有利于公共利益,第二种行为因造成社会浪费而不利于公共利益。对照这两个区分,结合前面说的公职人员的行为,我们可以看到,被称为"腐败"的公职人员获利行为,实际上由两类行为构成:一类是破坏市场的寻租行为,即真正的腐败,它通过破坏市场秩序与结构(如人为制造稀缺或增加交易成本)以寻求租金,这种行为因造成社会浪费而不利于公共利益,是一种违背职业道德的腐败行为;另一类是上述的创造市场的分利行为,这种行为能创造出新的市场机会并促进经济成长而有利于公共利益,公职人员的这种获利行为不能简单地认为是违背职业道德的腐败,最多只能认其为不完全符合公共道德。当然,在现实中会出现更为复杂的问题,那就是公职人员通过所掌握的公共资源创造出新市场,然后又利用权力将其独占,这样就将创造市场的分利行为与破坏市场的寻租行为混在了一起。

换言之,公职人员的种种获利行为,不能简单地全部认定为"腐败",现实中公职人员的腐败程度,也未必像民间话语系统评价得那样可怕。只有如此,才能理解大规模经济增长与民间话语系统中"腐败横行"同时并存这一看似矛盾的现象。

本讲思考题

1. 你认为,中国财政学乃至中国财政制度发展,可以从欧陆财政学传统中学到什么?

---

① 布坎南:"寻求租金与寻求利润",载于《腐败:货币与权力的交换》,中国展望出版社1989年版。

2. 你认为马斯格雷夫与布坎南两人学术观点上,相似点有哪些,不同点有哪些?
3. 你赞成在宪法上加入约束政府行为的财政条款吗?如果赞成的话,你认为应该加入哪些条款?
4. 你认为公共部门扩张与社会道德衰败相关吗?
5. 你怎么理解中国民间话语系统中"大范围腐败横行"与现实中大规模经济增长并行这一看似矛盾的现象?
6. 找出支持和反对累进性所得税的文献依据。

参 考 文 献

一、本课程运用的经典著作

1. 桓宽著：《盐铁论》；王贞珉注译：《盐铁论译注》，王利器审订，吉林文史出版社 1996 年版。
2. 曾小萍著：《州县官银两——18 世纪中国的合理化财政改革》，董建中译，中国人民大学出版社 2005 年版。
3. 杜赞奇著：《文化、权力与国家——1900—1942 年的华北农村》，王福明译，江苏人民出版社 1995 年版。
4. 赫希曼著：《欲望与利益——资本主义走向胜利前的政治争论》，李新华、朱进东译，上海文艺出版社 2003 年版。
5. 波兰尼著：《大转型：我们时代的政治与经济起源》，冯钢、刘阳译，浙江人民出版社 2007 年版。
6. 哈耶克著：《致命的自负——社会主义的谬误》，冯克利、胡晋华译，中国社会科学出版社 2000 年版。
7. 德·索托著：《资本的秘密》，王晓冬译，江苏人民出版社 2001 年版。
8. 马斯格雷夫、布坎南著：《公共财政与公共选择：两种截然不同的国家观》，类成曜译，中国财政经济出版社 2000 年版。

二、本课程运用的论文

1. 布坎南："寻求租金与寻求利润"，载于《腐败：货币与权力的交换》，中国展望出版社 1989 年版。
2. 樊纲："'不道德'的经济学"，http：//www.china-review.com/sao.asp？id＝1922。
3. 高培勇："'一体两翼'：新形势下的财政学科建设方向"，《财贸经济》2002 年第 12 期。
4. 哈耶克："大卫·休谟的法律哲学和政治哲学"，载于《哈耶克论文集》，首都经济贸易大学出版社 2001 年版。
5. 哈耶克："知识在社会中的运用"，载于《个人主义与经济秩序》，三联书店 2003 年版。
6. 哈耶克："社会主义的计算（三）：作为一种'解决方法'的竞争"，载于《个人主义与经济秩序》，三联书店 2003 年版。
7. 姜义华："中国社会的三种取向与现代化目标模式的择定"，载于姜义华著：《理性缺位的启蒙》，上海三联书店 2000 年版。
8. 雷艳红："公共财政教育的政治学导向：必要性与目标"，《中国行政管理》2008 年第 12 期。
9. 梁小民："经济学家不能治国"，《科技文萃》2004 年第 7 期。
10. 林尚立："走向现代国家：对改革以来中国政治发展的一种解读"，载于黄卫平、汪永成主编:《当代中国政治研究报告Ⅲ》,社会科学文献出版社 2004 年版。
11. 刘邦驰:"论中国财政学基础理论之根基",《财经科学》2001 年增刊。
12. 刘明远:"现代财政学理论体系的思考",《财经问题研究》1998 年第 12 期。
13. 刘守刚:"财政类型与现代国家建构",《公共行政评论》2008 年第 1 期。
14. 刘守刚:"现代家财型财政与中国国家建构",《公共行政评论》2010 年第 1 期。
15. 刘守刚:"家财中国的兴起及其曲折",《上海财经大学学报》2011 年第 1 期。
16. 刘守刚:"家财型财政的概念及其运用",《经济与管理评论》2012 年第 1 期。
17. 马骏:"改革以来中国的国家重建:双向运动的视角",载于苏力、陈春声主编:《中国人文社科三十年》,三联出版社 2009 年版。
18. 马克思:"《政治经济学批判》导言",《马克思恩格斯选集》(第二卷),人民出版社 1972 年版。
19. 秋风:"超越改革体制,走向立宪政治",http://www.gongfa.com/qiufenggaigedaolixian.htm。
20. 尚可文:"财政学科及财政学的创新与发展",《兰州商学院学报》2002 年第 2 期。
21. 张馨:"西方财政学理论基础的演变及其借鉴意义",《东南学术》1998 年第 6 期。
22. 朱柏铭:"中国财政学的革命",《经济学家》2000 年第 2 期。

三、本课程运用的专著

1. 阿兰·艾伯斯坦著:《哈耶克传》,中国社会科学出版社 2003 年版。
2. 艾萨克著:《政治学:范围与方法》,浙江人民出版社 1987 年版。
3. 阿兰·J.奥尔巴克、马丁·费尔德斯坦主编:《公共经济学手册》(第 1 卷),经济科学出版社 2005 年版。
4. 丹尼尔·贝尔著:《资本主义文化矛盾》,三联书店 1989 年版。
5. 布鲁斯、拉斯基著:《从马克思到市场:社会主义对经济体制的求索》,上海三联书店、上海人民出版社 1998 年版。
6. 布罗代尔著:《资本主义的动力》,三联书店 1997 年版。
7. 陈刚著:《西方精神史》,江苏人民出版社 2000 年版。
8. 笛卡尔著:《第一哲学沉思录》,商务印书馆 1986 年版。
9. 查尔斯·蒂利著:《强制、资本和欧洲国家》,上海人民出版社 2007 年版。
10. 葛剑雄著:《中国思想史》,复旦大学出版社 2001 年版。
11. 哈耶克著:《自由秩序原理》,三联书店 1997 年版。
12. 黄仁宇著:《放宽历史的视界》,三联书店 2001 年版。
13. 黄宗智著:《华北的小农经济与社会变迁》,中华书局 2000 年版。
14. 卡尔维诺著:《为什么读经典》,译林出版社 2006 年版。
15. 李强著:《自由主义》,中国社会科学出版社 1998 年版。
16. 史蒂文·卢克斯著:《个人主义》,江苏人民出版社 2001 年版。
17. 罗伦培登著:《这就是我的立场》,译林出版社 1993 年版。

18. 米塞斯著：《社会主义：经济与社会学的分析》，中国社会科学出版社2008年版。
19. 钱穆著：《国史大纲》，商务印书馆1996年版。
20. 乔清举著：《盐铁论注释》，华夏出版社2000年版。
21. 桑巴特著：《奢侈与资本主义》，上海人民出版社2000年版。
22. 王永著：《盐铁论研究》，宁夏人民出版社2009年版。
23. 马克斯·韦伯著：《新教伦理与资本主义精神》，三联书店1987年版。
24. 沃森著：《20世纪思想史》，上海译文出版社2008年版。
25. 吴慧著：《桑弘羊研究》，齐鲁书社1981年版。
26. 徐复观著：《两汉思想史》，华东师范大学出版社2001年版。
27. 杨宽著：《战国史》，上海人民出版社2003年版。
28. 易富贤著：《大国空巢——反思中国计划生育政策》，中国发展出版社2013年版。
29. 张汝伦著：《现代西方哲学十五讲》，北京大学出版社2003年版。
30. 张馨等著：《当代财政与财政学主流》，东北财经大学出版社2000年版。
31. 赵靖主编：《中国经济思想通史》（四卷本），北京大学出版社1991—1998年出版。
32. 赵靖主编：《中国经济思想通史续集》，北京大学出版社2004年版。

后　　记

《财政经典文献九讲》是为财政税收专业研究生开设的"财税经典文献选读"课程而编写的教材。

本课程在学制上为每周三课时、为期九周的选修课。在这有限的时间内,笔者曾经探索过多种讲法。比如说选择1本经典著作细讲九周,对此同学们的普遍反映是不过瘾,希望能听到更多的经典著作内容。后来又尝试过精讲1本作品,略讲2—3本其他作品的办法,可在这快餐时代、微阅读浅阅读的时代,这样的做法仍不合同学们的胃口。到最后才确定现在这种讲法,即除了第一周讲导论外,其他八周安排8本书,每次讲解1本。本教材就是在如此讲法下、经多次讲授的课件基础上形成的。

需要说明的是,因为听课对象是财税专业研究生,对这些经典著作的解读也主要是从财政角度进行的,再加上教学课时的限制(1本书只能讲3节课),因此对这些经典著作的讲解只能挂一漏万地进行,无法展现它们的全貌。课堂上讲述的内容,充其量只能算是对这几本经典著作的导读,而且是从财政视角进行的。当然,主讲人在讲解时,运用的是财政政治学的视角。在相当程度上,这是对财政税收课程乃至财政学研究的一个初步尝试。

在对这些经典作品进行解读时,笔者认为重要的是让作品为自己说话,而不是讲课人做过多的个人评论。因此,在课程进行过程中,笔者主要做的是,提供合适的框架来整理和展现文本的内容;除个别地方外,笔者并没有对文本的内容与观点进行详细的阐发。当然,课时的有限性也不允许这样做。

需要说明的是,本书是根据笔者的讲稿改写而成的。在编排成书时,笔者有意识地保留了一些口语式的或者说交谈式的表达方式,并尽量避免一些琐碎的学术细节,以便使这本书好读好懂一些。在讲课过程中,笔者也陆陆续续地借鉴了不少学者的观点和看法,希望能将学界最新最好的东西介绍给学生。不过,由于备课时间比较久,又是在断断续续的状态下进行的,虽然在写作过程中已竭尽全力注出引文和借鉴观点的来源,但仍可能会有遗漏。若果真有来源交代不清的地方,那只能表示抱歉,并尽力在今后予以改正。

感谢这几年参与这门课程的硕士生,没有他们的参与,这门课是开不出来的,这本教材也就写不出来了。

也恳请各位方家不吝赐教,以便能完善对财税专业研究生课程的这一小小探索。

刘守刚
2015 年 2 月

图书在版编目(CIP)数据

财政经典文献九讲——基于财政政治学的文本选择/刘守刚著. —上海：复旦大学出版社，2015.7(2024.1重印)
(公共经济与管理·财政学系列)
ISBN 978-7-309-11586-4

Ⅰ. 财… Ⅱ. 刘… Ⅲ. 财政学-高等学校-教材 Ⅳ. F810

中国版本图书馆 CIP 数据核字(2015)第 152407 号

财政经典文献九讲——基于财政政治学的文本选择
刘守刚 著
责任编辑/张蕊青 方毅超

复旦大学出版社有限公司出版发行
上海市国权路 579 号 邮编：200433
网址：fupnet@fudanpress.com http://www.fudanpress.com
门市零售：86-21-65102580 团体订购：86-21-65104505
出版部电话：86-21-65642845
上海盛通时代印刷有限公司

开本 787 毫米×1092 毫米 1/16 印张 13 字数 279 千字
2024 年 1 月第 1 版第 3 次印刷

ISBN 978-7-309-11586-4/F·2171
定价：30.00 元

如有印装质量问题，请向复旦大学出版社有限公司出版部调换。
版权所有 侵权必究